O INVESTIMENTO ESTRANGEIRO E AS ATIVIDADES PÚBLICAS

REGIME JURÍDICO DOMÉSTICO E CONTRIBUIÇÕES DA OCDE E OMC NA REGULAÇÃO E CONTRATAÇÃO ADMINISTRATIVAS

CAROLINA REIS JATOBÁ

Jacintho Arruda Câmara
Prefácio

O INVESTIMENTO ESTRANGEIRO E AS ATIVIDADES PÚBLICAS

REGIME JURÍDICO DOMÉSTICO E CONTRIBUIÇÕES DA OCDE E OMC NA REGULAÇÃO E CONTRATAÇÃO ADMINISTRATIVAS

Belo Horizonte

2024

© 2024 Editora Fórum Ltda.

É proibida a reprodução total ou parcial desta obra, por qualquer meio eletrônico, inclusive por processos xerográficos, sem autorização expressa do Editor.

Conselho Editorial

Adilson Abreu Dallari
Alécia Paolucci Nogueira Bicalho
Alexandre Coutinho Pagliarini
André Ramos Tavares
Carlos Ayres Britto
Carlos Mário da Silva Velloso
Cármen Lúcia Antunes Rocha
Cesar Augusto Guimarães Pereira
Clovis Beznos
Cristiana Fortini
Dinorá Adelaide Musetti Grotti
Diogo de Figueiredo Moreira Neto (*in memoriam*)
Egon Bockmann Moreira
Emerson Gabardo
Fabrício Motta
Fernando Rossi
Flávio Henrique Unes Pereira

Floriano de Azevedo Marques Neto
Gustavo Justino de Oliveira
Inês Virgínia Prado Soares
Jorge Ulisses Jacoby Fernandes
Juarez Freitas
Luciano Ferraz
Lúcio Delfino
Marcia Carla Pereira Ribeiro
Márcio Cammarosano
Marcos Ehrhardt Jr.
Maria Sylvia Zanella Di Pietro
Ney José de Freitas
Oswaldo Othon de Pontes Saraiva Filho
Paulo Modesto
Romeu Felipe Bacellar Filho
Sérgio Guerra
Walber de Moura Agra

Luís Cláudio Rodrigues Ferreira
Presidente e Editor

Coordenação editorial: Leonardo Eustáquio Siqueira Araújo
Aline Sobreira de Oliveira

Rua Paulo Ribeiro Bastos, 211 – Jardim Atlântico – CEP 31710-430
Belo Horizonte – Minas Gerais – Tel.: (31) 99412.0131
www.editoraforum.com.br – editoraforum@editoraforum.com.br

Técnica. Empenho. Zelo. Esses foram alguns dos cuidados aplicados na edição desta obra. No entanto, podem ocorrer erros de impressão, digitação ou mesmo restar alguma dúvida conceitual. Caso se constate algo assim, solicitamos a gentileza de nos comunicar através do *e-mail* editorial@editoraforum.com.br para que possamos esclarecer, no que couber. A sua contribuição é muito importante para mantermos a excelência editorial. A Editora Fórum agradece a sua contribuição.

Dados Internacionais de Catalogação na Publicação (CIP) de acordo com ISBD

J39i	Jatobá, Carolina Reis
	O investimento estrangeiro e as atividades públicas: regime jurídico doméstico e contribuições da OCDE e OMC na regulação e contratação administrativas / Carolina Reis Jatobá. Belo Horizonte: Fórum; Del Rey, 2024.
	267p. 14,5x21,5 cm ISBN 978-65-5518-629-1
	1. Investimento estrangeiro. 2. Legislação brasileira. 3. Desenvolvimento econômico. I. Título.
	CDD: 341 CDU: 341

Ficha catalográfica elaborada por Lissandra Ruas Lima – CRB/6 – 2851

Informação bibliográfica deste livro, conforme a NBR 6023:2018 da Associação Brasileira de Normas Técnicas (ABNT):

JATOBÁ, Carolina Reis. *O investimento estrangeiro e as atividades públicas*: regime jurídico doméstico e contribuições da OCDE e OMC na regulação e contratação administrativas. Belo Horizonte: Fórum; Del Rey, 2024. 267p. ISBN 978-65-5518-629-1.

Ao meu avô José Vieira Jatobá (in memoriam)

AGRADECIMENTOS

Este livro é resultado da minha tese de doutorado, defendida perante a PUC-SP em 13/10/2021. Obra que, agora, após ser selecionada por Edital Público da Editora Fórum e pela Editora Del Rey, vem a público. É a realização de um sonho publicar junto a grandes autores, geralmente aqueles que publicam junto à Editora Fórum e à Editora Del Rey. Portanto, agradeço pelo apoio de duas das mais importantes casas editoriais jurídicas do país. Os anos que antecederam a essa data foram permeados de esforços pessoais conjugados com auxílios de diversas pessoas, tanto das próximas, quanto daquelas que eu conheci no percurso. Durante os anos de estudo, deixei de morar em "Brasília, a capital da esperança", como sugere seu hino oficial, e onde, ainda em 1962 (Brasília inaugurou-se em 1960), meu avô alagoano se instalou com meu pai, carioca, ainda criança, e com toda a família, e, muitos anos mais tarde, minha avó materna, goiana, com minha mãe e seus irmãos, moradores da cena cultural do "quadradinho" (como se conhece o DF). Anos depois meus pais se conheceram no Carnaval do Recife, já jovens adultos. Eu, que cresci entre as superquadras e tesourinhas brasilienses, troquei-as temporariamente pela poesia concreta das esquinas paulistas (conforme os tão conhecidos versos de Caetano). Tive na decisão o apoio incondicional dos familiares, mas também destaco as importantes partilhas de experiências de irmãos de sangue e alma e o inestimável incentivo de uma rede e confraria de amigos e amigas que fiz antes, durante e depois do percurso.

Na Pontifícia Universidade Católica, sou grata pelo gentil e rápido acolhimento do Prof. Dr. Sílvio Luís Ferreira da Rocha, com toda a sua disponibilidade e atenção, mesmo com tantas funções acadêmicas, seja como professor ou na coordenação, o que conjuga ainda com as atividades profissionais.

Agradeço pelos comentários valiosos dos professores que participaram da banca de defesa Profa. Dra. Dinorá Adelaide Musetti Grotti, Prof. Dr. Márcio Cammarosano, Prof. Dr. Rafael Ramires Araujo Valim e, especialmente, ao Prof. Dr. Jacintho Silveira Dias de Arruda Câmara, que gentilmente aceitou o convite para prefaciar a presente de obra, de forma muito generosa.

Não posso deixar de agradecer nominalmente também à banca de defesa de qualificação, Prof. Dr. Pietro de Jesús Lora Alarcón, Prof. Dr. Tácio Lacerda Gama e ao Prof. Dr. Ricardo Marcondes Martins, também pelas discussões em grupos de pesquisa, pelas oportunidades de publicação em conjunto e pela realização de estágios docentes, nos quais aprendi muito.

Minha gratidão se estende a todos os professores com quem tive o prazer de discutir temas nas aulas, no corredor, no café, no rico convívio acadêmico, sentimento que também acompanha a lembrança de todos os colegas que sentiram comigo todas as dores e delícias do doutorado.

Durante o tempo que estive em São Paulo, também cursei a disciplina Direito Econômico no STF, oferecida pelo Prof. André Ramos Tavares, na USP, onde me alimentei do convívio de colegas academicamente muito preparados, experiência pela qual sou também muito grata.

Na Caixa Econômica Federal, agradeço a todos os gestores e colegas da Diretoria Jurídica, minha casa, pelo apoio das minhas decisões acadêmicas.

Agradeço, ainda, aos gestores e colegas professores do Centro Universitário de Brasília, onde leciono com orgulho de quem, hoje professora, foi aluna da instituição na graduação e mestrado.

Por fim, por ter guiado todos os meus passos até aqui, colocando muitas pessoas especiais no meu caminho, agradeço a Deus, a quem pertence toda honra e glória.

A necessidade de converter em riqueza os grandes elementos naturais disseminados sobre a extensão de um território tão vasto como o que compreende o Brasil, onde a população é comparativamente escassa, deu lugar a várias concessões amparadas com a garantia do Estado ou subvenções a companhias nacionais e estrangeiras, que se encarregaram de dar execução a empresas destinadas a conseguir tão importante fim.
(MAUÁ. *Exposição aos credores de Mauá e ao público*, 1878, p. 35)

Hoy es cosa sabida en todas las partes, en todos los movimientos sociales del mundo, y si se entienden con rigor mis palabras, incluso en Rusia, que no existe ya el capitalismo como riguroso principio que regula la vida económica; pero tampoco el colectivismo, exclusivo principio, como norma abstracta que enderece las modificaciones del venir económico, sino que entre ambos principios, que como principios son siempre pedantes, ha venido a alojarse la inexorable ley de la economía, que impone su conjugación y su fértil proliferación.
(ORTEGA Y GASSET, José. *Discursos Políticos*, 1974, p. 134)

SUMÁRIO

PREFÁCIO
Jacintho Arruda Câmara 15

INTRODUÇÃO 17

PARTE I
PRESSUPOSTOS DA TEMÁTICA DOS INVESTIMENTOS

CAPÍTULO 1
OS DESAFIOS DA TEMÁTICA DE INVESTIMENTOS 33

1.1 Desafios semânticos: contribuições interdisciplinares da linguagem comum 33

1.1.1 A variabilidade do conceito de investimento e a contribuição da microeconomia 47

1.1.2 A variabilidade do conceito de investimento e os aportes da macroeconomia 52

1.2 Desafios normativos: multiplicidade de planos jurídicos 56

1.2.1 Afastamento pontual do princípio da territorialidade por acionamento de instrumentos convencionais ou aplicação de fontes do Direito Internacional Público 58

1.3 Afastamento do princípio da territorialidade pela internacionalização do Direito 63

CAPÍTULO 2
RELAÇÕES ENTRE INVESTIMENTO PÚBLICO E PRIVADO EM ATIVIDADES PÚBLICAS E A IMPORTÂNCIA DO INVESTIMENTO ESTRANGEIRO PARA A FORMAÇÃO DO DESENVOLVIMENTO NACIONAL 65

2.1 Principais diferenças entre investimento público e privado ...65

2.1.1 Critério do retorno: social ou financeiro? 66

2.1.2 Critério do planejamento imperativo e indicativo 70

2.2 Os constantes movimentos pendulares: historiografia jurídica brasileira dos investimentos estrangeiros iniciais em atividades públicas, o capitalismo de Estado à brasileira e novas perspectivas do Estado Regulador..76

2.2.1 Capitalismo tardio: historiografia jurídica brasileira dos investimentos estrangeiros iniciais..77

2.2.2 Capitalismo de Estado à brasileira e novas perspectivas do Estado Regulador..83

PARTE II
A PERSPECTIVA DOMÉSTICA DA REGULAÇÃO DOS INVESTIMENTOS ESTRANGEIROS: A FIXAÇÃO DO REGIME JURÍDICO NACIONAL

CAPÍTULO 3
ORDEM CONSTITUCIONAL E INVESTIMENTOS ESTRANGEIROS...95

3.1 Relações entre economia e direito na Ordem Econômica Constitucional: a intervenção e atuação do Estado na economia como parte das diretrizes de política econômica................................97

3.2 Constituição Brasileira de 1988 e a incompatibilidade de um modelo econômico predeterminado..106

3.3 A compatibilidade das Emendas Constitucionais da Constituição de 1988 sobre acesso ao capital estrangeiro.................120

CAPÍTULO 4
REGULAMENTAÇÃO DE INVESTIMENTOS ESTRANGEIROS NA ABORDAGEM NACIONAL..127

4.1 Natureza patrimonial do investimento estrangeiro e condicionantes da administração ordenadora.......................................135

4.2 Anacronia da Lei nº 4.131/62 diante do desenvolvimento da infraestrutura brasileira..142

4.3 Contribuições acerca da natureza jurídica de investimentos estrangeiros como concessões (natureza contratual x natureza patrimonial)...147

4.3.1 Investimento estrangeiro em infraestrutura e atividades públicas objeto de concessão..151

4.3.2 Investimento estrangeiro, financiamentos e *project finance*..............153

4.4 Contribuições dos tratados internacionais sobre natureza jurídica dos investimentos estrangeiros aplicados em atividades públicas..158

CAPÍTULO 5
REGULAÇÃO NACIONAL: RESTRIÇÕES CONSTITUCIONAIS AO INVESTIMENTO ESTRANGEIRO 161

5.1 Monopólio da União sobre pesquisa lavra, enriquecimento, reprocessamento, industrialização e comércio de minérios e minerais nucleares e seus derivados 167
5.2 Serviço postal 167
5.3 Setor de assistência à saúde 169
5.4 Pesquisa e lavra de recursos minerais 171
5.5 Exploração de petróleo 178
5.6 Participação estrangeira em empresa jornalística, radiodifusão, som e imagem 180

PARTE III
A PERSPECTIVA INTERNACIONAL DA REGULAÇÃO DOS INVESTIMENTOS ESTRANGEIROS

CAPÍTULO 6
REGULAÇÃO INTERNACIONAL: CONTRIBUIÇÕES DA OCDE 185

6.1 Modo de funcionamento e estrutura da OCDE: regulação cooperativa em níveis de governança envolvendo Estados, Governos e Administração 188
6.2 Instrumentos normativos da OCDE e orientações sobre investimentos estrangeiros e atividades públicas 193
6.3 Impactos da adesão de instrumentos legais da OCDE sobre investimentos estrangeiros pelo Brasil 201
6.3.1 Códigos de Liberação de Capitais (Decision of the Council adopting the Code of Liberalisation of Capital Movements e Decision of the Council adopting the Code of Liberalisation of Current Invisible Operation) 203
6.3.2 Política de Investimentos (Recommendation of the Council on the Policy Framework for Investment) 209
6.3.3 Diretrizes para Políticas de Investimento em Relação à Segurança Nacional (Recommendation of the Council on Guidelines for Recipient Country Investment Policies relating to National Security) 220
6.3.4 Recomendação sobre a Definição de Referência da OCDE de Investimento Estrangeiro Direto (Recommendation of the Council on the OECD Benchmark Definition of Foreign Direct Investment) 220

6.3.5 Recomendação sobre Princípios de Governança Pública em Parcerias Público-Privadas (Recommendation on Principles for Public Governance of Public-Private Partnerships) 223

CAPÍTULO 7
OS IMPACTOS DA ADESÃO AO ACORDO DE COMPRAS PÚBLICAS DA ORGANIZAÇÃO MUNDIAL DO COMÉRCIO NO REGIME LICITATÓRIO BRASILEIRO 227

7.1 A formalização de acordos internacionais de compras públicas e as premissas gerais da adesão ao Acordo de Compras da Organização Mundial do Comércio 228

7.2 A compatibilidade do Acordo de Compras da Organização Mundial do Comércio (OMC) e a legislação nacional 235

7.2.1 Fixação do conceito de licitação internacional e impactos no GPA .236

7.2.2 Desnecessidade de representação no Brasil e desdobramentos 240

7.3 Publicação e uso dos meios eletrônicos 243

7.4 Das condições de participação 244

7.4.1 Tratamento das propostas e adjudicação dos contratos 246

CONCLUSÃO 247

REFERÊNCIAS 251

PREFÁCIO

O tratamento jurídico do investimento estrangeiro em atividades públicas, isto é, a forma como o Direito brasileiro lidava com o tema da participação de recursos financeiros externos no campo da economia reservado ao Estado mudou radicalmente nas últimas décadas. A Constituição de 1988, em sua redação original, trazia várias restrições à participação do capital estrangeiro em setores da economia. Contemplava, ademais, a admissibilidade geral que, por lei ordinária, fossem criadas barreiras ao investimento externo em setores pontuais de nossa economia, seja privado ou público.

Diante desse histórico normativo, é até certo ponto natural que tenha sido criada uma cultura de ressalvas à admissibilidade de participação estrangeira em segmentos associados primordialmente à atuação estatal. Algum viés ideológico também contribuiu à criação de um ambiente hostil à participação de capital estrangeiro em setores estratégicos da economia, como telecomunicações, energia elétrica, mineração, petróleo e gás, entre tantos outros.

As barreiras jurídicas fincadas no Texto Constituinte originário, contudo, foram caindo paulatinamente. Ao invés de impedir, a atual tendência do direito positivo nacional tem sido a de criar um ambiente jurídico adaptado para a atração de investimento externo nos mais variados setores, especialmente no público.

Foi esse processo de mudança que inspirou Carolina Reis Jatobá Coêlho a desenvolver sua pesquisa de doutoramento, realizada e brilhantemente defendida na PUC-SP, e que deu origem à presente obra. Instigada com a apresentação de alguns debates acadêmicos que pretendiam combater a tendência percebida no mundo dos fatos e das normas, a autora buscou desenvolver um amplo levantamento histórico, normativo e bibliográfico a respeito do tema, que a levou a traçar um riquíssimo panorama das principais mudanças ocorridas, de seus objetivos e das restrições remanescentes à participação do capital estrangeiro nas atividades públicas.

Para tanto, o livro estabelece premissas conceituais sólidas, nas quais aborda e esclarece as acepções pelas quais a expressão "investimento" acaba por ser empregada em textos normativos e doutrinários.

Adentra no mundo do financiamento público e expõe as diferenças e correntes que justificariam maior ou menor abertura à participação do capital estrangeiro nas atividades públicas, descrevendo com isenção e clareza as alterações já identificadas no ordenamento jurídico brasileiro.

Superada essa parte introdutória, a obra vem revelar as bases do direito constitucional que afetam diretamente o tema. A autora interpreta de maneira arejada e atual o capítulo da ordem econômica da nossa Constituição, demonstrando as mudanças que sofreu e sua compatibilidade com o cenário de maior abertura ao investimento externo. O perfil do direito positivo nacional é complementado com uma utilíssima explanação sobre a regulamentação vigente a respeito de investimentos estrangeiros no Brasil e pela indicação dos nichos setoriais nos quais ainda persistem restrições ou condicionamentos especiais à participação de capital vindo de fora do país.

Sobre este último assunto, o trabalho apresenta um cenário atualizado das regras vigentes nos setores de mineração, postal, saúde, petróleo, radiodifusão e imprensa. O desfecho dessa pesquisa de fôlego está na perspectiva externa sobre a matéria. O trabalho também apresenta como os organismos internacionais (OCDE e OMC) e suas diretivas recomendam que seja o tratamento a ser dispensado pela participação de capitais externos na economia e nas atividades estatais dos países.

Trata-se, como se vê, de pesquisa vasta e, no melhor sentido da palavra, ambiciosa, desenvolvida com extrema seriedade e equilíbrio. A autora produziu uma abordagem original, que conjuga de maneira inédita no direito brasileiro aspectos relevantes de direito constitucional, financeiro, internacional e administrativo sobre a participação do capital estrangeiro em atividades de titularidade pública. Por tudo isso, este livro se mostra uma das referências mais importantes para a discussão e aprofundamento do tema.

Jacintho Arruda Câmara
Professor de Direito Administrativo da PUC-SP nos Programas de Graduação, Mestrado e Doutorado, onde lidera o Grupo de Pesquisa sobre Regulação Administrativa.

INTRODUÇÃO

Segundo relatório emitido em 2020[1] pela Conferência[2] da Organização das Nações Unidas (ONU) para o Comércio e Desenvolvimento (UNCTAD),[3] a somatória dos fluxos de investimentos estrangeiros

---

[1] UNCTAD. *World Investment Report 2020*. International Production Beyond the Pandemic. Genebra: ONU, 2020. Disponível em: https://unctad.org/webflyer/world-investment-report-2020. Acesso em: 11 nov. 2020.

[2] A conferência reúne-se a cada quatro anos. Atualmente, vigora o mandato da XIV UNCTAD, realizada em Nairóbi, em 2016. A XV UNCTAD, prevista para ser realizada em outubro de 2020, em Bridgetown (Barbados), teve de ser adiada devido à pandemia da COVID-19. BRASIL. Ministério das Relações Exteriores. *Conferência das Nações Unidas sobre Comércio e Desenvolvimento* (UNCTAD). Disponível em: http://www.itamaraty.gov.br/pt-BR/politica-externa/diplomacia-economica-comercial-e-financeira/15585-a-unctad-e-o-sgpc. Acesso em: 11 nov. 2020.

[3] A Conferência das Nações Unidas para o Comércio e Desenvolvimento (*United Nation Conference on Trade and Developed* –UNCTAD) foi criada em 1964 pela Assembleia Geral da Organização das Nações Unidas (ONU) e desde então é considerada uma organização intergovernamental permanente, parte da Secretaria das Nações Unidas, e integrada por 195 Estados-Soberanos, dentre países desenvolvidos e países em desenvolvimento. Reporta-se diretamente para a Assembleia Geral, bem como para o Conselho Econômico e Social, mas tem autonomia em relação aos membros integrantes, liderança e orçamento. (UNCTAD. *About*. Disponível em: https://unctad.org/about/organization. Acesso em: 11 nov. 2020). As atribuições estão relacionadas às temáticas de comércio internacional e desenvolvimento e a organização apresenta três pilares de atuação: formação de consensos, cooperação técnica, pesquisa e análise sobre desenvolvimento. Segundo o *Itamaraty*, destaca-se na realização de pesquisas e discussão intergovernamental em vários temas, dentre eles, investimentos. "O Brasil foi um dos países que impulsionou a realização da I UNCTAD e sua institucionalização, sendo sempre um de seus membros mais ativos. Para o Brasil, inicialmente, a UNCTAD era o foro para a discussão da reforma das estruturas de comércio e de fluxos de investimentos internacionais, em linha com a análise crítica desenvolvida nos anos 50 na Comissão Econômica para a América Latina e o Caribe (CEPAL). Nos anos 1980, sob nova perspectiva, o Brasil foi um dos líderes da reforma da instituição, com reforço de seu papel como centro de reflexão sobre o desenvolvimento econômico." (BRASIL. Ministério das Relações Exteriores. *Conferência das Nações Unidas sobre Comércio e Desenvolvimento (UNCTAD)*. Disponível em: http://www.itamaraty.gov.br/pt-BR/politica-externa/diplomacia-economica-comercial-e-financeira/15585-a-unctad-e-o-sgpc. Acesso em: 11 nov. 2020.

diretos alcançou, em média, a marca mundial de U$1,5 trilhão em 2019. A despeito do inevitável declínio (aproximadamente na média de 40% a 49% de diminuição) que será percebido em razão da pandemia da covid-19, os números são tão relevantes que não se pode ignorar o fenômeno econômico.

De forma geral, os países mais afetados serão os em desenvolvimento, pois dependem do investimento estrangeiro em sua cadeia de valor. Posicionado entre os países que mais receberam fluxos de receita em 2019, o Brasil ocupa o terceiro posto em decréscimo de valores (-48%), perdendo apenas para os EUA (-61%) e Itália (-74%).[4] Adentrando no detalhamento dos dados, os mais afetados são investimentos do tipo *Project finance*[5] ou outras formas de investimento e financiamento que geralmente visam suportar financeiramente parcerias para satisfação de necessidades coletivas, que tradicionalmente recaiam em atividades exclusivamente prestadas pela Administração, especialmente em serviços de infraestrutura, no qual se observou um decréscimo no montante de investimentos em 40%.

Os chamados investimentos em desenvolvimento são duplamente essenciais – tanto na abordagem econômica, quanto na social – e, segundo tem apregoado a ONU, devem guardar estreita relação com os 17 Objetivos de Desenvolvimento Sustentável (ODS),[6] que fazem parte da denominada Agenda para o Desenvolvimento Sustentável 2030, adotada em 2015 por Estados-Soberanos da organização, que

---

[4] O fechamento da edição deu-se em 27 de outubro de 2020, e, portanto, os dados são correspondes ao primeiro semestre de 2020 (até jun./20). (UNCTAD. *Investment Trends Monitor*. Issue 36. October 20. Disponível em: https://unctad.org/system/files/official-document/diaeiainf2020d4_en.pdf. Acesso em: 11 nov. 2020).

[5] YESCOMBE, Edward R. *Principles of Project Finance*. Amsterdam: Academic Press, 2002, p. 2. Em tradução livre: "*Project finance* é um modelo de engenharia financeira para estruturação de financiamentos de longo prazo com o escopo de viabilização de projetos de grande porte, baseado na recuperação dos valores investidos, a partir das receitas geradas pela operação do empreendimento. Depende de uma análise detalhada dos riscos de construção, operação e geração de receita e de sua alocação entre empreendedores, investidores e outras partes, mediante ajustes contratuais e outros acordos".

[6] Os 17 Objetivos de Desenvolvimento correspondem a indicadores específicos para atingimento de 169 metas nos seguintes temas: erradicação à pobreza; fome zero e agricultura sustentável; saúde e bem-estar; educação de qualidade; igualdade de gênero; água potável e saneamento; energia limpa e acessível; trabalho decente e crescimento econômico; indústria, inovação e infraestrutura; redução das desigualdades; cidades e comunidades sustentáveis; consumo e produção responsáveis; ação contra a mudança global do clima; vida na água; vida terrestre; paz e justiça e instituições eficazes; parcerias e meios de implementação. Cf.: ODS BRASIL. *Indicadores Brasileiros para os Objetivos de Desenvolvimento Sustentável*. Disponível em: https://odsbrasil.gov.br/. Acesso em 13 nov. 2020.

monitora e acompanha⁷ ações entre governos, sociedade civil, iniciativa privada e instituições de pesquisa para implementação das medidas para atingimento dos objetivos.⁸

Dentre os projetos que devem ser priorizados, no âmbito da mesma agenda, estão aqueles que valorizam a criação de valor em infraestrutura, como a energia renovável, água, saneamento, agricultura e saúde, principalmente nos países em desenvolvimento,⁹ pois eles atendem à realização de direitos fundamentais ainda não concretizados, especialmente os sociais,¹⁰ a exemplo do transporte, da educação, da

---

⁷ O Fórum Político de Alto Nível sobre o desenvolvimento sustentável (*High Level Political Forum – HLPF*) é a instância responsável pela supervisão deste acompanhamento em nível global. Ele está sob os auspícios da Assembleia Geral e do ECOSOC, o Conselho Econômico e Social da ONU. Confira-se: NAÇÕES UNIDAS BRASIL. *Sobre o nosso trabalho para alcançar os Objetivos de Desenvolvimento Sustentável no Brasil.* Disponível em: https://brasil.un.org/pt-br/sdgs. Acesso em: 13 nov. 2020.

⁸ A implementação da Agenda 2030 iniciou-se em 2016, dando continuidade e complementando o escopo da Agenda Objetivos do Milênio (ODM) (2015-2020). Segundo consta da Declaração: "os objetivos e metas são o resultado de mais de dois anos de consulta pública intensiva e do engajamento da sociedade civil e outros grupos interessados em todo o mundo, prestando uma atenção especial às vozes dos mais pobres e mais vulneráveis. Esta consulta incluiu os valiosos trabalhos realizados pelo Grupo de Trabalho Aberto sobre Objetivos de Desenvolvimento Sustentável da Assembleia Geral e pelo Secretariado das Nações Unidas, apresentados em relatório síntese do Secretário-Geral em dezembro de 2014". O compromisso assumido respeita "a autonomia de cada país no desenvolvimento de políticas nacionais para um crescimento econômico sustentado, inclusivo e sustentável, em particular para os países em desenvolvimento, mantendo-se consistência com as regras e os compromissos internacionais relevantes. Também reconhecemos a importância das dimensões regionais e sub-regionais, a integração econômica regional e a interconectividade do desenvolvimento sustentável. Marcos regionais e sub-regionais podem facilitar a tradução eficaz de políticas de desenvolvimento sustentável em ações concretas em nível nacional". FUNDAÇÃO ALEXANDRE DE GUSMÃO. *Os ODS devem ser implementados por todos os países do mundo durante os próximos 15 anos, até 2030.* Disponível em: http://www.funag.gov.br/index.php/pt-br/2015-02-12-19-38-42/531-conheca-os-novos-17-objetivos-de-desenvolvimento-sustentavel-da-onu. Acesso em: 11 nov. 2020.

⁹ *Idem.*

¹⁰ A problemática da falta de concretização dos direitos sociais estabelecidos constitucionalmente é tratada pela doutrina constitucionalista, bem como pela doutrina internacionalista. Atualmente, se entende que a "reserva do possível" limita a concretização de tais direitos. No âmbito internacional, fala-se em progressividade, o que significa que os Estados apenas devem realizar direitos sociais nos limites de seus recursos. (BANTEKAS *et al*. *International Humans Rights Law and Practice*. Cambridge: Cambridge University Press, 2013, p. 367-374.) Organização dos Estados Americanos. Corte Interamericana de Direitos Humanos. Sentença 01/07/2009, Acevedo Buendía e outros c. Peru, §105. Disponível em: https://www.cnj.jus.br/wp-content/uploads/2016/04/d48d60862a92e17629044146a3442656.pdf. Acesso em: 20 jun. 2021. Confira-se: "(...) descumprimento das referidas sentenças judiciais e o consequente efeito patrimonial que este teve sobre as vítimas são situações que afetam os direitos à proteção judicial e à propriedade, reconhecidos nos artigos 25 e 21 da Convenção Americana, respectivamente. Em contrapartida, o compromisso exigido do Estado pelo artigo 26 da Convenção consiste na adoção de providências, em especial econômicas e técnicas – na medida

saúde (e desdobramentos como saneamento básico), da moradia, da segurança etc., que, se considerados de forma coletiva, constituem parte do mínimo existencial[11] indispensável à condição humana, já que extremamente necessários ao exercício pleno da cidadania,[12] em seu aspecto mais amplo.

Investimentos desses tipos, portanto, atingem diretamente a melhoria das condições de vida digna da população, e, na interpretação jurídica, ligam-se ao caráter prestacional de direitos de segunda geração/dimensão, sendo difícil desvincular o seu caráter estratégico, seja ele para o desenvolvimento social ou econômico, já que ultimamente eles devem ser vistos de forma integrada, concepção não só autorizada, mas estimulada pela compreensão jurídica.[13] No entanto, apesar da natureza estratégica e relevante para o desenvolvimento do Estado de Direito, não há como negar que o déficit de infraestrutura brasileira é expressivo.

No Brasil, segundo o Banco Mundial,[14] há déficit de investimentos anuais na ordem de 4,25% do Produto Interno Bruto (PIB) para efetiva

---

dos recursos disponíveis, seja por via legislativa ou outros meios apropriados – para alcançar progressivamente a plena efetividade de certos direitos econômicos, sociais e culturais. Nesse sentido, a obrigação estatal que se observa do artigo 26 da Convenção é de natureza diferente, embora complementar, àquela relacionada com os artigos 21 e 25 deste instrumento".

[11] Em 1989, um ano após a promulgação da CRFB, Ricardo Lobo Torres defendia o mínimo existencial. Cf.: TORRES, Ricardo Lobo. O mínimo existencial e os Direitos Fundamentais. *Revista de Direito Administrativo*. Rio de Janeiro, v. 177, p. 29-49, jul./set. 1989.

[12] Adota-se um sentido bastante amplo de cidadania, como a capacidade de exercício de direitos e deveres civis e sociais, para muito além dos reconhecidamente direitos de participação popular e sufrágio. Aliás, é neste espírito que se inspirou o "apelido" de "Carta Cidadã" à Constituição da República Federativa do Brasil de 1988. O Prof. José Afonso da Silva defende um conceito mais amplo do que aquele que se limita estritamente ao exercício de direitos políticos, sejam eles passivos ou ativos. Para ele, há a acepção do termo "cidadão" em sentido estrito, como aquele relacionado a quem titulariza direitos políticos, e "cidadão", em sentido amplo, relacionado à participação da vida do cidadão no Estado, mas também a realização de prestações estatais mínimas que competem ao Estado para dar dignidade humana aos seus cidadãos. Esse mesmo sentido semântico está previsto no direito de petição e a gratuidade dos atos necessários "para cidadania". SILVA, José Afonso da. *Comentário Contextual à Constituição*. 7. ed., São Paulo: Malheiros, 2010, p. 38.

[13] Com efeito, para Armatya Sen, o conceito de desenvolvimento deve ser integrado (econômico, social, cultural e jurídico), para que gere a satisfação das necessidades humanas (desenvolvimento como liberdade). (SEN, Amartya. *What is the role of legal and judicial reform in the development process*? Disponível em: https://issat.dcaf.ch/Learn/Resource-Library/Policy-and-Research-Papers/What-is-the-role-of-legal-and-judicial-reform-in-the-development-process. Acesso em 13 nov. 2020.)

[14] WORLD BANK. *Back to Planning How to Close Brazils Infrastructure Gap in Times of Austerity with cover page*. Disponível em: http://documents1.worldbank.org/curated/en/386151499876913758/pdf/117392-REVISED-PUBLIC-Back-to-Planning-How-to-Close-Brazil-s-Infrastructure-Gap-in-Times-of-Austerity-with-cover-page.pdf. Acesso em: 13 nov. 2020.

melhoria das condições da população brasileira, em comparação com os menos de 2% atuais. Esse percentual reflete um período prolongado de baixo investimento em infraestrutura no Brasil. O cenário atual aponta uma queda significativa: da média de 5,2% do PIB no início da década de 1980 para uma média de 2,25% nas últimas duas décadas, com exceção de um ligeiro, discreto e circunstancial aumento para 2,5% em 2013.[15] Os dados refletem que o Brasil está aquém dos níveis observados em outros países da América Latina e mercados emergentes.[16]

O atingimento de percentual que cubra o déficit de infraestrutura no Brasil, já desafiador, é dificultado pela deterioração das contas públicas e as limitações de gastos impostas por mais de vinte anos, conforme estabelecido pela então Emenda Constitucional nº 95/16, conhecida como "Teto de Gastos", que foi substituída pelo "Novo Regime/Arcabouço Fiscal", aprovado em 2023, por intermédio da Lei Complementar nº 200/2023. Ambas as propostas limitam dotações orçamentárias em investimentos.

Diante desse quadro, não há como não considerar como opção viável a continuidade de acréscimo gradual da participação privada – seja nacional ou estrangeira – na infraestrutura nacional, para fazer face às necessidades de desenvolvimento e diante da crise fiscal que assola o país, nos últimos anos, e foi acirrada pelo cenário atual.

Em 2016, foi formatado o Programa de Parcerias e Investimentos (PPI), em âmbito federal, conforme diretrizes da Lei nº 13.334/16. A intenção é centralizar o auxílio técnico a estados e municípios, entes sob os quais recaem as principais competências legislativas e administrativas sobre a estruturação de parcerias ligadas à execução das infraestruturas. Dados o volume de recursos, complexidade dos projetos e extenso prazo da concessão, o arranjo jurídico mais frequente (embora não seja o único) que tem sido utilizado, nos últimos anos, para atender as demandas de infraestrutura é a utilização das Parcerias Público-Privadas (PPP).

Parece haver uma clara escolha política quanto à participação de investimentos privados na formatação de arranjos financeiros e jurídicos visando à prestação de serviços que atendam às necessidades coletivas – tomada de decisão que já há alguns anos vem sendo executada de forma interrupta pelos últimos governos brasileiros quaisquer que sejam suas

---

[15] O ligeiro aumento pode ter sido fruto das obras para preparação da infraestrutura da Copa do Mundo e Olimpíadas, ambas ocorridas no Brasil, respectivamente em 2014 e 2016.
[16] *Op. cit.*

ideologias[17] – , no entanto, a despeito do movimento de liberalização da economia a partir da década de 1990, tem sido recente a inclusão de um maior fomento à parcela de investimentos de natureza estrangeira, especialmente para fazer face à lacuna estrutural de infraestrutura.

Somam-se à contextualização os recentes acenos do Brasil para integrar a Organização para a Cooperação e Desenvolvimento Econômico (OCDE), o que visa à integração e ao relacionamento com economias avançadas, o que pode gerar reposicionamento das melhores práticas de competitividade global, já que significará o alinhamento com as melhores práticas internacionais, de forma a harmonizar políticas públicas baseadas em evidências que promovam prosperidade, igualdade, oportunidade e bem-estar.[18]

Também é intenção da atual política externa do país aderir ao Acordo de Compras Governamentais da Organização Mundial do Comércio (OMC), que tem como escopo alargar a concorrência licitatória para investidores estrangeiros, ao tempo que também aplicará a reciprocidade para o empresariado brasileiro no exterior, de modo a ampliar o ambiente do mercado de compras públicas, que movimenta cerca de 12% do PIB de cada um dos Estados, aproximadamente, e abrange objetos dos mais variados, desde a aquisição para material de escritório até a execução de grandes obras de infraestrutura, como pontes e aeroportos.[19]

A partir de tais posicionamentos da atual política externa, nasce a necessidade de conhecer o quadro legislativo do tema e revisitá-lo a fim de compará-lo com as orientações regulatórias e de compras públicas da OCDE e OMC. Nesse sentido, a partir do constitucionalismo, a fixação de qualquer regime jurídico advém primeiramente da partida constitucional. De forma geral, semanticamente, a despeito

---

[17] Segundo Gilberto Maringoni, "os governos petistas nunca chegaram a romper com o neoliberalismo, mas buscaram – até 2012 – aumentar o investimento público quando o saldo das exportações assim permitia". (MARINGONI, Gilberto. Viralatismo em marcha. In: SOUZA, Jessé; VALIM, Rafael (coord.). *Resgatar o Brasil*. São Paulo: Contracorrente/Boitempo, 2018, p. 41).

[18] BRASÍLIA: Secretaria de Comunicação (SECOM). Brasil atinge 100 instrumentos de aderência à OCDE. Disponível em: https://www.gov.br/pt-br/noticias/financas-impostos-e-gestao-publica/2021/06/brasil-atinge-100-instrumentos-de-aderencia-a-ocde. Acesso em: 11 jul. 2021.

[19] THORSTENSEN, Vera; GIESTEIRA, Luís Felipe. *Cadernos Brasil na OCDE*. Brasília: IPEA. Jul. 2021. Disponível em: https://www.ipea.gov.br/portal/images/stories/PDFs/210707_cb_ocde_compras_publicas.pdf. Acesso em: 25 jul. 2021.

das numerosas menções ao signo "investimentos",[20] na Constituição da República Federativa do Brasil (CRFB), há apenas uma menção ao termo "investimento estrangeiro". O artigo 172[21] apenas prevê, laconicamente, que "a lei disciplinará, com base no interesse nacional, os investimentos de capital estrangeiro, incentivará os reinvestimentos e regulará a remessa de lucros".

A partir do comando constitucional do artigo 172 – que encerra natureza de eficácia limitada, de acordo com a tradicional classificação de José Afonso da Silva[22] –, pode-se afirmar que (i) a *lei* que regulamenta o artigo 172 constitucional *deve* se pautar, necessariamente, pelo interesse nacional e que (ii) o papel da legislação *é disciplinar* os investimentos estrangeiros (e não meramente descrever procedimentos operacionais para seu ingresso, execução, acompanhamento e reingresso).

Atualmente, a legislação infraconstitucional referida no art. 172 é a Lei nº 4.131/62,[23] que, mesmo formulada em período histórico anterior à promulgação da Constituição e modificada pontual e minimamente pela Lei nº 4.390/64, mantém-se vigente até os dias atuais. Indene de questionamentos sobre a constitucionalidade, foi recepcionada, ainda que de forma tácita. Sua regulamentação advém do Decreto Federal nº 55.762/65, além da Resolução do Conselho Monetário Nacional nº 3.844/2010 e Circular do Banco Central do Brasil nº 3.491/2010.

---

[20] As demais 11 menções constitucionais dizem respeito a investimentos estatais, com vínculo orçamentário. Trata-se de investimentos relacionados às empresas estatais ou alguma das peças orçamentárias. A única previsão de investimento privado é a que se refere ao investimento estrangeiro.

[21] BRASIL. [Constituição (1988)]. *Constituição da República Federativa do Brasil de 1988*. Brasília, DF: Presidência da República, Disponível em: http://www.planalto.gov.br/ccivil_03/constituicao/constituicao.htm Acesso em: 08 jul. 2020. Confira-se: "Art. 172. A lei disciplinará, com base no interesse nacional, os investimentos de capital estrangeiro, incentivará os reinvestimentos e regulará a remessa de lucros."

[22] Cf. José Afonso da Silva, "normas constitucionais de eficácia limitada ou reduzida são aquelas que não produzem, com a simples entrada em vigor da Constituição, todos os seus efeitos essenciais, porque o legislador constituinte, por qualquer motivo, não estabeleceu sobre a matéria normatividade para isso bastante, deixando tal tarefa ao legislador ordinário. São de aplicabilidade indireta, mediata e reduzida, porque só incidem totalmente sobre esses interesses, após normatividade ulterior que lhes desenvolva a eficácia, apesar de ter incidência reduzida e produzirem outros efeitos não essenciais não dirigidos aos valores-fins da norma, mas apenas a certos valores-meios e condicionantes" (SILVA, José Afonso da. *Aplicabilidade das normas constitucionais*. 7. ed. 2. tir. São Paulo: Malheiros, 2008, p. 76).

[23] BRASIL. Lei nº 4.131 de 03 de setembro de 1962. Disciplina a aplicação do capital estrangeiro e as remessas de valores para o exterior e dá outras providências. Disponível em: http://www.planalto.gov.br/ccivil_03/leis/L4131.htm. Acesso em: 08 jul. 2020.

O quadro legislativo remete ao momento histórico em que se priorizavam metas dos planos de desenvolvimento nacional,[24] adotadas a partir da década de 1950, e estende-se para o período de exceção democrática no país.[25] A Lei nº 4.131/1962, portanto, ainda que modificada pontualmente pela Lei nº 14.286/2021, está perene e intacta até os dias atuais e segue regulando apenas aspectos operacionais que dizem respeito ao tratamento tributário, registros e remessas de lucros nos investimentos estrangeiros, mas sem adentrar aspectos importantes para elucidar um claro regime jurídico nacional.

Diante da inexistência de uma espécie de codificação sobre investimentos estrangeiros ou um marco jurídico que detalhe a especificidade

---

[24] A Lei remete à lógica do Plano de Metas, baseado no tripé econômico formado pelo Estado, capital nacional e capital estrangeiro, desde que o último fixasse raízes no Brasil. Além da infraestrutura, a internalização do capital estrangeiro auxiliava na expansão da indústria pesada, dentre outras ousadas metas de desenvolvimento. A meta da construção de Brasília, considerada a meta 31 (ou mais especificamente, a meta-síntese, adicional às 30 outras metas) e carregava não só o sonho profético de Dom Bosco ou a povoação do Planalto Central, mas a previsão normativa desde a Constituição Republicana de 1891, que anunciava o plano de mudança da capital do Rio de Janeiro para uma região no Planalto Central. Sobre o Plano de Metas, confira-se: FURTADO, Celso. *O Plano de Metas e o papel do BNDE*. Disponível em: http://www.centrocelsofurtado.org.br/arquivos/image/201109010957170.MD4_0_045.pdf. Acesso em: 24 jun. 2020. Destacamos o seguinte trecho, que menciona os objetivos e metas: "O setor de energia tinha cinco metas; o de transportes, sete; de alimentação, seis; de indústrias de base, onze metas; e de educação, apenas uma. Além destas, havia ainda a chamada meta-síntese, a construção de Brasília. A inclusão dessa nova meta, além das trinta iniciais, foi proposta pelo presidente Juscelino Kubitschek, que assumiu o compromisso de construir uma nova capital federal para o Brasil, localizada no Centro-Oeste, conforme texto constitucional. A meta relativa à educação foi incluída por sugestão de Clóvis Salgado; e a referente à agricultura, mais especificamente à alimentação, foi inserida em decorrência das dificuldades que o Brasil enfrentava com os Acordos do Trigo".

[25] A edição normativa deu-se no breve período de permanência de João Goulart na Presidência da República e a indicação de regulação dos investimentos tinha como principal objetivo controlar as remessas constantes de valores, oriundos de lucros de empreendimentos estrangeiros localizados no país, ao exterior. Ainda que a Lei hoje se mostre insuficiente para atender a complexidade que o tema encerra, teve sua importância na política denominada "reformas de base". Sobre o tema, confira-se a pesquisa de FERREIRA, Marieta de Moraes. *A trajetória política de João Goulart*: as reformas de base. Disponível em: http://cpdoc.fgv.br/producao/dossies/Jango/artigos/NaPresidenciaRepublica/As_reformas_de_base. Acesso em 10 ago. 2020. "(…) foi apenas a chegada do presidente João Goulart à presidência da República, em setembro de 1961, que as chamadas 'reformas de base' transformaram-se em bandeiras do novo governo e ganharam maior consistência. Sob essa ampla denominação de 'reformas de base' estava reunido um conjunto de iniciativas: as reformas bancária, fiscal, urbana, administrativa, agrária e universitária. Sustentava-se ainda a necessidade de estender o direito de voto aos analfabetos e às patentes subalternas das forças armadas, como marinheiros e os sargentos, e se defendia medidas nacionalistas prevendo uma intervenção mais ampla do Estado na vida econômica e um maior controle dos investimentos estrangeiros no país, mediante a regulamentação das remessas de lucros para o exterior".

do tema, as demais orientações do assunto estão espalhadas na própria Constituição e na legislação doméstica, sem uma sistematização clara para fins de identificação de eventuais proibições setoriais, políticas de fomento, incentivo ou subsídios, forma de solução de controvérsias eventualmente existentes, critérios para indenizações.

A pouca regulação somada à falta de sistematização legislativa nacional desloca a discussão para o cenário internacional, motivo pelo qual a lacuna acaba sendo colmatada por instrumentos internacionais (convencionais ou contratuais), sejam eles de caráter vinculativo ou não. De forma genérica, seriam quatro os tipos de instrumentos internacionais utilizados no tratamento da disciplina.

Os primeiros são instrumentos de proteção do investimento estrangeiro, todos bilaterais, com determinações normativas apenas para os signatários, Estados soberanos, mas tendo como beneficiários os investidores, que formalizam contratos internacionais regendo todas as situações de forma pontual. Os segundos são os instrumentos de promoção do desenvolvimento, com foco não na proteção do investimento, mas nas repercussões sociais que ele desempenha no solo que aporta, cada vez mais incomuns.

Os terceiros aportam itens das anteriores gerações convencionais, reunindo preocupações tanto com a proteção do investimento, quanto o desenvolvimento do Estado soberano que o recepciona. No quarto grupo encontram-se orientações de boas práticas administrativas ou determinações ligadas ao nível de formatação de políticas públicas, como aquelas oriundas de organismos internacionais de natureza intergovernamental, como a OCDE, as quais o Brasil terá que atender e até modificar sua legislação nacional, caso leve a adiante o projeto de ser membro.

Especialmente, neste último caso, as orientações são bastante amplas, do tipo *standards*, que não criam determinações na forma de regras jurídicas (com estrutura de hipótese e consequência delimitada), mas direcionam de maneira difusa tomadas de decisão em vários níveis, a partir de princípios e valores do grupo, influenciando a prática política e administrativa em alguns níveis: Estado (formulação de posicionamentos internacionais de soberania), Governo (formulação de políticas internas, entre elas, políticas públicas) e Administração (formalização de atos administrativos ligados à gestão do investimento, sua relação com o desenvolvimento, aspectos relacionados à contratação etc.)

A partir da contextualização já mencionada, emergem algumas questões:
1. Partindo-se do pressuposto de que "investimento estrangeiro" é uma categoria econômica e por isso sujeita às alterações históricas, que podem ser datadas, qual é o conceito de investimento estrangeiro à luz da legislação nacional? É um conceito atualizado?
2. Qual é a relação entre investimentos estrangeiros privados e investimentos públicos para atender necessidades coletivas?
3. A Constituição contempla modelo econômico brasileiro que contemple ou afaste investimentos estrangeiros em atividades públicas, de forma peremptória? As alterações constitucionais empreendidas na década de 1990 são válidas?
4. Quais são as naturezas e regimes jurídicos do investimento quando eles se empregam em atividades públicas?
5. Quais são as proibições e restrições do investimento estrangeiro em atividades públicas?
6. Quais são as principais contribuições da OCDE sobre a regulação do investimento estrangeiro? Quais são os principais instrumentos convencionais sobre o tema?
7. Quais são as principais contribuições da OMC sobre contratações públicas e participação de investidores estrangeiros?

As respostas às problemáticas serão organizadas em plano de trabalho que será exposto na forma de sete capítulos e constituirão fundamento da hipótese que se pretende testar, de que a Lei nº 4.131/62 (e também a Lei nº 14.286/2021) não são claras na exposição dos aspectos relacionados à aplicação de investimentos estrangeiros em atividades públicas, sendo necessário um trabalho de sistematização jurídica para formatar o regime jurídico dessa espécie de investimento. Nesse sentido, soma-se ao trabalho de sistematização doutrinária a ser empreendido, algumas discussões levantadas pela OCDE e OMC que guardam relevância com a temática, sendo objeto de comentários e análises.

A hipótese principal que se pretende provar é que ainda há latência do artigo 172 da CRFB e que, a despeito da prerrogativa de normatização e regulação do Estado Brasileiro acerca da disciplina dos investimentos estrangeiros, a Lei nº 4.131/62 não oferece as bases suficientes para fixação de um regime jurídico interno, limitando-se a tratar de aspectos operacionais do registro de investimentos, além de indicar conceitos genéricos do tema.

Por sua vez, a Lei nº 14.286, de 29 de dezembro de 2021, editada em momento posterior à defesa da tese que originou este livro, alterou a Lei nº 4.131/62, sem muitas determinações distintas sobre o regime jurídico que se desenha como conclusão do presente estudo. Questão importante que deve ser apresentada é que a legislação descreveu conceitos relevantes, incluindo-se o de capital estrangeiro em suas vertentes (que o artigo 8º considera os valores, os bens, os direitos e os ativos de qualquer natureza, distinguindo-se se estão no território nacional ou estrangeiro e se estão detidos por residentes ou não). Para além disso, o artigo 9º nominalmente reconhece a igualdade de tratamento entre capitais estrangeiros e nacional. A despeito dessas orientações – que também se inserem em linhas gerais, tal qual a determinação da Lei nº 4.1.31/62 –, o tratamento não é exaustivo.

Surge, então, a necessidade de que o jurista identifique o regime jurídico, enquanto unidade sistemática, coerente e lógica,[26] já que ele nem sempre está explícito na legislação. A sistematização, mediante identificação de relações de coordenação e subordinação entre elementos do sistema jurídico, é trabalho que compete ao intérprete na atividade de hermenêutica, de onde o regime jurídico não se pressupõe, mas se extrai.[27]

Em verdade, os aspectos relevantes do tema hoje estão transpostos da lei para tratados, acordos, normas *soft law*, todas de natureza internacional e que seguem uma padronização em todo o mundo. Em outras palavras: por mais que atos normativos internacionais possam ser internalizados com *status* de lei, dada à equivalência com a legislação ordinária, um ato normativo que proviesse do Parlamento, exatamente porque viabilizaria maior discussão com a sociedade, poderia ter mais legitimidade e exteriorizaria ao mundo as intenções do Brasil de regular suas questões internas, como decorrência da sua soberania. É o que se denomina de *policy space*.[28]

Enquanto não há proposta legislativa nesse sentido, verifica-se a necessidade de se extrair do ordenamento hoje vigente a correta exegese

---

[26] BANDEIRA DE MELLO, Celso Antônio. *Curso de Direito Administrativo*. 33. ed. São Paulo: Malheiros, 2017, p. 55.

[27] Como afirma Paulo de Barros Carvalho, "se pudermos reunir todos os textos de direito positivo em vigor no Brasil, desde a Constituição Federal até os mais singelos atos infralegais, teremos diante de nós um conjunto integrado por elementos que se inter-relacionam, formando um sistema. As unidades desse sistema são as normas jurídicas que se despregam dos textos e se interligam mediante vínculos horizontais (relações de coordenação) e liames verticais (relações de subordinação-hierarquia)" (CARVALHO, Paulo de Barros. *Curso de direito tributário*. 28. ed. São Paulo: Saraiva, 2017, p. 43).

[28] MAYER, Jörg. *Policy Space: What, for What, and Where?*. *Development Policy Review*, 2009, 27 (4): 373-395 Disponível em: https://www.wto.org/english/res_e/reser_e/gtdw_e/wkshop08_e/mayer_e.pdf. Acesso em: 11 jul. 2021.

para tratamento do tema, o que se oferece como resposta à problemática posta, já que a incidência de situações envolvendo investimentos estrangeiros será cada vez mais frequente e há exposição a riscos de interpretações casuísticas, tanto por parte do Poder Público, quanto dos investidores, o que reclama segurança jurídica para todos.

Acrescenta-se a essa justificativa o fato de que trabalhos brasileiros existentes adotam em sua maioria a perspectiva do investidor na disciplina do Direito Internacional dos Investimentos (ainda que para alguns, o tema seja também pouco explorado nessa perspectiva[29]) e têm como abordagem o contexto transnacional, internacional, mas não constam avaliações sob o prisma constitucional e administrativo interno, que é o foco deste trabalho.

Ainda, o tema, dada sua importância, não merece visões unitárias (pró-Estado ou pró-investidor), já que pelo menos há três atores principais, de importância para o sistema jurídico, a serem considerados: (i) o Estado; (ii) o investidor e, por último, mas não menos importante, (iii) o beneficiário final dos serviços públicos, o usuário das atividades públicas financiadas com recursos estrangeiros.

Portanto, entende-se importante atribuir-se a tão almejada segurança jurídica não só ao investidor,[30] mas a todos os envolvidos, bem como justificar a necessidade de implementação de políticas públicas, com ampla possibilidade de regulação pelo Estado hospedeiro, isso tudo tendo como beneficiário final o cidadão brasileiro.

Sobre a abordagem metodológica, em que pese a extraordinária relevância prática e profundos desdobramentos teóricos multidisciplinares que o tema encerra, o foco do estudo está centrado na interpretação do ordenamento jurídico nacional, sem descurar a análise da validade

---

[29] Welber Barral destaca que ainda que o histórico dos investimentos estrangeiros acumule séculos e as arbitragens considerarem-se comuns no século XIX, foi apenas na última década que o debate alcançou status jurídico. Três fatores contribuíram para isto: (i) tentativa frustrada de um acordo multilateral sobre investimentos; (ii) reversão do fluxo de investimentos, agora também originários de países em desenvolvimento; e (iii) multiplicação de litígios arbitrais com restrições ao questionamento de políticas públicas internas. (Prefácio da obra de FONSECA, Karla Closs. *Investimentos estrangeiros: regulamentação internacional e acordos bilaterais*. Curitiba: Juruá, 2010, p. 15).

[30] Existe uma concepção equivocada de que a segurança jurídica seria um aspecto a ser considerado benéfico apenas para o setor privado, da elite, dada a ideia de preservação do status quo. Rafael Valim reconhece a natureza transcendente do postulado: "observe-se, ademais, que no Estado de Direito contemporâneo assume a segurança jurídica uma importância mais que transcendente, sendo, em verdade, cogitação indispensável para a própria manutenção do padrão institucional fundado nas leis." (VALIM, Rafael. *O princípio da segurança jurídica no Direito Administrativo brasileiro*. São Paulo: Malheiros, 2010, p. 16.

de aplicação de regras internacionais e costumeiras do denominado Direito Internacional dos Investimentos, bem como suas repercussões interpretativas no ordenamento jurídico brasileiro.

Ainda, o estudo será essencialmente tratado do ponto de vista do Direito, mas com contribuições da economia, considerando a natureza do tema. Isso não significa ceder às propostas de flexibilização ou captação do fenômeno jurídico pelo poder econômico, mas apenas enfrentar um assunto rico de interseções entre sistema econômico, político e jurídico, já que eles são interdependentes e nenhum é puramente autorreferente.

Considerar eventuais contribuições interdisciplinares para entendimento dos fatos tratados não é tido como problema. Ao contrário. Delimitada a pesquisa jurídica, as contribuições da teoria econômica, ciência política e administração são apenas elementos para compreensão dos fenômenos ocorridos no contexto fático, que serão interpretados à luz do Direito, com enfoque dogmático e método analítico, realizado a partir de legislação, jurisprudência e estudos doutrinários nacionais e estrangeiros. Já não se concebe, na contemporaneidade, um jurista que não conheça aspectos extrajurídicos para compreender melhor o próprio Direito.

Como objetivo da tese pretende-se desenhar um regime jurídico para os investimentos estrangeiros, a partir da legislação existente, ainda que deficitária em alguns aspectos de sistematização, o que imprime segurança jurídica, como principal postulado do Direito. Por fim, o regime jurídico a ser desvelado será analisado à luz das eventuais contribuições da OCDE e da OMC, dada a necessidade do exame de compatibilidade legal empreendido pelas organizações internacionais para admissão da candidatura de membro e adesão ao Acordo de Compras, respectivamente.

Dessa forma, em não existindo exteriorização clara do regime jurídico de modo organizado em codificação ou marco jurídico, como é comum em alguns países que possuem uma espécie de Código de Investimento, de modo a pormenorizar os detalhes das regras incidentes, estas devem ser extraídas da "tentativa de reconhecimento coerente e harmônico da composição de elementos em um todo unitário".[31] Portanto, compete ao intérprete do Direito, em especial o jurista, em sua atividade de pesquisa doutrinária, lançar-se ao desafio. Para o alcance do objetivo, o estudo está dividido em três partes.

---

[31] ATALIBA, Geraldo. *Sistema Constitucional Tributário brasileiro*. São Paulo: RT, 1968, p. 4.

A primeira, dividida em dois capítulos, pretende decodificar os pressupostos para conhecimento do tema, a partir da identificação dos desafios que ele encerra, sejam eles de natureza terminológica, normativa, ou indicados na tensão entre o retorno social e econômico revelada pelas diferenças e interseções entre investimentos público e privado, especialmente os estrangeiros, que são historicamente considerados nas atividades públicas. Esse panorama é pressuposto semântico e pragmático para as discussões acerca da sintaxe jurídica, que se dá na compreensão do tema à luz do sistema jurídico, que fixará o regime constitucional e legal da temática, o que será tratado na segunda parte.

A segunda parte deste estudo, dividida em três capítulos, visa identificar o atual desenho do regime jurídico conferido ao investimento estrangeiro no ordenamento jurídico brasileiro. Por regime jurídico, compreenda-se "o conjunto sistematizado de princípios e regras existentes no ordenamento jurídico que incidem e disciplinam relações".[32] Trata-se de levantar os aspectos constitucionais e normativos do investimento estrangeiro no Brasil, de forma a exteriorizar as restrições constitucionais de acesso ao capital estrangeiro.

A terceira parte enfoca a transnacionalidade do tema, que não se resume ao aspecto constitucional local, conforme previamente já identificado pelo desafio da multiplicidade de planos jurídicos, conforme exposto na primeira parte do trabalho e aporta as práticas desse cenário, especialmente decorrentes de instrumentos de natureza vinculativas e não vinculativas, a partir das contribuições da OCDE e da OMC, contemplando as reflexões sobre o tema.

---

[32] ROCHA, Sílvio Luís Ferreira da. *Manual de Direito Administrativo*. São Paulo: Malheiros, 2013, p. 49.

PARTE I

PRESSUPOSTOS DA TEMÁTICA DOS INVESTIMENTOS

Quando se fala em investimentos estrangeiros, especialmente aqueles que se destinam a suportar financeiramente ou empreender em atividades públicas, há que se considerar certa complexidade inerente, motivo pelo qual o tema está envolto em desafios, a começar pelas dificuldades semânticas, passando pela multiplicidade de planos normativos e pelas relações entre as esferas pública e privada, que, se já não são tão facilmente definíveis no âmbito doméstico, são ainda mais difíceis se envolvem estrangeiros e limites da soberania nacional.

Sobre o aspecto semântico, o tema "investimento estrangeiro" está em constante mutação porque as discussões econômicas evocam historicidade, vinculando-se aos ciclos e pêndulos (analogias que descrevem o fenômeno), motivo pelo qual o conceito jurídico de investimento estrangeiro deve ser constantemente atualizado, à luz dos fatos sociológicos que o ensejam.

Vale destacar que o conceito jurídico, que também tem relação com a natureza do instituto, não se confunde com o conceito legal, que acaba por ser mais estático e que deve alterar-se para que não haja anacronia normativa, e, por consequência, baixa regulação e insegurança jurídica.

Essa anacronia, tratada como sintoma de que a Lei nº 4.131/62 e parte da Lei nº 14.286/2021 não induzem corretamente o conceito de investimento estrangeiro à luz das constantes alterações que ele sofre (como, por exemplo, em aspectos relacionados à aplicação de serviços públicos), começa a ser explicada no Capítulo 1, que desenvolve as contribuições do ponto de vista microeconômico e macroeconômico para compreensão do tema e que será suporte para a análise que se irá fazer no Capítulo 4, que evoca algumas das deficiências legislativas.

Além do aspecto semântico, no Capítulo 1, verificar-se-á que a temática insere-se na confluência do direito em variados níveis (local, regional e internacional), com variadas naturezas (*soft law* e *hard law*) e evoca a multidisciplinariedade, que implica a abordagem da linguagem comum, técnica econômica e técnica jurídica, além de transversalidade de aspectos do direito privado e público, passando por disciplinas jurídicas autônomas como Direito Constitucional, Direito Internacional, Direito Administrativo e Direito Empresarial, todas com racionalidades próprias.

Além disso, o Capítulo 2 confirma que estarão em jogo interesses que a princípio parecem de difícil convergência, como, por exemplo, a proteção dos investidores e suas expectativas legítimas de lucro e a salvaguarda de princípios como a soberania, o interesse nacional, matizados por questões técnicas da economia que, inevitavelmente, envolvem as discussões. Será tratada a tensão entre critérios de retorno social e econômico, com abordagem normativa, mas também histórica, já que foi comum o uso de investimentos estrangeiros nas implementações inaugurais e iniciais de infraestruturas brasileiras.

CAPÍTULO 1

OS DESAFIOS DA TEMÁTICA DE INVESTIMENTOS

Como já fora dito, tratar sobre investimentos estrangeiros implica desafios. O capítulo apresenta o desafio semântico e o desafio normativo. O primeiro deles parece óbvio, já que as (in)definições do termo podem levar a diferentes enquadramentos jurídicos, o que impacta tanto na ciência do Direito quanto nos desdobramentos pragmáticos de aplicação e interpretação jurídica. O segundo desafio é normativo, já que o tratamento do tema evoca uma multiplicidade de níveis de tratamento normativo que dialogam.

O objetivo deste capítulo é elucidar tais desafios e refletir sobre eles previamente, antes do tratamento normativo do tema, que será objeto da Parte II. A intenção é dar um substrato contributivo de outras ciências para confirmar, mais adiante, não só a necessidade de atualização legislativa diante dos impactos das visões multidisciplinares, mas também a forma de interpretar as naturezas jurídicas dos investimentos estrangeiros em atividades públicas.

1.1 Desafios semânticos: contribuições interdisciplinares da linguagem comum

A proposta parte da premissa de que o direito é linguagem vertida em código, e sua codificação é fragmentada na unidade do signo (semântica), que, por sua vez, ganha significado consolidado pelo uso dos utentes e intérpretes, conforme o contexto, especialmente o histórico (pragmática), porém, restrito pelos limites da estrutura lógica própria da qualidade de um sistema (sintática) que agrega regras e princípios próprios à hermenêutica e que evoca as particularidades de uma operacionalidade singular: a jurídica.

A partir da investigação de vários sentidos do signo "investimento" que se relacionam às atividades públicas, o ponto de partida é a linguagem comum, usual, cotidiana, do termo, de onde se extrai sua nuance essencial: a expectativa de retorno (financeiro, social, finalístico) diante de um esforço (empresarial, coletivo, pessoal).

Na abordagem comunicativa do direito, a teoria dos signos (semiótica) assume papel relevante, seja pela sintaxe (conexão dos signos em si), pragmática (contexto situacional no qual os signos são considerados) ou semântica (conexão dos signos com seus objetos).[33] Como a maioria dos problemas do direito está relacionada à interpretação jurídica, essa perspectiva contribui não só com a aplicação prática do direito, mas também com uso do método jurídico-científico, uma vez que reflete a tentativa de segurança, necessária à vida do direito e sua observação científica.

Como já atestava Pontes de Miranda, as proposições de direito se referem ao "mundo da vida", do qual se verificam interesses dos mais diversos.[34] Considerando que a função social do direito é dar valores aos interesses e regular a distribuição dos bens entre os homens, faz-se necessário que o intérprete – seja ele jurista ou não – consiga determinar o conteúdo da regra jurídica e sua incidência. Para tal, deve-se compreender o suporte fático, a partir de relações humanas e dos fatos a que se referem. Três abordagens parecem atender a esse desiderato: i) conhecimento do signo (semântica); ii) sua relação com a realidade fática e dos demais utentes (pragmática); e iii) as limitações sistemáticas do direito (sintaxe), todas igualmente importantes no processo de decodificação que leva à interpretação jurídica.

Das três vertentes semióticas, a semântica apresenta maior desenvolvimento, pois, no fenômeno interpretativo, geralmente conhecer o significado dos elementos linguísticos da norma apresenta-se como um primeiro passo de compreensão da realidade, que migra do "mundo do ser/ôntico" para, apenas então, transportá-lo para o "mundo do dever-ser/deôntico". Por sua vez, o jurista e o cientista do direito, que

---

[33] A feliz sintetização dos parênteses, que contém verdadeiros conceitos, é do prof. Tércio Ferraz. FERRAZ JÚNIOR, Tércio Sampaio. *Direito, retórica e comunicação*: subsídios para uma pragmática do discurso jurídico. São Paulo: Saraiva, 2015, p. 1.

[34] MIRANDA, Pontes de. *Tratado de Direito Privado*: Parte Geral. Tomo I. Rio de Janeiro: Borsoi, 1970, p. 10-11.

são intérpretes por natureza, lidam com as formas naturais do uso do signo no mundo, já que o direito acaba se apropriando delas.

Exatamente por se referir aos fatos da vida e em razão de sua compostura heterogênea, decorrência natural da representatividade política, não é de se estranhar que a linguagem que expressa as regras emanadas do Poder Legislativo seja predominantemente a natural,[35] ordinária, para a qual não há termos absolutamente precisos ou inequívocos. Ao contrário, nas palavras de Genaro Carrió, a linguagem natural contém expressões ambíguas, vagas, cheias de zonas de penumbras, com textura aberta.[36] Portanto, igualmente as normas criadas apresentam semelhantes características.

Assim, a intepretação jurídica passa pela captação do signo no desenvolvimento de seus numerosos sentidos, motivo pelo qual seu objeto considera-se fonte material, dado extraído da realidade social que se refere ao conjunto de fatores sociológicos, econômicos, ecológicos, psicológicos e culturais que condicionam a decisão de poder no ato

---

[35] Segundo Paulo de Barros Carvalho, a linguagem natural diferencia-se da linguagem técnica. Para ele, a primeira "aparece como o instrumento por excelência da comunicação entre as pessoas. Espontaneamente desenvolvida, não encontra limitações rígidas, vindo fortemente acompanhada de outros sistemas de significação coadjuvantes, entre os quais, quando falada, a mímica. Entre suas múltiplas características figura o descomprometimento com aspectos demarcatórios do assunto sobre que se fala ou escreve: flui com ampla liberdade e corresponde, por isso, à reivindicação própria da comunicação cotidiana. Sobre mais, lida com significações muitas vezes imprecisas, não se prendendo a esquemas rígidos de formação sintática de enunciados. A combinação desses fatores prejudica a economia do discurso, acentuando a dependência das mensagens à boa compreensão da conjuntura contextual. De contraparte, sua dimensão pragmática é riquíssima, evoluindo soltamente entre emissor e destinatário. Nela, percebem-se com clareza as pautas valorativas e as inclinações ideológicas dos interlocutores que, em manifestações despreocupadas, exibem suas intenções, dando a conhecer os vínculos psicológicos e sociais que entre eles se estabelecem (...) Nessa área da linguagem, na qual se aloja o coloquial, não haveria espaço para descrições cujo rigor dos enunciados é pressuposto de seu valor veritativo. O discurso natural, em face da latitude de indeterminações semânticas que provoca, ao lado da flexibilidade excessiva na construção sintática de suas proposições, jamais atenderia ao caráter analítico-descritivo do saber científico, que requer fórmulas minudentes, precisas, capazes de relatar sua sutileza e finura dos fenômenos que constituem seu objeto". A linguagem técnica, por sua vez é "toda aquela que se assenta no discurso natural, mas aproveita em quantidade considerável palavras e expressões de cunho determinado, pertinentes ao domínio das comunicações científicas. Não chegando a atingir uma estrutura que se possa dizer sistematizada, busca transmitir informações imediatas acerca da funcionalidade do objeto, utilizando, para tanto, número maior ou menor de termos científicos". CARVALHO, Paulo de Barros. *Direito Tributário. Linguagem e Método*. 6. ed. São Paulo: Noeses, 2015, p. 56-57.

[36] CARRIÓ, Genaro R. *Algunas palabras sobre las palabras de la ley*. Buenos Aires: Abeledo-Perrot, 1997, p. 13-21.

de edição e formalização da fonte formal do direito.[37] Em que pese a predominância da comunicação natural no discurso prescritivo das normas jurídicas, ninguém ousaria defender que se trata apenas de mensagens do tipo da linguagem comum/ordinária, havendo também inserções da linguagem científica/técnica, mesmo que decorrente de outras ciências que não a jurídica.[38]

É o que ocorre quando se trata de investimento, já que mais do que compreender um fenômeno natural, oriundo do mundo do ser, o intérprete deve também conhecer como ele se relaciona com o Direito e com outras ciências, especialmente a econômica. Para Paulo de Barros Carvalho, sobre o uso de termos não jurídicos na ciência normativa, há o reconhecimento inevitável da intertextualidade, e o projeto de isolamento disciplinar não deixaria de feri-lo, motivo pelo qual se admite o cabimento de enunciados de outras ciências na linguagem da dogmática, desde que não interfira no modelo de raciocínio da Ciência do Direito em sentido estrito.[39]

A aplicação de conceitos extrajurídicos à dogmática jurídica acaba não só por enriquecer o discurso jurídico, mas também por reconhecer a multivalência dos fatos da realidade para a compreensão jurídica. Essa perspectiva adere também ao pensamento de Gadamer,[40] já que é a sobreposição de sentidos, em várias camadas, que alarga e amplia a interpretação, apropriando visões ao signo para além da tradicional pré-compreensão oriunda das experiências do intérprete. De acordo com esse raciocínio, embora o termo "investimento" esteja inexoravelmente ligado aos fatos e à ciência da economia, o que pode trazer certo desconforto e estranheza ao jurista, não lhe é permitido esquivar-se de conhecê-lo e investigá-lo nos sentidos originais, considerando a pretensão de ordenação da vida econômica pelo direito, em uma simbiose inevitável entre direito e economia.

Nesse sentido, assegura Luhmann[41] que não há preponderância entre os subsistemas sociais, mas, sim, interseções entre eles, e, a despeito

---

[37] REALE, Miguel. *Fontes e modelos do direito*: para um novo paradigma hermenêutico. São Paulo: Saraiva, 1994, p. 2.
[38] CARVALHO, Paulo de Barros. *Direito Tributário*: linguagem e método. 6. ed. São Paulo: Noeses, 2015, p. 59-207.
[39] *Idem, ibidem*.
[40] GADAMER, Hans-Georg. *Verdade e método II*. Tradução de Ênio Paulo Giachini. Petrópolis: Vozes, 2002.
[41] Segundo Luhmann, "none of funtional systems can now claim a privileged position; each develops its own description of Society according to the presumed priority of its own funtion. But since the concrete operations of particulars systems are too diverse, no system can impose its descriptions upon others" (LUHMANN, Niklas. Tautology and paradox

de ostentarem elementos que afirmem sua identidade e autonomia, nenhum deles é puramente autorreferente, o que justifica a importância de compreender parte do fenômeno econômico para interpretar o fenômeno jurídico sobre ele incidente. Portanto, considerando que o conceito de investimento não é propriamente um elemento típico da criação jurídica, um instituto próprio do direito, mas, sim, algo que o direito deve compreender para regular, faz-se necessário estudar a semântica mínima aplicável ao investimento.

No entanto, nem na linguagem comum, nem na técnica, o "investimento" está claramente determinado com precisão terminológica tal que indique sentido unívoco. Como consequência, as normas jurídicas quando tratam genericamente de "investimentos" podem usar conceitos análogos ou equívocos, de modo que cabe, desde já, tanto para a ciência quanto para a prática jurídica definir as nuances semânticas, o que será útil tanto para a delimitação do campo de estudo e perseguição do objeto desta tese, mas também para definição do âmbito de abrangência, incidência normativa e fixação do regime jurídico aplicável.

Segundo Eloy Xavier Jr., a definição jurídica de "investimentos" (e em especial de "investimentos estrangeiros") tem importância dupla, já que (i) há uma exigência teórica da definição do objeto material de estudo das disciplinas que o regulam e (ii) há, também, pelo menos duas questões práticas fundamentais, que dependem inteiramente dos limites do uso da expressão, como: (a) se a caracterização de uma determinada transação é ou não investimento e de que maneira lhes são aplicadas regras jurídicas; e (b) a fixação de jurisdição para tribunais nacionais ou arbitrais com atribuições inerentes à solução de controvérsias ligadas ao tema.[42]

Buscando os significantes, sem ainda qualificar/adjetivar o substantivo "investimento" como privado, público, estrangeiro ou

---

in the self-descriptions of modern Society. *In:* LUHMANN, Niklas. *Essays of self-reference.* New York: Columbia University Press, 1990, p. 123-143). Assim, cada subsistema se autodescreve e regula por intermédio de um código (lícito/ilícito para o direito; verdadeiro/falso para a ciência; governo/oposição para a política), sem que haja a superposição de um código pelo outro, o que implica em não haver nenhuma preponderância de um sistema sobre os demais, porém, isso não significa que não haverá trocas comunicacionais entre os sistemas. Ao contrário, na elaboração do conceito de sistema em Luhmann, economia e direito trocam entre si recíprocas observações, sistema/ambiente, e incrementam a capacidade evolutiva de ambos os sistemas, orientados pelo desenvolvimento da própria sociedade.

[42] XAVIER JÚNIOR, Ely Caetano. As (in)definições de investimento estrangeiro. *In:* RIBEIRO, Marilda Rosado de Sá (org.). *Direito Internacional dos Investimentos.* Rio de Janeiro: Renovar, 2014, p. 12.

nacional, observa-se, por exemplo, da fonte do texto constitucional brasileiro, 11 menções ao termo "investimento",[43] 10 das quais relacionadas ao investimento público, no sentido de designar recurso orçamentário de fonte estatal. Quanto ao investimento estrangeiro, há apenas uma referência "aos investimentos e reinvestimentos de capital estrangeiro", remetendo-se a sua disciplina para a lei ordinária, conforme previsão do art. 172 da Constituição da República Federativa do Brasil (CRFB).

---

[43] BRASIL. [Constituição (1988)]. *Constituição da República Federativa do Brasil de 1988*. Brasília, DF: Presidência da República. Disponível em: http://www.planalto.gov.br. Acesso em: 24 jun. 20. "Art. 72. A Comissão mista permanente a que se refere o art. 166, §1º, diante de indícios de despesas não autorizadas, ainda que sob a forma de investimentos não programados ou de subsídios não aprovados, poderá solicitar à autoridade governamental responsável que, no prazo de cinco dias, preste os esclarecimentos necessários (...) Art. 148. A União, mediante lei complementar, poderá instituir empréstimos compulsórios: (...) II – no caso de investimento público de caráter urgente e de relevante interesse nacional, observado o disposto no art. 150, III, "b" (...) Art. 165. Leis de iniciativa do Poder Executivo estabelecerão: I – o plano plurianual; II – as diretrizes orçamentárias; III – os orçamentos anuais (...) §12. Integrará a lei de diretrizes orçamentárias, para o exercício a que se refere e, pelo menos, para os 2 (dois) exercícios subsequentes, anexo com previsão de agregados fiscais e a proporção dos recursos para investimentos que serão alocados na lei orçamentária anual para a continuidade daqueles em andamento (...) §14. A lei orçamentária anual poderá conter previsões de despesas para exercícios seguintes, com a especificação dos investimentos plurianuais e daqueles em andamento. Art. 166. Os projetos de lei relativos ao plano plurianual, às diretrizes orçamentárias, ao orçamento anual e aos créditos adicionais serão apreciados pelas duas Casas do Congresso Nacional, na forma do regimento comum (...) §20. As programações de que trata o §12 deste artigo, quando versarem sobre o início de investimentos com duração de mais de 1 (um) exercício financeiro ou cuja execução já tenha sido iniciada, deverão ser objeto de emenda pela mesma bancada estadual, a cada exercício, até a conclusão da obra ou do empreendimento. Art. 167. São vedados: (...) I – o início de programas ou projetos não incluídos na lei orçamentária anual; II – a realização de despesas ou a assunção de obrigações diretas que excedam os créditos orçamentários ou adicionais; III – a realização de operações de créditos que excedam o montante das despesas de capital, ressalvadas as autorizadas mediante créditos suplementares ou especiais com finalidade precisa, aprovados pelo Poder Legislativo por maioria absoluta (...) §1º Nenhum investimento cuja execução ultrapasse um exercício financeiro poderá ser iniciado sem prévia inclusão no plano plurianual, ou sem lei que autorize a inclusão, sob pena de crime de responsabilidade. (...) Art. 172. A lei disciplinará, com base no interesse nacional, os investimentos de capital estrangeiro, incentivará os reinvestimentos e regulará a remessa de lucros. Art. 204. As ações governamentais na área da assistência social serão realizadas com recursos do orçamento da seguridade social, previstos no art. 195, além de outras fontes, e organizadas com base nas seguintes diretrizes: (...) III – qualquer outra despesa corrente não vinculada diretamente aos investimentos ou ações apoiados. Art. 216. Constituem patrimônio cultural brasileiro os bens de natureza material e imaterial, tomados individualmente ou em conjunto, portadores de referência à identidade, à ação, à memória dos diferentes grupos formadores da sociedade brasileira, nos quais se incluem: (...) §6º É facultado aos Estados e ao Distrito Federal vincular a fundo estadual de fomento à cultura até cinco décimos por cento de sua receita tributária líquida, para o financiamento de programas e projetos culturais, vedada a aplicação desses recursos no pagamento de: (...) III – qualquer outra despesa corrente não vinculada diretamente aos investimentos ou ações apoiados".

As utilizações do termo no amplo contexto constitucional remetem ora ao comportamento dos agentes políticos, ora ao dos agentes econômicos, com diferentes significações. A partir das diversas abordagens e dos variados usos traçam-se elementos mínimos para compreensão e pelas suas leituras históricas chega-se ao conceito atual, considerando-se sua progressividade, que impede que a compreensão do tema envelheça e acabe por ficar datada no tempo.

Verifica-se que, etimologicamente, o termo investimento apresenta origem derivada do verbo "investir", que não tem suas primeiras significações relacionadas ao movimento de capitais, mas do latim medieval (século XIV) ĕvestir, no sentido de "atacar, acometer, atirar-se com ímpeto",[44] tendo sido alterado posteriormente para investīre, vocábulo que advém da sobreposição de in e vestire, que representa a ação de cobrir, envolver, rodear, vestir.[45] Mais tarde, no século XVI, traduz a ideia de "colocar roupas de um ofício",[46] que orienta o significado de "entrar na posse", derivando-se daí, por exemplo, a palavra "investidura", tão comum do Direito Administrativo.[47]

Apenas com essas poucas informações iniciais, pode-se observar que o signo esteve relacionado (i) ao ato de investir (atacar, atirar) ou (ii) ao fenômeno de alteração da natureza original de algo que, a partir de um determinado evento humano, implica alteração da forma (vestir, investir, investidura). Remetendo o vocábulo para o sentido econômico, cujo uso começa a ser comum apenas a partir do século XVII, com o francês investir des capitaux,[48] consideram-se também as derivações linguísticas ligadas aos termos "investimento" (século XVII) e "investidor" (século XX)". O primeiro, designativo da ênfase no objeto, seja ele "ato de investir" ou o "produto final do ato"; e o segundo relacionado à ênfase no sujeito que, ou pratica o ato de investir ou é beneficiário do produto final de seu ato.

---

[44] CUNHA, Antônio Geraldo da. *Dicionário Etimológico da Língua Portuguesa*. 4. ed. Rio de Janeiro: Lexikon, 2012, p. 364.

[45] ORIGEM DA PALAVRA. *Etimologia*. Disponível em: https://origemdapalavra.com.br/?s=investimento. Acesso em: 21 jan. 2021.

[46] *Idem*.

[47] De modo a auxiliar essa difusa noção, por analogia, pode-se pensar na derivação que remete ao conhecido instituto jurídico da investidura, do Direito Administrativo, que "investe" alguém em cargo público, fazendo-o agente público, a partir de um ato administrativo: a posse. Em outras palavras, a partir de um acontecimento, alguém deixa de apresentar uma forma para ostentar outra forma, com atribuições e funções diversas. Em comum aos dois processos é que, a partir de um fato, algo ou alguém constituem em nova forma.

[48] CUNHA, Antônio Geraldo da. *Dicionário Etimológico da Língua Portuguesa*. 4. ed. Rio de Janeiro: Lexikon, 2012, p. 364.

Luiz Olavo Baptista admite que a expressão é utilizada em acepções que consistem na criação ou aquisição de um bem, ou mesmo no ato de investir, e ambas representam a visão econômica que embasa a noção jurídica.[49] Nesse ponto, a linguagem comum auxilia na compreensão para indicar a "nova forma" que o capital adquiria a partir do alargamento das práticas comerciais então mercantilistas, que culminaram na expansão do comércio marítimo, na busca de novas matérias-primas e pelo descobrimento de novos mercados, que caracterizavam o colonialismo.

Essa "nova forma" que assume o capital no desenvolvimento do modelo de produção capitalista é o retorno financeiro, o produto do ato de investir. Em outras palavras, a forma *a posteriori* que o capital apresenta após a ocorrência de determinado fato, qual seja, a operação que implica a injeção de receita em um empreendimento ou em um montante inicial de capital, de forma a superar os custos imediatos e resultando em *plus* superavitário ao montante inicial. Essa diferença (retorno) pode ser considerada como lucro ou dividendos (no caso de unidades produtivas, respectivamente para o empresário ou acionista); juros (no caso de investimentos de portfólio, vinculados às aplicações no mercado financeiro); *royalties* (no caso de exploração de bens) e outras formas de retorno.

Vale observar que o desenvolvimento do uso da palavra "investimento" no sentido de "capital" coincide com a expansão do próprio capitalismo, que, na sua essência, se alimenta exatamente dessa expectativa de retorno, na expressão de que o sistema econômico tem como principal premissa a maximização dos resultados, que pode ou não se concretizar, a depender do sucesso da oportunidade negocial e dos riscos envolvidos na proposta. Nesse ponto, Olavo Luiz Baptista[50] diz que o investimento vai além do mero fluxo de capitais, mas se insere na expansão e sobrevivência da atividade econômica que se notabilizou como mote do modo de produção capitalista.

Desde o século XIX,[51] e mais frequentemente, no cenário contemporâneo, observa-se um constante movimento de técnicas que diversificam as formas que os papéis representativos de valor monetário

---

[49] BAPTISTA, Luiz Olavo. *Os investimentos internacionais no Direito Comparado e brasileiro*. Porto Alegre: Livraria do Advogado, 1998, p. 23.
[50] BAPTISTA, Luiz Olavo. *Os investimentos internacionais no Direito Comparado e brasileiro*. Porto Alegre: Livraria do Advogado, 1998, p. 23.
[51] XAVIER JÚNIOR, Ely Caetano. As (in)definições de investimento estrangeiro. *In:* RIBEIRO, Marilda Rosado de. (coord.). *Direito Internacional dos investimentos*. Rio de Janeiro: Renovar, 2014, p. 11.

assumem (o que está ligado ao conceito de ativos financeiros[52]), com retorno individual apenas para quem investe, sem redistribuição de bens à sociedade como um todo. Nesse sentido, é o regime financeiro típico do século XXI, chamado por Thomas Piketty de "capitalismo patrimonial global".[53] A este fenômeno, Piketty[54] atribui parte da justificativa do crescimento econômico (e da desigualdade social) no mundo globalizado, considerando que o valor da riqueza privada acaba se concentrando em um grupo determinado e se apresentando de forma bastante superior à renda nacional de muitas nações, pois a taxa de remuneração do capital (que rende sob a forma de lucros, dividendos, juros, aluguéis etc.) supera consideravelmente a taxa de crescimento da produção, diminuindo as externalidades positivas que a instalação de um empreendimento pode trazer.

Soma-se ao conceito o que é chamado de "o paradoxo da globalização" por *Dani Rodrik*,[55] que aumenta os fluxos de capital através das fronteiras e torna Estados mais fracos para exercer influência sobre o desenvolvimento nacional.[56] Nessa linha, como evidência desse cenário, não se deve desconsiderar que há numerosas multinacionais que detêm valores de faturamento – como resultado de sua expressão empresarial, para além das fronteiras de sua nacionalidade – exponencialmente superiores aos indicadores da economia de muitos Estados soberanos.[57]

Essa é uma das evidências de como o desenvolvimento de numerosos tipos de ativos altera o conceito de investimento no decorrer do tempo e do espaço. E é por isso que, a despeito da ligação com as atividades econômicas, não é possível identificar uma definição unitária

---

[52] O conceito de ativos, do ponto de vista meramente contábil, pode ser interpretado pelos padrões de contabilidade do IFAC – *International Feration of Accountants*.

[53] PIKETTY, Thomas. *O capital no Século XXI*. Tradução de Monica Baumgarten de Bolle. 1. ed. Rio de Janeiro: Intrínseca, 2014, p. 32-460.

[54] Idem.

[55] RODRIK, Dani. *The Globalization Paradox: Democracy and the Future of the World*. New York: W. W. Norton & Company, 2012.

[56] CAVANAUGH, John; LEAVER, Eril. *Controlling Transnational Corporations*. Disponível em: https://archive.globalpolicy.org/social-and-economic-policy/the-environment/general-analysis-on-the environment/49383--controlling-transnational-corporations.html. Acesso em: 17 out. 20.

[57] Um fenômeno bastante curioso é que empresas multinacionais (EMs), a despeito de não serem consideradas Sujeitos de Direito Internacional Público, o que significa que elas não têm capacidade de produzir acervo normativo internacional, como Estados Soberanos e Organismos Internacionais, têm bastante influência na elaboração de fontes normativas internacionais; e, ainda que sejam consideradas como entes privados, acabam interagindo, em condição de superioridade à entidades públicas, mesmo que a doutrina tradicional do Direito Internacional Privado apenas confiram-lhes condição de "Atores" e não de "Sujeitos de Direito Internacional Privado".

para o termo, nem mesmo ao se considerar a eventual captação conceitual da economia, sem que o conteúdo seja atualizado constantemente, já que sua noção inevitavelmente irá variar historicamente em função das necessidades e possibilidades econômicas, conforme pontua José Augusto Fontoura Costa.[58]

Apesar de não apresentar uma definição exata e estática, dada sua variabilidade no tempo histórico, o investimento assumiu diferentes formas, que vão da formalização por meio de empréstimos (século XIX), passando pelo investimento direto na forma de aquisição de bens corpóreos ou instalação de entes empresariais, seguido apenas pelo interesse no capital líquido das empresas e pela onda neoliberal de privatizações com capital estrangeiro (século XX), para então se concentrar, primordialmente, na prestação direta, em território nacional, de serviços e concessões,[59] sobretudo, na contemporaneidade, aos que atendam ao critério ESG – *Environmental, Social and Governance*, assim considerados aqueles capitais que estejam envolvidos em valorização dos

---

[58] COSTA, José Augusto Fontoura. *Direito internacional do investimento estrangeiro*. Curitiba: Juruá, 2010, p. 10.

[59] Ely Caetano Xavier Júnior faz uma longa descrição sobre o desenvolvimento dos setores envolvidos com o investimento. Confira-se: "O investimento direto estrangeiro não era, enquanto capital, a forma principal de investimento. Pelo contrário, os bens de titularidade dos investidores estrangeiros tomavam a forma normalmente de bens corpóreos, materializando os interesses financeiros dos investidores. O Direito Internacional preocupou-se, em consequência dessa materialização, principalmente com a proteção de bens contra o confisco e com o direito de credores de cobrar dívidas, de tal forma que alguns países negociaram tratados prevendo a proteção da propriedade estrangeira, materializada em navios, plantas industriais contra a expropriação. Ao longo do século XX, a proteção do investimento estrangeiro na forma de capital líquido das empresas e assinatura de contratos de concessão para extração de recursos naturais, uma vez que grande parte do investimento estrangeiro estava concentrada no setor primário, tornaram-se objetivos importantes do Direito Internacional. No final do mesmo século, observou-se uma diversificação das formas de investimento estrangeiro, tendo em vista que as inovações tecnológicas conduziram à necessidade por parte dos produtores de tecnologia de proteger os direitos autorais que recaiam sobre diferentes insumos tecnológicos. Da mesma maneira, a regulação da propriedade intelectual se tornou um ponto de crescente regulamentação no direito internacional, em função da consolidação de empresas transnacionais que buscavam proteger globalmente suas marcas. Em paralelo com esse desenvolvimento, os recursos financeiros anteriormente direcionados ao setor industrial passaram, ao longo do século XX, a concentrar-se no setor de serviços. O desenvolvimento tecnológico simultâneo possibilitou a prestação de serviços para clientes estrangeiros internacionalizando o setor e criando formas de investimento em países estrangeiros" (XAVIER JÚNIOR, Ely Caetano. As (in)definições de investimento estrangeiro. *In*: RIBEIRO, Marilda Rosado de (coord.). *Direito Internacional dos investimentos*. Rio de Janeiro: Renovar, 2014, p. 12).

eixos da responsabilidade socioambiental, da governança corporativa[60] e do atendimento ao *compliance* e leis anticorrupção.

Atualmente, nota-se o esforço dos organismos internacionais para que investimentos do século XXI estejam relacionados às políticas de desenvolvimento, integrando os eixos social, ambiental, de governança e, principalmente, destinados a implementar os objetivos SGD – *Sustainable Development Goals*, também chamados de ODS – Objetivos do Desenvolvimento Sustentável, que devem ser colmatados às estratégias nacionais em mais de 150 países no mundo.[61]

Especificamente, sobre a atuação de ODS, em que pese existir ferramentas específicas de medição da eficácia de políticas públicas adotadas ou incentivos, é preciso alargar investimentos para fins de atender metas relativas à saúde, água, saneamento, educação, adaptação às mudanças climáticas, inovação, alimentos e agricultura, que raramente são abrangidos por medidas específicas de promoção do investimento.[62]

A despeito de toda a evolução do investimento no tempo, a maioria dos países mantém uma abordagem fragmentada, seja do plano conceitual, seja do próprio regime jurídico. Por exemplo, outra percepção típica do século XXI sobre os investimentos é que, da relação entre país-investidor, país-hospedeiro, empresa multinacional e cidadãos-usuários, decorrem variados arranjos (e não mais somente modelo único), mas tendo como fundamento comum a tradicional lógica da oferta e da procura e a relação superavitária e deficitária dos envolvidos, tendo em conta a desproporção entre os níveis de industrialização, os estoques de

---

[60] Ponto importante da governança corporativa e que merece destaque no Relatório Mundial de Investimentos 2020 é a equidade de gênero nas diretorias das empresas investidas e investidoras. 70% das 5.000 maiores multinacionais reportaram progresso na área e mesmo que a representação feminina ainda continue desigual, a regulação e pressão do investidor tem possibilitado uma melhor representação na governança de Diretoria, porém, apenas no nível gerencial. Continua fraca, entretanto, quanto à implementação de igualdade de gênero, trabalho flexível e creches (tradução livre, da autora) (UNCTAD. *World Investment Report 2020. International Production Beyond the Pandemic*. Genebra: ONU, 2020, p. 15. Disponível em: https://unctad.org/webflyer/world-investment-report-2020. Acesso em: 03 mar 21) Texto original: "One SDG on which companies are increasingly expected to report is gender equality. About 70 per cent of the world's 5,000 largest MNEs now report on progress in this area. Overall, women's representation remains unequal. Regulation and investor pressure have led to better representation at the board level, but not at managerial levels. The implementation of gender equality policies related to flexible work and childcare remains weak".

[61] É evidente que a adoção das medidas requer a necessidade de adesão não só de organismos internacionais ou Estados, mas também do próprio mercado. Sobre os ODS, a UNCTAD demonstra que poucos países têm apresentado roteiros concretos para sua promoção.

[62] Pensa-se que uma das alternativas que possam trazer impacto mais rápido e eficaz, do ponto do direito, é a adoção dos pacotes de reformas e alteração da legislação interna, para acrescentar vetores de implementação, acompanhamento e fiscalização.

recursos naturais e financeiros entre países, bem como diferentes ofertas de matérias-primas, *commodities*, mercados consumidores, dimensões do desenvolvimento da infraestrutura nacional (que em muitos Estados, como o Brasil pedem urgência no atendimento), entre outros.

No cenário contemporâneo, percebe-se que a alteração geopolítica desloca poderes então localizados em grandes potências tradicionais para países emergentes e em desenvolvimento, alterando-se não só o perfil do investidor (que ultrapassa as relações norte-sul ou norte-norte, atingindo a relação sul-sul), mas também das formas do investimento, tradicionalmente consideradas como: transferências financeiras (assistência e empréstimos, mútuos comerciais), comercialização e investimento.

Uma dessas evidências, que desafia tanto o perfil do investidor como o tipo de investimento (não por parte de instalação de empreendimentos, mas por meio da oferta de mútuos), é a criação do Novo Banco de Desenvolvimento (NBD) dos BRICS (acrônimo da organização que agrega autoridades monetárias, econômicas e políticas das principais economias emergentes: Brasil, Rússia, China e África do Sul), uma proposta de banco multilateral que se apresenta como alternativa para vinculação quase exclusiva dos tomadores às tradicionais instituições de *Bretton Woods*,[63] a exemplo do Fundo Monetário Internacional (FMI), e Banco Internacional para a Reconstrução e Desenvolvimento (BIRD),[64] ambos tendo os EUA, então, como o principal motor da recuperação mundial, numa acepção realista das relações internacionais,[65]

---

[63] Para melhor conhecer a evolução do sistema Bretton Woods no contexto de recuperação e reconstrução da infraestrutura pós-guerra, confira-se: SIMON, Silvana Aline Soares. *De Bretton Woods ao Plano Marshall*: a política externa norte-americana em relação à Europa (1944-1952). Disponível em: http://revista.unicuritiba.edu.br/index.php/RIMA/article/viewFile/196/171. Acesso em: 29 maio 2020.

[64] BRASIL. Ministério da Economia. Grupo Banco Mundial. *As relações entre Brasil e Banco Mundial*. 2018. Disponível em: http://www.fazenda.gov.br/assuntos/atuacao-internacional/cooperacao-internacional/grupo-banco-mundial. Acesso em: 29 maio 2020. Atualmente, o BIRD está incluído na estrutura do Banco Mundial, que é dividido em instituições especializadas. Das que apresentam representação no Brasil, cita-se: BIRD, IDA (Associação Internacional de Desenvolvimento), IFC (Corporação Financeira Internacional) e MIGA (Agência Multilateral de Garantia de Investimentos), esta última com relevância para o tema ora desenvolvido, pois "objetiva encorajar o fluxo de investimentos produtivos entre os países-membros, diante de clima de investimento preocupante e risco político que possam inibir investimento estrangeiro direto. Seus serviços-chave, como forma de atrair investidores e seguradoras privadas para atuarem em países em desenvolvimento são: seguro contra risco político para investimento estrangeiro, assistência técnica e serviços de mediação de disputas".

[65] Por todos, sobre a teoria realista das relações internacionais: BULL, Hedley. *A sociedade anárquica*: um estudo da ordem na política mundial. Tradução de Sérgio Bath. Brasília: Universidade de Brasília, 2002.

sendo o último com a incumbência específica de executar planos de desenvolvimento.

Desde a crise de 2008, os BRICS atuam de forma mais coordenada nas discussões da agenda econômico-financeira internacional, o que é legítimo, já que o PIB do bloco tem peso percentual expressivo; e eles, os BRICS, representam metade da população e da força de trabalho global, ocupando ¼ do território mundial. As nações pertencentes aos BRICS apresentam vastos recursos naturais, como: florestas, minérios, terras, água e variadas fontes de energia.

Com potencial extensivo, desde julho de 2014, por ocasião da VI Cúpula do BRICS, o Bloco passou a criar instrumentos que apontaram a existência de um projeto estruturado de Arranjo Contingente de Reservas, entre as economias e o Novo Banco de Investimentos, que tem como premissa atender aos princípios do desenvolvimento sustentável.[66] O principal objetivo do NBD é o financiamento de projetos de infraestrutura e desenvolvimento em países emergentes.

Ao lado da iniciativa, pode-se citar também a criação de bancos de desenvolvimento regionais em cada um dos Estados participantes, como o Banco Asiático de Investimento em Infraestrutura (AIIB, a partir de seu nome em inglês: *Asian Infrastructure Investment Bank)*, além dos fundos climáticos, destacando-se, por exemplo, o Fundo Brasil-China, que poderá viabilizar financiamento em setores prioritários como logística, energia, recursos minerais e serviços digitais.[67]

O debate ganhou novos partícipes, com outros numerosos formatos de acordos de investimento envolvendo a América Latina, principalmente considerando o destaque do Brasil como exportador de recursos. Além da assinatura do Protocolo de Cooperação e Facilitação de Investimentos (PCFI) entre os países do Mercosul (Brasil, Argentina, Uruguai e Paraguai), foram firmados acordos bilaterais com quatro parceiros da Aliança do Pacífico: México, Chile, Peru e Colômbia, além

---

[66] JAKOBSEN, Kjeld; MELLO, Fátima; MINEIRO, Adhemar. *As instituições financeiras internacionais com participação do Brasil:* seu papel atual. Instituto de Estudos Socioeconômicos (INESC). Brasília. 2018. Disponível em: https://www.inesc.org.br/wp-content/uploads/2018/09/IFI_E_O_PAPEL_DO_BRASIL_2018.pdf. Acesso em: 29 maio 2020.

[67] INVESTIMENTOS privados no setor de infraestrutura do Brasil: oportunidades no âmbito de acordos internacionais. Brasília: Secretaria de Assuntos Internacionais, Ministério do Planejamento. Disponível em: https://www.gov.br/economia/pt-br/centrais-de-conteudo/publicacoes/planejamento/assuntos-internacionais/investimentos-privados-em-infraestrutura-no-brasil.pdf. Acesso em: 22 jun. 2020.

da União Europeia e EFTA.[68] Recentemente, foram abertas consultas públicas para iniciar a discussão com Japão e Coreia do Sul.

No entanto, a despeito de tantas possibilidades, no Brasil ainda não há impactos registrados de grande uso dessas diversidades, seja pelos modelos de investimentos, seja pelo perfil de investidores. Cita-se, por exemplo, o Relatório de Investimento Direto (RID) apresentado pelo Banco Central do Brasil em 18.12.2020,[69] tendo por ano-base 2019 (e por isto ainda não retrata as circunstâncias econômicas causadas pela pandemia da covid-19, que surgiu no fim do ano referenciado, mas só em 2020 se alastrou pelo mundo), reflete um quadro bastante conservador e cuja demonstração de protagonismo ainda pertence à América do Norte, mostrando também a falta da diversificação de investimentos, considerando todas as possibilidades existentes na contemporaneidade. Vejamos:

> A América do Norte é a região com o segundo maior estoque de IDP, com 17,6% do total. (...) Destacam-se como principais investidores imediatos europeus os Países Baixos, com 42,4%, seguidos por Luxemburgo, 13,3%, e Espanha, com 13,2% do total europeu (US$593,3 bilhões). França, Suíça e Reino Unido são, na sequência, os demais principais países europeus investidores.

Como visto, a semântica do termo investimento varia conforme os momentos históricos, de forma bastante intensa e dinâmica e há numerosos exemplos de como os investimentos podem se apresentar atualmente. Nesse caso, a ilustração acima dá provas de como é difícil apegar-se a uma só concepção de investimento para reconhecê-lo, dada a mutação constante das formas de se investir, que nada mais refletem do que a percepção acerca da fragmentação do tema e da sua inconstância.

---

[68] Acrônimo que simboliza *European Free Trade Association*, uma organização intergovernamental formada pela Suíça, Liechtenstein, Noruega e Islândia. Disponível em: https://www.efta.int/about-efta. Acesso em: 22 jun. 2020.

[69] RELATÓRIO DE INVESTIMENTO DIRETO. Brasília: Banco Central do Brasil. Disponível em: https://www.bcb.gov.br/content/publicacoes/relatorioidp/RelatorioID2019/RID_2020.pdf. Acesso em: 05 jun. 2021.

1.1.1 A variabilidade do conceito de investimento e a contribuição da microeconomia

Pode-se dizer que, a despeito da diversidade de cenários, propósitos, finalidades e arranjos possíveis, para a microeconomia,[70] de modo mais ou menos homogêneo, todo e qualquer investimento se compõe de alguns elementos estruturais, que costumam estar presentes de forma fixa, variando apenas seus pesos e suas influências. Para Samuelson,[71] são três os elementos essenciais para a compreensão do investimento: receitas, custos e expectativas.

A receita liga-se ao nível geral de produção decorrente da oportunidade, sendo sensível ao ciclo econômico e à atividade/setor econômico, e deve, em regra, superar os custos diretos e indiretos (como taxa de juros, impostos etc.) que incidam na atividade, para amparar o investimento.[72] A receita vincula-se ao elemento de poupança interna do país investidor. Um exemplo é a China, que ostenta uma situação superavitária. Já as expectativas referem-se à intenção futura do lucro (expectativa de retorno) e resultam da equação entre receita final e custo, sendo, portanto, um dos principais elementos para as ponderações e tomadas de decisões acerca do investimento.[73]

Portanto, o investimento decorre da relação entre esses três elementos (receitas, custos e expectativas). Do correlacionamento e arranjo entre esses fatores, tem-se a visualização do objetivo final: o retorno financeiro, a partir da alocação de valores de receitas iniciais em empreendimentos. O peso de todos os fatores é diverso e variado, mas especialmente a incerteza povoa as expectativas, por se considerar um fator endógeno, não controlável pelo investidor, e, por isso, varia bastante, a considerar o risco envolvido.

---

[70] Se as decisões são deliberadas no âmbito do plano individual por agentes particulares, assim considerados os indivíduos, as famílias, as sociedades empresariais, estar-se-á diante da Microeconomia. Diferentemente, quando o agir parte dos Estados valorizando o aspecto coletivo, é a Macroeconomia que rege a interpretação de tais eventos. A economia parte de premissas teóricas como a maximização da riqueza e a inevitável escassez dos recursos limitados para necessidades ilimitadas.

[71] SAMUELSON, Paul A.; NORDHAUS, Willian D. *Economia*. 19. ed. Tradução de Elsa Fontainha, Jorge Pires Gomes. Revisão Técnica: Emílio Hiroshi Matsumura. New York: The McGraw-Hill Companies Inc, 2012, p. 372-373.

[72] *Idem*.

[73] *Idem*.

O apetite de riscos do investidor depende também de vários outros aspectos, para formar a expectativa de retorno. Em geral, as atividades econômicas que envolvam alocação de recursos de terceiros implicam riscos de variados graus, independente de sua natureza, seja ela nacional ou transnacional. No caso da realização de investimentos em países estrangeiros, o fator risco é ainda mais relevante e ele pode vir de numerosas percepções, que vão desde a análise da conjuntura política, econômica e jurídica do Estado hospedeiro; a macroeconomia como um todo[74] do ambiente tributário e até aspectos relacionados diretamente ao segmento.

Diferentemente de investimentos privados nacionais, nos investimentos estrangeiros há que se considerar as dificuldades inerentes à adaptação a outra cultura comercial, trabalhista, política e jurídica,[75] o que inevitavelmente expõe o investidor a vários matizes de riscos, tanto maiores quanto menos amplo for o detalhamento de aspectos normativos tratados com certa vagueza no marco legislativo, até efetivamente questões relacionadas à nacionalização/expropriação[76] do investimento.

No entanto, a maioria das tomadas de decisão decorre provavelmente da busca de eficiência e custos inferiores (principalmente a partir da natureza cambial da moeda) que podem superar o impacto dos riscos transacionais. A política externa desempenha um relevante papel nesse ponto, fomentando o ingresso de capital no solo nacional, para além das questões conjunturais, já mencionadas aqui. O que se sabe é que a motivação para enfrentamento de riscos, no caso de investimentos estrangeiros, deve ser ainda mais alta do que nos investimentos ordinários que ocorrem em território nacional.

Segundo Dunning e Lundan,[77] que estudaram os fatores determinantes do investimento, a realização de investimentos em território estrangeiro considera a busca de: (i) recursos (a exemplo de humanos e materiais, sejam naturais ou não); (ii) mercados; (iii) eficiência (integração

---

[74] A estabilidade financeira foi um fator relevante que contribuiu com a posição do Brasil como um dos principais países recebedores de fluxos de investimento. Dentre as ações que merecem ser lembradas está o controle da inflação. O Brasil do século XXI é um país em desenvolvimento, tanto no que diz respeito ao aspecto econômico, político e institucional.

[75] COSTA, José Augusto Fontoura. *Direito Internacional do Investimento Estrangeiro*. Curitiba: Juruá, 2010, p. 37.

[76] Importante esclarecer que a expropriação, no sentido tomado pelo Direito Internacional dos Investimentos, não é a mesma daquela usualmente tratada pelo Direito Administrativo, relacionada à sanção/privação de terras particulares nas quais há o cultivo de plantas psicotrópicas ou exploração de trabalho escravo.

[77] DUNNING, Jonh Harry; LUNDAN, Sarianna. *Multinational enterprises and the global economy*. Bodmin: MPG Book, 2008, p. 63-74.

ou racionalização vertical e horizontal das cadeias produtivas); (iv) ativos estratégicos (aquisições, fusões e alianças com objetivos estratégicos de longo prazo).

Por sua vez, Brewer e Young[78] mencionam o *OLI paradigm*, que explica a intenção de investir baseada em três pilares: (i) *ownership* (propriedade, seja dos bens de capital, seja de tecnologia, do produto ou serviço oriundo do empreendimento); (ii) *location* (vantagens regulatórias do território em que se pretende investir, como acordos de atração e promoção que podem envolver tributos, por exemplo) e (iii) *internalization* (vantagens da internalização de custos pelo investidor).

Se riscos e expectativas estão na pauta da tomada de decisão pelo investimento estrangeiro, é comum que se generalize a ideia de que se está diante de atividade cuja finalidade seja necessariamente e exclusivamente lucrativa, geralmente desenhada em uma estrutura empresarial em que a atividade econômica é organizada profissionalmente com a finalidade de fazer circular ou produzir bens ou serviços.

Geralmente, é comum atribuir aos investimentos estrangeiros qualidade meramente rentista (situação em que a probabilidade de retorno financeiro é um requisito essencial, de modo que as expectativas superem os riscos), bem como apostar que tais atividades atendam sempre o modelo de organização empresarial, constituído por bens materializados, tangíveis. Porém, embora repetido pelo senso comum, o fato não é de todo verdadeiro. Sobre o retorno financeiro, embora a expectativa geralmente exista e seja legítima para caracterizar o investimento, o efetivo alcance é um elemento apenas acidental e não é um componente necessário da sua caracterização. Assim, dizer que a noção de investimento alimenta a expectativa de retorno é o mais adequado, pois, em verdade, se limita o retorno ao proporcional sucesso do empreendimento, podendo o investidor amargar perdas econômicas, em caso de não sucesso.

Sobre a tangibilidade de ativos, pode-se, sim, dizer que, de forma mais frequente (mas não absoluta), conforme confirma Paulo Sandroni, o conceito esteja ligado à aplicação do capital em meios que levem ao crescimento da capacidade produtiva (instalações, máquinas, meios de transporte), ou seja, a "nova forma" que o capital adquire realiza-se frequentemente na aquisição de "bens de capital", como a compra de máquinas, equipamentos e imóveis para a instalação de

---

[78] BREWER, Thomas; YOUNG, Stephen. *The Multilateral Investment System and Multinational Enterprises*. Oxford: Oxford Univesity Press, 2000.

unidades produtivas,[79] que, uma vez implementadas, implicam geração de emprego, circulação de renda e promovem o desenvolvimento, com muitas externalidades positivas.

No entanto, esse é apenas um dos tipos de investimento, denominado de investimento estrangeiro direto (IED), que corresponde, conforme José Augusto Fontoura,[80] àquele caracterizado por: (a) propriedade maior de cotas ou ações de uma sociedade empresária ou empreendimento; (b) exercício de controle ou administração empresarial; (c) objetivo de exercício da atividade produtiva específica; (d) interesse contínuo e duradouro da atividade. Os investimentos diretos diferem-se em tudo dos investimentos de portfólio, de carteira ou investimentos indiretos, que se caracterizam por: (i) representar propriedade de parcela de ações/cotas/papéis de dívidas; (ii) ausência de controle acionário no capital da empresa; (iii) objetivo especulativo; (iv) duração do interesse variável, conforme mercado de ativos.[81]

Esses últimos são aqueles representados pela comercialização de títulos financeiros, comum ao mercado de capital, hoje globalizado e diversificado. Daí exemplificarem-se as letras de câmbio, debêntures e ações, e a dificuldade de limitar previamente seus espectros, pois a cada dia surgem, de forma repentina e constante, na dinâmica de mercado, novos mecanismos, geralmente visando à inovação e às formas de dinamizar ganhos econômicos, pulverizando riscos do capital. Essa perspectiva é confirmada por Ely Xavier Jr., para quem "a diversidade das arquiteturas negociais no mercado financeiro impõe uma dificuldade intrínseca à definição".[82]

Portanto, na classificação que tem por critério a natureza do investimento, divide-se investimento em direto e indireto/portfólio. O enquadramento em uma ou outra categoria está didaticamente mencionado pelo prof. Luiz Olavo Baptista no seguinte quadro:[83]

---

[79] SANDRONI, Paulo. *Dicionário de Economia do Século XXI*. 8. ed. Rio de Janeiro: Record, 2016, p. (livro eletrônico – posição).
[80] COSTA, José Augusto Fontoura. *Direito internacional do investimento estrangeiro*. Curitiba: Juruá, 2010, p. 10.
[81] *Idem*.
[82] XAVIER JÚNIOR, Ely Caetano. As (in)definições de investimento estrangeiro. *In*: RIBEIRO, Marilda Rosado de (coord.). *Direito Internacional dos investimentos*. Rio de Janeiro: Renovar, 2014, p. 12.
[83] BAPTISTA, Luiz Olavo. *Os investimentos internacionais no direito comparado e brasileiro*. Porto Alegre: Livraria do Advogado, 1998, p. 31

QUADRO 1
Diferença entre investimento direto e indireto

Investimento direto	Investimento indireto
Uma ETN (empresa transnacional) compra 55% das ações de uma mina de bauxita no Brasil.	A ETN compra, em bolsa, 5% das ações de uma mina de bauxita no Brasil.
Um empréstimo da Ford Motor Co. para a subsidiária brasileira.	Um empréstimo da Ford para um fabricante de autopeças.

Fonte: Elaboração da autora, conforme dados da NR nº 79.

Investimentos diretos e indiretos são igualmente importantes, mas há quem defenda existir não só diferenças conceituais entre os dois, mas também no nível de proteção jurídica. Segundo Sornarajah, exatamente porque estão sujeitos a exposição maior de riscos, são realizados em qualquer lugar do mundo, além de deslocar recursos originalmente pertencentes ao Estado original, não receberiam o mesmo tratamento que os investimentos diretos, que têm previsão de proteção pelos costumes de direito internacional, diferentemente dos primeiros, que apenas recebem a proteção se puderem ser constituídos em propriedade física e outros ativos, por meio de princípios de proteção diplomática e responsabilidade do Estado.

Embora não reconhecida pelo direito internacional, o autor admite existir atualmente uma visão que sustenta que não deveria haver distinção entre investimentos em carteira e investimentos estrangeiros diretos quanto à proteção concedida, partindo do pressuposto de que não existe distinção entre os riscos assumidos por qualquer um dos tipos de investidor, sendo ambos assumidos voluntariamente.[84] Nessa

---

[84] SORNARAJAH, M. *The international law on foreign investment*. 3. ed. Cambridge: Cambridge University Press, 2010, p. 8. "Portfolio investment was not protected bycustomary international law. Such investment was attended by ordinary commercial risks which the investor ought to have been aware of. But, customary international law protected the physical property of the foreign investor and other assets directly invested through principles of diplomatic prrotection and state responsibility.One view maintains that there should be no distinction between portfolio investmentsand foreign direct investments as to the protection given to either by international law.This view is based on the assumption that there is no distinction between the risks taken by either type of investor, both being voluntarily assum ed. But, this view is not accepted generally in international law, where it is clear that foreign direct investment alone is subject to the protection of customary international law. Several reasons aregiven for this difference in treatment. The foreign investor takes out of his home stateresources which could otherwise have been used to advance the economy of the homestate.The home state is said to be justified in ensuring that these resources are protect ed. Portfolio investments, on the other hand, can be made on stock exchangesvirtually anywhere in the world. Since the host state cannot know to

linha, há um amplo movimento de reconhecimento à proteção jurídica dos investimentos indiretos, também chamados investimentos de portfólio, ou de carteira, que são alvo dos códigos de livre circulação de capitais e que têm recebido bastante atenção, desde a ascensão do movimento neoliberal, com Regan e Thatcher, até os dias atuais, com as intenções de compatibilização de legislações nacionais pelos códigos de liberalização de capitais da OCDE.

Até agora se desenvolveu o conceito de investimento do ponto de vista do investidor, considerando-se alguns elementos básicos para sua identificação, com a abordagem da microeconomia, considerando, sobretudo, o retorno individual e motivado pela maximização de lucros e interesses privados. Porém, é certo que, sob a perspectiva macroeconômica, o investimento também ganha contornos em interesses difusos, para além dos efeitos particulares com destinação eminentemente econômica, e acaba por influir indiretamente na economia doméstica do país, melhorando a industrialização local, incrementando a infraestrutura existente e, principalmente, gerando renda e emprego, de forma a implicar maior desenvolvimento não só econômico, mas social.

1.1.2 A variabilidade do conceito de investimento e os aportes da macroeconomia

Para fins deste trabalho, as contribuições da linguagem comum e da microeconomia, já explicitadas acima, somam-se agora às da macroeconomia, na intenção de melhor conhecer o objeto de estudo. Na macroeconomia, o investimento é um dos principais elementos que compõem – juntamente com outras variáveis – o denominado Produto Interno Bruto (PIB),[85] que é um dos mais relevantes indicadores

---

whom linkages arecreated through the sale of shares on these stock exchanges, there can be no concreterelationship creating a responsibility. This is not so in the case of foreign direct investment where the foreigner enters the host state with the express consent of the host state. Nevertheless, the trend of the law in the area may be to create responsibility towardsthose who hold portfolio investments through treaties. This is a trend associated with theliberalisation of the movement of assets. Opinions are found in some publications that portfolio investments are now to be included in foreign direct investments".

[85] PRODUTO INTERNO BRUTO – PIB. Brasília: IBGE. Disponível: https://www.ibge.gov.br/explica/pib.php#:~:text=O%20PIB%20%C3%A9%20a%20soma,PIB%20nas%20sua%20respectivas%20moedas.&text=O%20PIB%20mede%20apenas%20os,finais%20para%20evitar20dupla%20contagem. Acesso em: 11 de jul. 2021. Segundo o IBGE, o PIB é um indicador econômico que aufere" a soma de todos os bens e serviços finais produzidos por um país, estado ou cidade, geralmente em um ano".

econômicos que representa a geração total de riqueza produzida pela economia de um determinado território, seja ele o do Estado-Nação, ou, ainda, de seus municípios e estados federativos, em um exercício financeiro.

Diferentemente do que o senso comum aponta, o PIB não é um medidor do estoque de renda de um país, nem de seu patrimônio material. Ele é um indicador – dentre outros igualmente importantes para se determinar o nível de economia de um determinado lugar –que considera as operações que envolvem a circulação de bens e serviços gerados pela atividade econômica. Por isso, considerando a dinamicidade do indicador, importa inserir na metodologia de seu cálculo os fatores/elementos "consumo" (geralmente – mas não só – incidente sobre as famílias), "aquisições do governo" (somando-se despesas correntes e de capital) e, sobretudo, "investimentos" (geralmente vinculados à iniciativa privada como um todo, somando-se a contribuição de pessoas físicas e jurídicas).

Segundo Mankiw,[86] a equação do PIB, representada pela letra Y na forma abaixo, desdobra-se em: consumo (C); investimento (I); aquisições do governo (F) e exportações líquidas (EL). Como a maioria das economias do capitalismo contemporâneo são abertas, EL serão consideradas sempre maior do que zero. A partir dos elementos, a fórmula sugerida pelo professor resulta na seguinte expressão:

Fórmula do PIB
Y = C + I + F+ EL

Fonte: Elaboração da autora, conforme dados da NR nº 87.

Mankin adverte que poupança e investimento por vezes são tomados como termos sinônimos, o que pode gerar confusões acerca de seus alcances e sentidos. Porém, os macroeconomistas que constroem contas nacionais usam esses termos com cuidado e diferenciadamente.[87] Enquanto o investimento denomina uma aquisição de capital, necessariamente advindo de receitas novas e alocado com expectativa de geração de lucros ou rendas, a poupança apenas designa um superávit

---

[86] MANKIN, N. Gregory. *Introdução à Economia*: princípios de micro e macroeconomia. Tradução de Maria José Cyhlar Monteiro. Rio de Janeiro: Campus, 2001, p. 562-563.
[87] *Ibidem*.

financeiro atualizado por um indicador predeterminado, que remunera o capital aplicado.[88]

A variável da poupança pode subsidiar uma das opções de investimento, mas não se confunde com ele.[89] Válido relembrar que nem sempre a poupança e o investimento concentram-se no mesmo agente econômico. Na maioria das vezes, o que acontece é exatamente o contrário.[90] Assim, a poupança pode até coincidir com o investimento, embora, como tal, no mercado financeiro, costuma render muito pouco; e, dentre as numerosas opções possíveis, talvez não seja a mais atrativa. Fato é que, na equação do PIB, a poupança representa uma opção de superávit decorrente da opção de não consumo imediato, enquanto o investimento geralmente significa despesa, com expectativa de retorno. Em verdade, enquanto a poupança gera receita imediata, o investimento gera despesa imediata, com possibilidade de gerar receita mediata.

Ainda, se o investimento é realizado em unidades produtivas, além do inevitável reflexo em valores dos balanços financeiros do país, há que se considerar outras externalidades positivas, como, por exemplo, a geração de empregos diretos e indiretos, o aumento da capacidade de produção, a maior circulação de bens e mercadorias no país, entre outros pontos do círculo virtuoso, com grandes irradiações econômicas em cadeia. Assim, justifica-se a realização de políticas públicas de atração,

---

[88] De acordo com a legislação (art. 12 da Lei nº 8.177/1991, com a redação dada pela Lei nº 12.703/2012 e art. 7º da Lei nº 8.660/1993, a remuneração dos depósitos de poupança é composta de duas parcelas: I – a remuneração básica, dada pela Taxa Referencial – TR, e II – a remuneração adicional, correspondente a: a) 0,5% ao mês, enquanto a meta da taxa Selic ao ano for superior a 8,5%; ou 70% da meta da taxa Selic ao ano, mensalizada, vigente na data de início do período de rendimento, enquanto a meta da taxa Selic ao ano for igual ou inferior a 8,5%.

[89] Ainda sobre a poupança e sua diferença com o investimento, Mankin afirma que o indivíduo poupador é aquele que ganha mais do que gasta e não destina tal recurso para o consumo; ao obter renda superior ao seu consumo, consequentemente aumenta sua riqueza e poupança privada e indiretamente com repercussão inevitável na poupança nacional. Se esse mesmo sujeito é tomador de empréstimo para aquisição de moradia, que é bem de capital, ele investe; se ele aplica recursos em títulos ou ações de empresas, esperando rentabilidade, ele também investe.

[90] Vale lembrar que, neste sentido, o mercado financeiro se identifica pelo agrupamento de instituições que promovem o encontro entre poupadores e investidores. A poupança de um agente superavitário pode justificar, por exemplo, a ação de investimento em outro agente, deficitário. Importante destacar também que, na acepção macroeconômica, a compreensão do investimento implica em externalidades positivas coletivas, para além daquelas vantagens individuais, desmitificando a ideia de que o investimento é sempre perverso. Assim, se a renda de um agente econômico – seja ele pessoa física ou jurídica – é maior do que seu consumo, há indiscutível superávit que alimenta não só sua poupança individual e aumenta sua riqueza particular, mas também a do país em que ele se encontra, elevando também o nível de poupança coletivo e gerando receitas que podem ser utilizadas tanto para investimento público quanto para investimento privado.

incentivo e fomento ao investimento direto (atualmente denominado de IDP – Investimento Direto no País, pelo BACEN).

Esclarecidos alguns dos sentidos comuns de investimentos, seja para a microeconomia, seja para a macroeconomia, se verifica claramente que as definições jurídicas nem sempre se limitam às noções da linguagem comum ou da linguagem técnica econômica, embora sejam relevantes para a compreensão dos elementos inseridos nas fontes jurídicas que abordam a temática. Afinal, como afirma Carreau e Juillard, as definições de investimento são da ciência econômica, e o jurista, como um bom tradutor, deve conhecer as definições econômicas para reuni-las aos conhecimentos técnico-jurídicos, para fins de melhor interpretar a norma.[91] Afinal, como se confirmou ao longo dessa exposição, pelas palavras de Carreau e Juillard, não se trata de um conceito da ordem positiva, mas sim da ordem normativa.[92] Isso significa que não se trata de um conceito inerte, petrificado no enunciado; mas, sim, normativo, para além do texto, de tessitura aberta, dinâmica, ampla e que recebe influxos de outras ciências e linguagens para sua conformação.

Considerando todas as derivações semânticas acima, verificou-se como os aspectos econômicos podem auxiliar a compreensão jurídica sobre investimentos; mas, mesmo com as relevantes contribuições interdisciplinares, ainda não há precisão para indicar um único sentido normativo temático, diante da variabilidade que o termo pode assumir, fato inafastável que decorre da sua própria natureza dinâmica. Pode-se dizer que essa característica mutável é típica dos fenômenos econômicos, com os quais o direito deve lidar e por isso o mesmo signo encontra significados análogos, plurissignificativos, que assumem diferentes posições, a partir de contextos diversos, como já demonstrado.

Somada à problemática acerca da linguagem, que acaba por atrair a complexidade da linguagem natural e econômica para a abordagem jurídica, confirma-se também que a multiplicidade de fontes jurídicas, contextos e interesses envolvidos (macro e microeconomia, perspectiva do investidor e do Estado-hospedeiro etc.) podem fazer surgir uma ampla gama de perspectivas normativas, cada uma adotando conceitos, regras, delimitações próprias, o que ocasiona variados graus de proteção

---

[91] CARREAU, Dominique; JUILLARD, Patrick. *Droit international économique*. 2. ed. Paris: Dalloz, 2005, p. 382. Confira-se: "Le substantif investissement provient de la science économique. Il s'agit là d'um terme technique, et l'on pourrait donc supposer que la définition juridique n'est qu'une transcription de la définition économique. Dès lors, la conclusion s'ensuivrait que le juriste, en bon traducteur, se rallierait à la définition que lui dicte l'economiste – ce qui favoriserait l'unité de définition".

[92] *Idem*.

e naturezas jurídicas. Para além desses desafios, é importante destacar que os fenômenos transnacionais se desdobram em vários níveis regulatórios (em síntese: global, regional, local). É o que se verá adiante.

1.2 Desafios normativos: multiplicidade de planos jurídicos

Para destrinchar a complexidade do tema, inicialmente, é preciso assumir que tanto a inexistência de um conceito jurídico unívoco de investimento estrangeiro que sirva a todos os ordenamentos jurídicos domésticos, mas também a variabilidade de regulações, com distintos impactos jurídicos e efeitos, é decorrência da própria limitação territorial dos ordenamentos jurídicos nacionais e do princípio da soberania. E nem poderia ser diferente, já que os Estados legislam apenas no espaço físico predeterminado que lhes compete, diante da cultura, dos valores e das particularidades locais.

Mesmo com todo o impacto global das operações jurídicas atualmente, o direito ainda está formatado em um modelo territorialmente delimitado e é organizado na escala de Estados. O aparelho normativo é sempre local. Por consequência, é natural que se altere o âmbito de proteção do investimento estrangeiro em cada um dos espaços físicos em que ele se encontra alocado, o que, evidentemente, é um fator relevante nas ponderações sobre a decisão de investimento.

No entanto, em paralelo às determinações da legislação nacional, que são expressão da soberania interna, deve-se considerar também a atuação de outra faceta do mesmo princípio, a soberania externa, o que implica a inexistência de qualquer autoridade superior aos Estados individualmente considerados e os organiza de modo horizontal, diante dos princípios de não intervenção, igualdade e coordenação, sem que haja interferência jurídica nos assuntos de cada um dos países, mas dando-lhes a abertura e a possibilidade de atribuir significados, valores e normas para situações e temas comuns entre dois (bilateralidade) ou mais (multilateralidade) de seus pares.

Portanto, *a priori*, e no plano jurídico (por natureza, deôntico), todos os Estados são iguais entre si e podem estabelecer direitos, obrigações e poderes recíprocos na mesma posição, independentemente de qualquer outra qualidade que ostentem, a despeito de, na prática, a igualdade formal ser influenciada fortemente pela geopolítica dos

Estados.⁹³ E, como decorrência óbvia da própria soberania interna, não há, então, um conceito unívoco de investimento estrangeiro para todos os Estados-Nação, mas versões diversificadas em variados ordenamentos jurídicos nacionais.

Disposições normativas detalhadas na legislação nacional empoderam o Estado que recebe o movimento de investimento, anunciando previamente não só o conceito, mas também os limites, os critérios, as formas e outras determinações normativas e acabam por conferir certo grau de segurança jurídica para todos os envolvidos: Estado-hospedeiro; Estado-investidor; investidor-empresário e usuários de serviços prestados pelo estrangeiro/cidadão do país que recepciona o investimento estrangeiro.

No entanto, pode existir o afastamento do critério *rei sitae*, deslocando as discussões jurídicas para outras esferas que não a esfera nacional. Os diversos níveis de normatização decorrem de: i) formalização de instrumentos convencionais, que, em regra, têm o mesmo *status* normativo da legislação ordinária, e, quando internalizados/incorporados ao ordenamento jurídico doméstico, podem apresentar disposições mais específicas ou mais recentes em detrimento da norma geral nacional ou nacional anterior;⁹⁴ ii) formalização de instrumentos convencionais que, internalizados/incorporados ao ordenamento jurídico

---

⁹³ VARELLA, Marcelo Dias. *Direito Internacional Público*. 5. ed. São Paulo: Saraiva, 2014, p. 173. O professor aponta que "na prática um número restrito de Estados com poderosos sistemas econômicos e políticos exerce maior autoridade sobre a comunidade internacional". Segundo ele, "a interferência da política no direito não é uma peculiaridade do direito internacional. Está presente no direito interno dos Estados, em todos os ramos, mas por vezes é mais chocante no direito internacional, porque a interferência quase sempre vem de fora do Estado, atinge interesses mais importantes e fere nacionalismos".

⁹⁴ BRASIL. *Lei de Introdução às normas do Direito Brasileiro. Decreto-Lei nº 4.657, de 04 de setembro de 1942*. Disponível em: http://www.planalto.gov.br/ccivil_03/decreto-lei/del4657compilado.htm. Acesso em: 21 jun. 21. A LINBB é a principal fonte normativa do Direito Internacional Privado, que envolve conflitos de leis interespaciais e designa o direito aplicável a determinada relação jurídica com efeitos transnacionais. A despeito da nomenclatura, o próprio Estado pode se engajar em relações jurídicas de natureza privada. Segundo artigo 2º "não se destinando à vigência temporária, a lei terá vigor até que outra a modifique ou revogue". Já nos termos do §1º do mesmo dispositivo: "a lei posterior revoga a anterior quando expressamente o declare, quando seja com ela incompatível ou quando regule inteiramente a matéria de que tratava a lei anterior" e, conforme §2º "a lei nova, que estabeleça disposições gerais ou especiais a par das já existentes, não revoga nem modifica a lei anterior". No âmbito do Direito Internacional Público, há algumas convenções que estabelecem regra de competência jurisdicional e de direito aplicável no sentido de incidir a *lex fori*, ou seja, a lei de onde o investimento se encontra. Para Rechsteiner, a vantagem é que cada juiz e cada tribunal conhece melhor sua *lex fori* do que eventual direito estrangeiro, o que facilita e acelera a aplicação do direito. (RECHSTEINER, Beat Walter. *Direito Internacional Privado*: teoria e prática. 19. ed. Saraiva: São Paulo, 2017, p. 83).

doméstico, apresentem disposições a par das já existentes e com elas convivam; iii) encaminhamento de disputas aos centros internacionais de arbitragem, conforme formalização de contrato do investidor e Estado Brasileiro (que contenha cláusula ou convenção de arbitragem); iv) consequente aplicação de normas consuetudinárias, princípios ou jurisprudência consolidada dos tribunais arbitrais, quando o tratado não dispuser expressamente acerca dos termos do conflito e, por fim, v) movimento informal de internacionalização do direito por meio de *estandardização* advinda de mudança legislativa requerida ou indicada por organismos internacionais dos quais o país-receptor faça parte.

1.2.1 Afastamento pontual do princípio da territorialidade por acionamento de instrumentos convencionais ou aplicação de fontes do Direito Internacional Público

Sobre os instrumentos convencionais, deve-se mencionar os acordos mútuos em tratados (celebrados entre Estados Soberanos) ou contratos internacionais (celebrados entre Estado e investidor privado, diretamente). Considerando o alto grau de influência da geopolítica nesses ajustes, a modelagem e formatação de tais instrumentos convencionais pode ser circunstancial e vai refletir aspectos dos interesses dos atores envolvidos, prevalecendo o poder de quem ostenta poder por superioridade geopolítica.

Nesse ponto, em que pese ser possível defender, até de forma intuitiva, que a condição jurídica de estrangeiros na legislação nacional possa ser diferenciada em relação aos nacionais (pessoas físicas e jurídicas) como decorrência lógica de estabelecimento de discrímen razoável, em atenção ao atendimento do próprio princípio da isonomia, o Direito Internacional Público, em especial diante de suas fontes consuetudinárias e principiológicas, apresenta um repertório básico de proteção que pode e deve servir de complemento à legislação nacional, caso esta não atribua o mínimo de proteção aceitável pela sociedade internacional.

Como exercício de analogia, cita-se a condição jurídica do estrangeiro, objeto de preocupação da legislação nacional,[95] que dispõe

---

[95] Em 2017 foi publicada a Lei Federal nº 13.445, que instituiu a Lei de Migração em substituição à Lei nº 6.815 que estava vigente desde agosto de 1980 (comumente conhecida

as particularidades de suas relações pessoais e patrimoniais, situação também tratada pelos elementos de conexão[96] traçados pelo ordenamento jurídico diante da transnacionalidade de situações fáticas. Em especial, quando se trata de investimento, é comum que o critério de aplicação da legislação seja o do lugar da situação da coisa (*lex rei sitae*), conforme o artigo 8º da Lei de Introdução às Normas do Direito Brasileiro (LINDB). E, assim sendo, não haveria dúvidas de que se aplicaria o ordenamento jurídico pátrio, tanto no que diz respeito à escolha da lei aplicável, quanto à jurisdição (foro).

Contemporaneamente, ainda é possível pensar assim, já que, a despeito de toda a globalização existente, os países continuam soberanos em determinar o direito no seu espaço predeterminado territorialmente. No entanto, com isso não se quer dizer que o Estado está legitimando desconsiderar ou não reconhecer legítimos padrões internacionais mínimos de proteção pelo país receptor. Por analogia, a Lei de Migração (cujo foco são as pessoas físicas/naturais) expressamente prevê que ela não prejudicará direitos e obrigações estabelecidos por tratados vigentes no Brasil e que sejam mais benéficos ao migrante e ao visitante, em particular os tratados firmados no âmbito do Mercosul. Se essa lógica é passível de incidência aos estrangeiros migrantes, entende-se que também será à propriedade que se lhes acompanha.

No entanto, embora atualmente defensável, esse posicionamento não foi sempre unânime. Ao contrário. Diante do uso abusivo dos

---

como Estatuto do Estrangeiro). A nova Legislação dispõe sobre direitos e deveres do migrante e do visitante (regulando sua entrada e estada no país), além de estabelecer princípios e diretrizes para as políticas públicas relacionadas às situações de estrangeiros. A edição normativa foi comemorada, tendo em vista a contemporânea situação de imigrantes, refugiados e asilados em todo o mundo. Quanto à complementariedade e suplementaridade de normas, deve-se mencionar expressamente o previsto no artigo 2º e 11, adiante reproduzidos: "Art. 2º Esta Lei não prejudica a aplicação de normas internas e internacionais específicas sobre refugiados, asilados, agentes e pessoal diplomático ou consular, funcionários de organização internacional e seus familiares (...) Art. 111. Esta Lei não prejudica direitos e obrigações estabelecidos por tratados vigentes no Brasil e que sejam mais benéficos ao migrante e ao visitante, em particular os tratados firmados no âmbito do Mercosul".

[96] O Direito Internacional Privado é o ramo do direito que resolve as questões relativas ao conflito de leis no espaço, envolvendo o ordenamento jurídico de mais de um Estado (relação jurídica de direito privado com conexão internacional) em uma relação jurídica entre particulares e tem por isto um caráter indicativo/designativo (não são regras materiais). Os critérios utilizados pelo Direito Internacional Privado para determinar qual é o direito aplicável denominam-se "elementos de conexão" e estão presentes no direito interno. Portanto, conceitualmente, elementos ou circunstâncias de conexão são normas que indicam o direito aplicável a uma ou diversas situações jurídicas unidas a mais de um sistema legal. O artigo 8º da LINDB dispõe que, para qualificar os bens e regular as relações a eles concernentes, aplicar-se-á a lei do país em que estiverem situados.

institutos de proteção internacional por países de histórico poderio hegemônico, como os EUA, surgiu o desenvolvimento de teorias contrárias ao movimento de reconhecimento no âmbito diplomático. Pautada pelos princípios da não intervenção, a denominada Doutrina Calvo (porque apoiada em ideias de Carlos Calvo, jurista uruguaio) tinha como premissa o estabelecimento de limites substanciais e procedimentais ao tratamento do estrangeiro e a submissão exclusiva da propriedade estrangeira ao direito interno do Estado sem que fosse possível considerar a incidência de quaisquer padrões internacionais mínimos.[97]

Segundo o que determina a Cláusula Calvo (que reflete a Doutrina Calvo nos ajustes internacionais), os investimentos e investidores devem se sujeitar estritamente ao que determina o conteúdo do direito interno do país receptor, com renúncia de proteção diplomática de qualquer natureza, ou seja, desprezando-se fontes consuetudinárias do Direito Internacional Público. No entanto, de maneira geral, a partir do século XX, desenvolveu-se o padrão de compensações indenizatórias para expropriações e de proteção ao investimento estrangeiro. E, assim, caso não haja na ordem interna do Estado receptor suficiente conformidade com padrões mínimos do Direito Internacional, os Estados doadores e receptores podem, voluntariamente, naquelas situações em que envolvam seus interesses, complementar a legislação nacional, por disposições tratadas na forma de mútuo consentimento.

Nesse sentido foi reconhecida a Doutrina Drago, também de origem latino-americana, em referência ao então chanceler argentino Luis María Drago, que agia orientando o descumprimento da Doutrina Monroe dos Estados Unidos, no sentido de defender que nenhuma potência estrangeira poderia usar a força contra uma nação americana com a finalidade de cobrar uma dívida.

As doutrinas não deixaram de ser uma reação legítima ao histórico de abusos de investidores, principalmente em países em desenvolvimento. Mas, por sua vez, também houve um período de expropriações e nacionalizações sem fixação de indenizações, o que significava também abuso de poder, configurando direito público não adequado, que extrapola o reconhecimento das liberdades individuais

---

[97] Sobre as contribuições das doutrinas latino-americanas para o Direito Internacional (que não são poucas), confira-se: LINO, Wagner Luiz Menezes. *A contribuição da América Latina para o direito internacional:* o princípio da solidariedade. Tese de Doutorado. USP, 2007. Disponível em: https://teses.usp.br/teses/disponiveis/84/84131/tde-10102012-172431/pt-br.php. Acesso em: 20 dez; 2020.

e econômicas. Portanto, parece-nos importante fixar um caminho do meio, tendente a evitar polarizações de um ponto a outro, com abusos extremados, sejam eles representando as nacionalizações injustificadas e não indenizadas, sejam representando interesses eminentemente particulares de investidores em países em desenvolvimento, explorando tais territórios, para fins de avolumar seus lucros em detrimento de valores do país receptor do investimento.

Portanto, defende-se que a proteção suplementar, realizada de forma bilateral por intermédio de instrumentos convencionais entre Estados, somente deveria ocorrer quando o incremento normativo fosse inevitável diante da insuficiência da proteção da legislação nacional que não oferecesse garantias suficientes ao investidor e sua propriedade, sobretudo se o país já não tem economia nem políticas estáveis. Com isso, não se quer dizer que a abrangência da proteção interna não poderá ser ponderada diante de interesses nacionais e da soberania, mas será difícil negar, por exemplo, reconhecimento ao direito de propriedade diante de decisões apoiadas em expropriações não indenizadas.

Apenas pela demonstração desse panorama que reproduz parte das discussões acerca das inevitáveis teias de regulações que incidem sobre o tema, pode-se concluir que, evidentemente, há também muitas divergências sobre o tratamento jurídico dos investimentos em vários níveis do direito. Assim, mesmo no plano internacional, pode-se considerar que sejam múltiplos os conceitos, definições e determinações constantes das numerosas versões de instrumentos convencionais. Da mesma forma, utilizam-se critérios distintos, tanto para definir o investimento estrangeiro como para distinguir o investimento direto do investimento de portfólio, além da ênfase a cada ator envolvido, o que define a abordagem dada.

Por exemplo, "países exportadores de capital tendem a buscar uma definição mais ampla de maneira a garantir a máxima proteção aos investimentos de seus nacionais no exterior".[98] Já os países "importadores de capital buscam reduzir a amplitude de definição para manter seu controle".[99] Não se pode esquecer que essa perspectiva alimenta um tratamento casuístico, como o caso dos acordos setoriais que regulamentam definições mais específicas e instrumentais aos propósitos definidos; há acordos que se limitam a grupos de países, além dos casuísmos

---

[98] XAVIER JÚNIOR, Ely Caetano. As (in)definições de investimento estrangeiro. *In*: RIBEIRO, Marilda Rosado de (coord.). *Direito Internacional dos investimentos*. Rio de Janeiro: Renovar, 2014, p. 15.
[99] *Idem*.

dos tratados bilaterais, que imprimem particularidades, extensões interpretativas, e refletem expressões culturais e negociais próprias da relação política de determinados atores, ou apenas estruturam-se sob aspectos conjunturais.

Fato é que, inexistindo hoje uma convenção multilateral em matéria de investimentos estrangeiros, não há como compreender o fenômeno, senão pela variabilidade de suas utilizações. Ao tratamento normativo casuístico há, evidentemente, críticas direcionadas ao que se denomina, por Fábio Morosini, de "crise de legitimidade"[100] associada a padrões regulatórios desiguais, que protegem expectativas de investidores às custas da regulamentação nacional (*policy space*) dos países-sede dos investimentos. Essas críticas refletem a necessidade de construção de novas regras sobre bases mais equitativas, especialmente envolvendo o papel dos países em desenvolvimento na elaboração de normas que lhes favoreçam, a exemplo de normas que impliquem em acréscimo do nível de seu desenvolvimento como contrapartida do investimento, afastando-se o investimento da ideia colonialista que dominou as regulações comuns do século XIX.

Atualmente, portanto, a regulação do investimento advém de uma miríade de fontes e instâncias regulatórias e, diante da inexistência de um acordo multilateral que contenha definições e diretrizes unívocas, vigentes para boa parte do mundo, atualmente tem-se considerado alguns padrões mais ou menos universais, de forma a uniformizar o tratamento do tema em todo o mundo.

O desafio é grande, dadas as dificuldades que já foram demonstradas. No entanto, é inexorável que tais resistências são comuns para o atual direito, que vive uma fase de transição, com mutações em curso, na qual as regras jurídicas clássicas, advindas do Parlamento, ombreiam e dividem espaço com outros tipos de fontes normativas não formais, como as técnicas, de gestão, de *compliance*, com perspectivas abertas, categorizadas, como *soft law*, de caráter não vinculante, mas que têm sofisticado mecanismo de incentivos normativos e que apresentam graus de influência consideráveis.[101]

---

[100] MOROSINI, Fábio. Apresentação. In: *Regulação do Comércio Internacional e do Investimento Estrangeiro*. São Paulo: Saraiva, 2017, p. 16.
[101] FARIA, José Eduardo. *Direito, modernização e autoritarismo*: mudança socioeconômica vs. liberalismo jurídico. 1981. Tese (Doutorado em Filosofia, Teoria e Sociologia do Direito) – Faculdade de Direito, USP, São Paulo, 1981.

1.3 Afastamento do princípio da territorialidade pela internacionalização do Direito

Nesses termos, segundo Benoit Frydman, a "história das normas" sempre foi a tradução em hipóteses abstratas das expectativas prévias sobre comportamentos, condutas de homens e povos (normas jurídicas), padronização de coisas (normas técnicas) e disposição de como se administram negócios (normas de gestão). Para ele, a experiência da normalização não se divide em projetos distintos – com repercussões, por exemplo, para legislação formal e informal – e só estão separadas por um efeito de ótica, já que seus fios se entrecruzam e se confundem, pois o aprendizado pelo uso (que é comum de toda norma) é a permanência no tempo, no lugar e na repetição de ações, sendo que a lei, como fonte, é a substituta do costume, quando a sociedade moderna se transforma e o Estado estende seu poder a ela.[102]

Nessa perspectiva, vale também destacar o fenômeno da internacionalização do direito como método de inserção da cultura global na legislação nacional do país receptor, mediante padrões mínimos de tratamento e intenções normativas de homogeneização da legislação por iniciativa de organismos internacionais. Normalmente, adotam-se tais tarefas como parte do processo de adesão a um tratado internacional multilateral, evitando-se que os países reformulem seus modelos de forma lenta e gradual.

Essa parece ser uma alternativa mais eficaz e rápida, do ponto de vista do Direito. Mais eficaz, pois prevê a adoção de pacotes de reformas e de alteração da legislação interna como premissa para adesão a tratados ou inclusão em organismos internacionais, como a OCDE, ou grupos econômicos, como o G7, G20. E mais rápida, pois se um país não quer se isolar, a tendência é que decida rapidamente acompanhar os modelos determinados pelo grupo. Vale destacar que a decisão pela adesão inicial vem acompanhada de vetores de implementação, acompanhamento e fiscalização como premissas da completa alteração desejada.

Neste capítulo, foram levantados os principais desafios do tema investimentos estrangeiros na sua compreensão jurídica. O primeiro deles está ligado ao fato de que se trata de um fenômeno econômico e

---

[102] FRYDMAN, Benoit. *O fim do Estado de Direito*: governar por standards e indicadores. Tradução Mara Beatriz Krug. Revisão Jânia Maria Lopes Saldanha. 2. ed. Porto Alegre: Livraria do Advogado, 2018, p. 30-33.

que, uma vez mutável, será sempre interpretado e reinterpretado pelo Direito, como é natural de eventos que recebem influxos da facticidade.

O segundo é a multiplicidade de planos jurídicos do tema, implicando eventuais conflitos de leis nas relações transacionais, que nem sempre indicam a prevalência do princípio da territorialidade (*lex fori* e *lex rei sitae*) para fins de resolução de conflitos, devendo ser resolvidos de forma casuística, o que gera certa complexidade que não indica uma resposta prévia e unívoca para os conflitos.

Como tentativa de gerar uniformidade regulatória/legislativa, Estados Soberanos que ostentam uma posição privilegiada nos assuntos de poderio geopolítico e que representam a nacionalidade da maior parte dos investidores estrangeiros têm influenciado a alteração da legislação interna

Compreendidos os mecanismos de interpretação jurídica nas instâncias regulatórias aplicáveis ao tema, que posicionam a concorrência das normatividades concernentes aos níveis global, regional e local, considerando suas complementariedades, em seguida será importante conhecer o marco normativo brasileiro sobre o tema e sua natureza jurídica. Porém, não sem antes mencionar outro desafio: as relações entre investimento público e privado.

CAPÍTULO 2

RELAÇÕES ENTRE INVESTIMENTO PÚBLICO E PRIVADO EM ATIVIDADES PÚBLICAS E A IMPORTÂNCIA DO INVESTIMENTO ESTRANGEIRO PARA A FORMAÇÃO DO DESENVOLVIMENTO NACIONAL

Ao longo da exposição, confirmou-se que o termo "investimento" é largamente utilizado no texto constitucional com várias acepções. Uma primeira acepção, por ser exatamente a mais frequente, está relacionada ao investimento público, que designa sobra orçamentária ou poupança pública, de forma a subsidiar a realização de determinada finalidade estatal. Ao longo do texto constitucional, pode-se verificar como a expressão aparece com mais frequência e se concluir que há uma sinalização de clara preferência pelo uso de recursos e investimentos de natureza pública na execução das finalidades estatais.

2.1 Principais diferenças entre investimento público e privado

Para distinguir investimento público e privado, retomar-se-á a equação do PIB simbolizada pela fórmula proposta por Mankiw.[103] Como já referido no item 1.12, seu cálculo está representado pela letra Y

---

[103] MANKIN, N. Gregory. *Introdução à Economia*: princípios de micro e macroeconomia. Tradução de Maria José Cyhlar Monteiro. Rio de Janeiro: Editora Campus, 2001, p. 562-563.

e se desdobra em: consumo (C); investimento (I); aquisições do governo (F) e exportações líquidas (EL), conforme a Fórmula:

Fórmula do PIB

$$Y = C + I + F + EL$$

Fonte: Elaboração da autora, conforme dados da NR nº 87.

Na fórmula, verifica-se que a poupança é a receita tributária que resta ao governo, depois do pagamento de suas despesas (simbolizada pela letra "F"). Portanto, o investimento público estaria incluído na variável "gastos do governo", simbolizado acima com a letra "F", e não na variável "I", que representa apenas o investimento privado. Pela simples visualização do cálculo do PIB, fica evidente que o investimento público e o privado apresentam natureza distinta. Porém sabe-se que, além das naturezas, diferem em finalidade.

2.1.1 Critério do retorno: social ou financeiro?

Para o cálculo do PIB, o investimento estatal é simbolizado como gasto público, como mera despesa, sem que sejam verificados os elementos essenciais do investimento privado, a saber: receita, custos e expectativas de retornos financeiros. De forma que o primeiro traço distintivo é quanto ao critério do retorno financeiro. Enquanto a expectativa de retorno do investimento privado é lucrativa, em regra, a intenção do investimento público é atender às prioridades sociais previstas nas leis do ordenamento jurídico pátrio e estabelecidas nas diretrizes orçamentárias.

É claro que eventual retorno financeiro pode ocorrer, mas ele não constitui elemento ou critério que sirva para distinguir o investimento estatal do particular. Por exemplo, o lucro poderá ser consequência da atividade econômica, mas não o objetivo principal da sua prestação, pois as atividades econômicas estatais – permitidas constitucionalmente apenas diante da necessidade de atendimento aos imperativos da segurança nacional ou relevante interesse coletivo, estão sempre jungidas a realizar o interesse público.

Assim, o retorno do investimento público estará sempre aplicado direta ou indiretamente nos objetivos estatais. Porém, nada impede que o Estado, ao intencionar o aumento efetivo de suas receitas, utilize mecanismos financeiros de forma a fazer crescer os montantes originalmente aplicados (Estado Investidor) ou até mesmo explore atividade econômica com profissionalismo (Estado Empresário), de forma que o lucro seja mero resultado de seu sucesso empresarial.[104] Em outras palavras, não é vedado o lucro de estatais, nem tampouco a busca por aplicações financeiras para rentabilizar recursos públicos, principalmente aqueles relacionados aos fundos que apresentem finalidade social.

Para viabilizar o retorno social desejado pelo ordenamento jurídico, vincula-se o agir da Administração às diretrizes orçamentárias, e as ações de controle (interno dos Poderes, externo ou mesmo social) irão aferir não só a qualidade do detalhamento do planejamento orçamentário para o cumprimento das finalidades públicas, em especial quanto aos investimentos, mas também acompanhar todas as suas fases posteriores: aplicação, execução e prestação de contas regulares. Metas são previstas pela Constituição de 1988 e, para seu devido cumprimento, há os componentes do orçamento anual, destacando-se o orçamento de investimento, ao lado do orçamento da seguridade social e o fiscal, ambos contemplando investimentos públicos.

---

[104] Não há consenso sobre a possibilidade de "auferição" de lucro pelas estatais e o tema é objeto de longas discussões acadêmicas, com posicionamentos polarizados. Defendo o mesmo entendimento de Jacintho Arruda Câmara, para quem o Estado pode conjugar o lucro com a perseguição de outros objetivos, próprios do interesse público. Os argumentos, de várias ordens, estão reunidos no seguinte artigo: CÂMARA, Jacintho Arruda. O lucro nas empresas estatais. *Revista Eletrônica de Direito Administrativo Econômico (REDAE)*. Salvador. Instituto Brasileiro de Direito Público. nº 30, maio/junho/julho, 2012. Disponível em: http://www.direitodoestado.com.br/codrevista.asp?cod=732. Acesso em: 11 de jul. 2021. Defendo que a atividade empresarial é considerada como aquela exercida profissionalmente mediante a organização de recursos (pessoas, equipamentos, bens e capital) para a produção ou circulação de bens ou serviços e que o lucro é consequência da combinação entre tais fatores, arranjados de uma maneira profissional tal que gere efetiva capacidade financeira, sendo o lucro consequência do sucesso empresarial. Com efeito, é assim que dispõe o artigo 966 do Código Civil Brasileiro, que adotou a teoria empresarial da escola italiana, de Túlio Asquini. Assim, quando o Estado se comporta na condição de empresário, atua organizando, profissionalmente, os fatores de produção, que pode culminar ou não em lucro. A diferença é que a aplicação do lucro deve ser reinvestida em todo ou em parte nas atividades estatais, enquanto parte dele pode ser distribuído minimamente entre empregados públicos e dirigentes estatais. Mas essa orientação não tem como fim principal enriquecer o Estado-empresário, mas conjugar esforços para prestar a atividade de forma eficiente, rápida, econômica e, sobretudo, em atenção aos caros princípios da Administração Pública e respeito ao interesse público. Sobre o tema, escrevi parte das minhas ideias sobre lucro em estatais no artigo seguinte: COÊLHO, Carolina Reis Jatobá Coêlho. Atos econômicos das empresas estatais: fixação de critérios racionais de incidência de regras privadas na exploração da atividade econômica pelo Estado. *In*: MARTINS, Ricardo Marcondes. *Estudos contemporâneos sobre a teoria dos atos administrativos*. Curitiba: CRV, 2018, p. 99-120.

O orçamento de investimentos compreende o investimento das empresas em que o Estado, o Distrito Federal e o Município, no âmbito da respectiva esfera de atribuições, detenham a maioria do capital com direito a voto. As empresas estatais, assim consideradas empresas públicas e sociedade de economia mista das quais o poder público detenha a maioria do capital votante, poderão indicar os recursos programados para investimentos, de forma a atender o parágrafo 7º do artigo 165 da Constituição de 1988.[105] O dispositivo indica que tanto os orçamentos, fiscal e de investimentos, devem ser compatibilizados com o plano plurianual; e terão, entre suas funções, a de reduzir desigualdades inter-regionais, segundo critério populacional.

Portanto, embora apresente significante bastante amplo na linguagem comum, na técnica legislativa os investimentos públicos são considerados como gastos para realização de atividades estatais, determinadas pelo ordenamento jurídico e previstas detalhadamente nas leis orçamentárias (orçamento de investimentos, orçamento fiscal) que estabelecerão recursos previamente para a realização das despesas. Para estabelecer ordem e controle, aplicam-se regras de vinculação entre receitas e despesas, a famosa regra de ouro orçamentária, que se estabelece entre fonte de recursos e programação de investimentos, e permite a verificação prévia das receitas que financiarão programas sociais. Nesse mesmo sentido, o parágrafo 5º do artigo 5º da Lei de Responsabilidade Fiscal (LRF) esclarece que a lei orçamentária não consignará dotação para investimento com duração superior a um exercício financeiro que não esteja previsto no plano plurianual ou em lei que autorize a sua inclusão, conforme disposto no §1º do art. 167 da Constituição de 1988.

Conforme dicção da Lei nº 4.320/64, investimentos são espécies do gênero despesas, classificando-se, no âmbito das categorias econômicas, em despesas de capital, ao lado de inversões financeiras e transferências de capital e que implicam, em regra, acréscimo ao patrimônio público. Segundo o parágrafo 4º do artigo 12 da mesma lei, classificam-se como investimentos as dotações para o planejamento e a execução de obras, inclusive as destinadas à aquisição de imóveis considerados necessários à realização destas últimas, bem como para os programas especiais de trabalho, aquisição de instalações, equipamentos e material permanente

---

[105] Conforme previsão do artigo 35 do Ato das Disposições Constitucionais Transitórias (ADCT), tem-se que o disposto no art. 165, §7º, será cumprido de forma progressiva, no prazo de até dez anos, distribuindo-se os recursos entre as regiões macroeconômicas em razão proporcional à população, a partir da situação verificada no biênio 1986-87.

e constituição ou aumento do capital de empresas que não sejam de caráter comercial ou financeiro.

Nos termos da Portaria Interministerial STN-SOF nº 163/2002, atualizada pela Portaria Interministerial STN-SOF nº 688/2005[106] – que especifica padrões de classificação orçamentária e uniformização de procedimentos de execução orçamentária no âmbito dos entes federativos, com vistas à consolidação das contas públicas nacionais, em atendimento ao disposto no art. 50, §2º c/c art. 51 da Lei de Responsabilidade Fiscal (Lei Complementar nº 101, de 4 de maio de 2000) –, investimento público caracteriza-se como "despesas orçamentárias com *softwares* e com o planejamento e a execução de obras, inclusive com a aquisição de imóveis considerados necessários à realização destas últimas, e com a aquisição de instalações, equipamentos e material permanente".

Segundo art. 6º da referida portaria, e na lei orçamentária, a discriminação da despesa quanto à sua natureza, far-se-á, no mínimo, por categoria econômica, grupo de natureza de despesa e modalidade de aplicação. Trata-se, portanto, de categoria econômica enquadrada como:

(i) despesa de capital (em contraposição a despesa corrente, que não contribui, diretamente, para a formação ou aquisição de bens);

(ii) de natureza de investimento (ao lado de inversões financeiras, que se diferenciam por serem aquisição de imóveis ou bens de capital já em utilização; aquisição de títulos representativos do capital de empresas ou entidades de qualquer espécie, já constituídas quando à operação não importe aumento do capital; e com a constituição ou aumento do capital de empresas, além de outras despesas classificáveis neste grupo); e,

(iii) que pode ter sua modalidade de aplicação variada (desde transferências entre entes para investimentos, incluindo aporte de recursos pelo parceiro público em favor do parceiro privado decorrente de contrato de Parceria Público-Privada (PPP).

---

[106] Segundo artigo 13 da Lei nº 4.320, a especificação de despesas orçamentárias se fará por elementos em cada unidade administrativa ou órgão do governo. Essa classificação foi prevista inicialmente na Portaria SOF nº 35/1989, sendo posteriormente alterada pelas Portarias SOF nº 05/1999 e 13/1999. Em maio de 2001, a Secretaria do Tesouro Nacional e a Secretaria de Orçamento Federal editaram a Portaria Interministerial nº 163/2002. Após a edição da Lei de Responsabilidade Fiscal, o ato infranormativo substituiu as portarias anteriores e vem sendo atualizado.

Portanto, quando o Poder Público realiza investimento, não há expectativa de retorno financeiro, mas social. Até mesmo quando há delegação das atividades públicas ao particular, a expectativa é que haja remuneração deste suportada pela Administração. A regra é que o retorno financeiro do particular seja suportado financeiramente pelo Poder Público por meio de pagamento contínuo, que será classificado como despesa corrente ordinária, a não ser que o Poder Público realize aportes de recursos ao parceiro público, situação em que realmente se caracterizará, tecnicamente, o investimento público (conforme item iii acima), embora a atividade não seja realizada de forma direta pelo Poder Público, mas delegada ao particular.

A realização de aportes volumosos ou, ainda que tímidos, constantes, não parece coadunar com a lógica de delegação de atividades ao particular, pois uma das vantagens que se se espera é que a fonte de receita de investimentos privados, para compor seus investimentos, provenha de *funding* próprio, considerando a facilidade de crédito ou a livre composição de arranjos financeiros, de forma a desonerar os orçamentos (seja pela desnecessidade de contratar operações de crédito para suprir necessidades ou mesmo evitar o comprometimento orçamentário com despesas).

2.1.2 Critério do planejamento imperativo e indicativo

Os investimentos públicos são previstos e implementados no âmbito orçamentário (seja no orçamento fiscal ou orçamento de investimento das estatais), com caráter vinculativo e atendendo-se ao planejamento, que é um método qualificado e racional que se expressa em um plano, a partir de um processo de previsões, definição de objetivos e meios para ação e coordenação.[107]

Constitucionalmente, é dizer que o investimento público está plenamente vinculado ao planejamento imperativo, com centralização das decisões, enquanto o investimento privado é orientado pelo planejamento indicativo, dado que as forças que decidem pelo resultado final do processo econômico não são (e nem devem ser em uma economia livre) totalmente controladas pelo Estado, especialmente no modelo de

---

[107] GRAU, Roberto Eros. *Planejamento econômico e regra jurídica*. São Paulo: Revista dos Tribunais, 1978, p. 30-63.

produção capitalista, no qual o resultado decorre de natureza extraplano e se organiza em um processo não planificável, que é o mercado livre.[108]

Ademais, como já mencionado, o Estado pode até fazer investimentos com fim de lucro, mas essa não é sua finalidade precípua, enquanto o particular, ao contrário, pode aplicar capitais sem finalidades econômicas (por exemplo, a criação de um museu), mas em geral o faz com o propósito de lucro.[109] O critério distintivo é a destinação. Nos investimentos públicos, o alcance é o atingimento do bem comum, enquanto no investimento privado a satisfação geralmente é individual (ainda que movida pela vaidade do ato filantrópico ou mesmo por um posicionamento mercadológico afeito à identificação com determinado público – responsabilidade socioambiental).

Umas das consequências dessa premissa diferenciadora é que o particular, em quaisquer de suas atividades, incluindo-se o ato de investir, não exerce função pública, enquanto o Poder Público a exerce. O Estado, seja por meio de sua concepção teórica abstrata, seja por meio do governo, seja por meio da Administração Pública,[110] está sempre buscando interesses alheios, dos representados, dos particulares enquanto partícipes da sociedade. Segundo Ricardo Marcondes Martins, inspirado pelas lições magistrais de Celso Antônio Bandeira de Mello, a função pública é um dever inafastável, imposto à Administração que equaciona a tutela e interesse de outrem à atuação estatal, não havendo que se falar em liberdade, diante do princípio da legalidade estrita e da

---

[108] GRAU, Roberto Eros. *Planejamento econômico e regra jurídica.* São Paulo: Revista dos Tribunais, 1978, p. 30-63.

[109] Atualmente, a perseguição de objetivos sociais, ambientais e culturais por empresários é cada vez mais comum e constitui em verdade um diferencial competitivo, que permite agregar à marca um "selo verde", uma posição de empresa "amiga das florestas".

[110] Tais conceitos, embora relacionados e utilizados de forma metonímica (um conceito pelo outro), não são sinônimos. Uma excelente categorização está presente na obra de Maria Paula Dallari Bucci. Para ela, a teorização sobre o Estado, em curso desde o Renascimento, parte da racionalização do poder como resultado da construção social da era moderna, formação tipicamente europeia, histórica e geograficamente situada, que contempla o princípio da territorialidade, da obrigação política e do comando racional e impessoal do poder, que passa pela correlação do Estado com o Direito. O seu nascimento está vinculado à Paz de Westfália. O conceito de Estado não se confunde com o governo, que é o motor da política, do aparelho do Estado. Já a Administração Pública é o conjunto das atividades diretamente relacionadas à execução concreta das tarefas estatais ou incumbências de interesse público. O surgimento da Administração Pública, no sentido moderno, como corpo estruturado, remonta à era napoleônica, a partir do contencioso administrativo no Conselho de Estado Francês. Outro marco relevante é a profissionalização do serviço público, apontado por Max Weber. Já governo, é a expressão política do comando, de iniciativa.

teoria republicana, mas somente em discricionariedade limitada, pelo próprio ordenamento jurídico.[111]

É importante destacar que os investimentos estrangeiros privados se encontram juridicamente enquadrados no âmbito da autonomia privada, cujo espaço de liberdade é amplo, ainda que eventualmente associado às limitações e restrições previstas pelo ordenamento jurídico. Os investimentos públicos, diferentemente, são em sua grande maioria impositivos; especialmente no que diz respeito à seara orçamentária, em que aplicação de fontes de recursos financeiros decorre exclusivamente da elaboração de peça orçamentária, em atividade previamente planejada e posteriormente controlada.

Obviamente, e a depender da natureza dos recursos orçamentários, a aplicação será mais ou menos indicativa, mas nunca livre, sempre inserida no âmbito da discricionariedade. A discricionariedade (*locus* do agente público) não se confunde com a liberdade (*locus* do privado). Caso se considere os graus de tomada de decisão, a esfera de liberdade estaria apenas delineada pela lei, enquanto a discricionariedade estaria necessária e precisamente determinada pelos limites legais; porém, com maior restrição das escolhas do administrador, já que ao Estado compete concretizar princípios constitucionais, podendo fazê-lo por meio da função legislativa, judiciária ou executiva.

---

[111] MARTINS, Ricardo Marcondes. *Abuso de Direito e a Constitucionalização do Direito Privado*. São Paulo: Malheiros, 2010, p. 67. Excepcionalmente, explica o autor, os particulares também poderão exercer função, em busca de interesses de terceiros, igualmente particulares, como nos casos de tutela, curatela, poder parental etc., ou seja, em face de uma situação jurídica específica. Porém, para eles, há expressa diferença entre a função exercida no âmbito da esfera privada e a função pública, já que a última obriga o administrador, não havendo que se falar em qualquer liberdade, diante do princípio da legalidade estrita, mas somente em discricionariedade limitada, pelo próprio ordenamento jurídico. Em nossa visão, tanto a função pública quanto a função privada limitam o exercício do mandato/ representação, e ambas têm limites designados e predeterminados pela lei. Portanto, para nós, a natureza é a mesma, mas há maior limitação na discricionariedade baseada nas escolhas públicas, enquanto não se cogita que a função privada (a exemplo do poder parental) possa ser extrapolada para além do legal. No entanto, concordamos com o fato de que há um espectro maior de liberdade no exercício de funções privadas, se comparado com o exercício da função pública. Diz o autor: "a afirmação de que as entidades federativas possuem autonomia não é, rigorosamente, verdadeira. Concebido o Estado como realidade instrumental, ente criado para buscar o bem comum – compreendido o bem comum como a concretização do conjunto de princípios fixados na Constituição da República – conclui-se que ao Estado compete executar a Constituição (...). José Manuel Sérvulo Correia propôs a expressão autonomia pública para designar um suposto espaço de liberdade administrativa. Não há como concordar com ele: não existe, por mais que alguns queiram que exista, espaço de liberdade administrativa similar ao espaço de liberdade administrativa privada. A Administração não é livre para decidir".

Adiante, representação gráfica das esferas de liberdade, como direito do privado/particular, garantido constitucionalmente, e a discricionariedade, exercício de competência administrativa.

FIGURA 1
Esquema gráfico sobre conceitos de discricionariedade e autonomia privada.

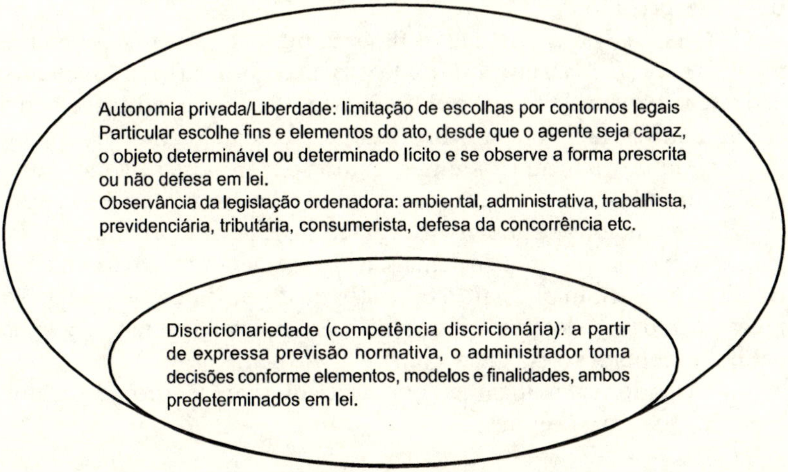

Autonomia privada/Liberdade: limitação de escolhas por contornos legais Particular escolhe fins e elementos do ato, desde que o agente seja capaz, o objeto determinável ou determinado lícito e se observe a forma prescrita ou não defesa em lei.
Observância da legislação ordenadora: ambiental, administrativa, trabalhista, previdenciária, tributária, consumerista, defesa da concorrência etc.

Discricionariedade (competência discricionária): a partir de expressa previsão normativa, o administrador toma decisões conforme elementos, modelos e finalidades, ambos predeterminados em lei.

Fonte: Elaboração da autora, conforme sua interpretação, inspirada em informações da NR nº 112.

O exercício de competência discricionária, embora possa indicar os caminhos para realização de direitos, não pode ser invocado como escusa para o descumprimento de deveres constitucionais e legais impostos ao administrador. Como exemplo do tema, destaca-se decisão do Supremo Tribunal Federal (STF)[112] no sentido de obrigar municípios a garantir o acesso de crianças à educação e, em se tratando de direitos fundamentais, não cabe avaliação discricionária da Administração, podendo o Poder Judiciário determinar a implementação de políticas públicas em caso de omissão de direitos expressamente positivados.

Pois bem, feitos tais esclarecimentos, pode-se concluir que, da microeconomia, se verifica que são três os aspectos que se ligam ao investimento: receitas, custos e expectativas de retorno e vários os fatores

---

[112] BRASIL. Supremo Tribunal Federal. (Primeira Turma). RE 410.715 RE 436.996 e MC na ADPF 45. Disponível em: https://redir.stf.jus.br/paginadorpub/paginador.jsp?docTP=AC&docID=627428. Acesso em: 27 de jul. 2021.

que levam a investir, incluindo risco. Expressamente na macroeconomia, investimentos e gastos públicos são elementos distintos para aferição do cálculo do PIB, segundo metodologia vigente.

Das orientações normativas da matéria orçamentária (legal e infralegal), é possível fixar um sentido geral ligado à aplicação de receitas em empreendimentos que se realizem por meio de bens de capital, e estabelecer semelhanças e diferenças estruturais entre investimento público e privado.

Quanto à natureza, o investimento privado pretende essencialmente o retorno financeiro, que pode variar conforme o risco envolvido. Já o retorno do investimento público não tem por finalidade precípua o atingimento de lucro ou juros financeiros. Acidentalmente eles podem ocorrer, mas, quando existentes, estão sempre vinculados a uma finalidade pública, de forma que o retorno se torna essencialmente social.

Investimentos públicos são caracterizados como realizações de gastos com bens de capital. Ademais, o planejamento nos investimentos públicos é determinante para a execução da despesa que ele enseja. No investimento privado, o Estado não intervém ou intervém minimamente, em uma economia capitalista, como é a brasileira.

Visando sistematizar as conclusões do que foi afirmado acima, temos o Quadro a seguir:

QUADRO 2
Diferenças entre investimento privado e público

Categorias	Investimento Privado	Investimento Público
Conceito	Receita que supera custos (diretos e indiretos) de forma a gerar expectativas de superávit financeiro (lucros ou juros).	Custo orçamentário, geralmente vinculado à aquisição de bens de capital, para execução de atividades estatais previamente determinadas no orçamento público.
Espécie de retorno	Busca do retorno financeiro, conforme riscos alocados, que podem variar.	Busca principal: retorno social. Acidentalmente, pode-se buscar o retorno financeiro, por exemplo, em inversão financeira realizada por estatal exploradora de atividade econômica.
Tipos	Investimento direto e investimento indireto/de portfólio.	Despesas de capital; inversões financeiras; transferências de capital.
Planejamento	Indicativo.	Imperativo.
Fonte de receita	Pela lógica, deveria ser captada do mercado, mas o que se percebe é que o *funding* pode ser público.	Captada da receita orçamentária, composta por arrecadação tributária e outras fontes públicas dispostas em orçamento.

Fonte: Elaboração da autora, conforme consolidação de dados extraídos da pesquisa realizada para o Capítulo 2.

A partir dessas concepções tão distintas, pode-se questionar como, mesmo com naturezas, finalidades e planejamentos tão diversos, investimentos públicos e privados são inter-relacionados e se complementam, já que podem apresentar interesses aparentemente antagônicos. O investimento privado tem como objeto assegurar o máximo de rentabilidade do empreendimento, criando-se valor para os investidores, enquanto o Poder Público procura implementar o empreendimento buscando alcançar resultados sociais. Esta lógica é a mesma ao se considerar o investimento privado estrangeiro, mas com riscos maiores, como já afirmado no Capítulo 1.

O que une os dois polos é a premissa de que haveria uma real perspectiva de ganhos de sinergia pelo: (i) aumento da eficiência na prestação, já que a parte privada buscará competir na busca de usuários/consumidores e irá considerar o "mercado" público; (ii) alargamento do montante de recursos a serem captados (público e privado); (iii) desdobramento da gestão, liberando o Poder Público de tarefas que melhor seriam prestadas por quem tem interesse em rentabilizar tais operações ou explorar o exercício da atividade pública de forma empresarial, oferecendo melhores serviços à população.[113]

Fato é que a colaboração entre os setores público e privado não é fenômeno recente na história. Marçal Justen Filho[114] remonta à edificação de pontes e canais por particulares, antes mesmo da Revolução Francesa, e Paulo Otero[115] cita concessões na Grécia e Roma, além da Idade Moderna, a exemplo das Companhias Coloniais, que eram sociedades comerciais que captavam recursos privados para exploração e organização das colônias, além da instituição das capitanias, que davam aos donatários poderes de natureza administrativa. Essa formatação não foi diferente no Brasil. No tópico adiante apresentar-se-á a contribuição dos investimentos estrangeiros na infraestrutura brasileira e sua historiografia jurídica.

---

[113] SILVA, José Manuel Braz da. *Parcerias público-privadas*. Coimbra: Almedina, 2016, p. 11-12.
[114] JUSTEN FILHO, Marçal. *Teoria geral das concessões de serviço público*. São Paulo: Dialética, 2003, p. 50.
[115] OTERO, Paulo. Coordenadas Jurídicas da Privatização da Administração Pública. *In*: Os caminhos da privatização da Administração Pública. *Boletim da Faculdade de Direito da Universidade de Coimbra*, Coimbra: Coimbra Editora, 2001.

2.2 Os constantes movimentos pendulares: historiografia jurídica brasileira dos investimentos estrangeiros iniciais em atividades públicas, o capitalismo de Estado à brasileira e novas perspectivas do Estado Regulador

O uso de metáforas é um rico recurso para simplificar as construções complexas de ideias elaboradas no âmbito da ciência econômica. Quando se trata de economia em geral, e da intervenção do Estado em especial, a figura que vem à mente é o pêndulo,[116] exatamente porque traduz uma abordagem histórica, cíclica e dinâmica. Caio Tácito[117] utilizou essa figura para descrever o ir e vir na relação do Estado na Economia, destacando um movimento constante de retorno do pêndulo entre um extremo e outro na história, significando uma intervenção estatal maior ou menor.

A intenção deste tópico é dar a conhecer como a participação de capitais estrangeiros se deu ao longo da história brasileira, descrição que será acompanhada da análise do consequente arcabouço jurídico adotado para tal. Diante de tais percepções, será possível se ter um panorama do relacionamento entre investimentos estrangeiros na infraestrutura brasileira e suas relações com o investimento nacional, seja estatal, seja privado.

---

[116] Destinado a representar mecanicamente os ciclos econômicos, Ragnar Frisch desenvolveu a teoria do pêndulo, incluindo estática, dinâmica e equilíbrio. Há outras várias metáforas importantes na ciência econômica, como o cavalo de balanço, o violino e os oceanos de Magalhães. Sobre o pêndulo, houve extenso debate travado entre Frisch e Schumpeter, do final da década de 20 até o início dos anos 30, a respeito do modelo adequado para representar inovações, mudança e equilíbrio em economia. LOUÇA, F. O pêndulo intrigante: metáforas e persuasões fundadoras na análise de flutuações econômicas. *Economia e Sociedade*, Campinas, (10): 19-37, jun. 1998. Disponível em: https://www.eco.unicamp.br/images/arquivos/artigos/471/02_Francisco_L.pdf. Acesso em: 21 jan. 2021.

[117] TÁCITO, Caio. O retorno do pêndulo: serviço público e empresa privada. O exemplo brasileiro. *Revista de Direito Administrativo*, v. 202. Disponível em: http://bibliotecadigital.fgv.br/ojs/index.php/rda/article/view/46612/46537.

2.2.1 Capitalismo tardio: historiografia jurídica brasileira dos investimentos estrangeiros iniciais

Como costuma dizer Luís Roberto Barroso, "começamos tarde", já que somente em 1808 – e, portanto, apenas 308 anos após o que se denominou de "descobrimento" –, com a chegada da Família Real Portuguesa ao Brasil, é que, nas suas exatas palavras, "teve início verdadeiramente o Brasil".[118] Evidentemente, em uma abordagem antropológica mais ampla, pode-se dizer que o Brasil é mais antigo do que seu próprio "descobrimento" e, também, que o período dito colonial forjou formas de organização social e econômica, ainda que rudimentares e precárias, se comparadas a outras civilizações.

Porém, parece que Barroso se refere especificamente aos aspectos de organização econômica industrial e, neste sentido, de fato, se comparado ao resto do mundo, o Brasil está inserido no que comumente se denomina de capitalismo tardio,[119] ou capitalismo retardatário, na famosa expressão difundida por João Manuel Cardoso de Mello,[120] a qual identifica a economia brasileira como periférica, devido ao lento crescimento industrial em relação aos países de hegemonia cêntrica,[121] a exemplo da Inglaterra e Estados Unidos da América.

---

[118] BARROSO, Luís Roberto. *Sem* data venia: um olhar sobre o Brasil e o mundo. 1. ed. Rio de Janeiro: Intrínseca, 2020, p. 48-50.

[119] O termo é utilizado também para distinguir um período específico do capitalismo, termo utilizado por neomarxistas, conforme a designação do economista belga Ernest Mandel para caracterizar a atual fase do capitalismo monopolista, desencadeada a partir de uma terceira revolução tecnológica (1940-1945). (MANDEL, Ernest. *O capitalismo tardio*. Rio de Janeiro: Abril Cultural, 1982).

[120] MELLO, João Manuel Cardoso de. *O capitalismo tardio*: contribuição a revisão crítica da formação e do desenvolvimento da economia brasileira (30 anos de economia--Unicamp) (Portuguese Edition) 1998.

[121] Em muitas particularidades, a economia brasileira continua periférica e dependente, já que em um modelo de produção que tem por base a exportação de produtos primários, sem a adequada industrialização e modernização das técnicas existentes na maioria dos países desenvolvidos. A situação é ainda mais grave no cenário da Economia 4.0, a qual requer investimento massivo em tecnologia. Ainda persistem as três realidades apontados por Florestan Fernandes como caracterizadoras da economia capitalista dependente, a saber: (i) alta concentração de renda, poder e prestígio de uma elite na estratificação social que possui importância estratégica para o núcleo hegemônico de dominação externa; (ii) coexistência de estruturas sociais, econômicas e políticas em diferentes épocas históricas, gerando articulação para continuidade de uma exploração colonialista; (iii) exclusão de uma parcela da população nacional de ordem econômica, social e política existente. Até hoje a industrialização do país não é adequada e os níveis de infraestrutura bastante deficitários. Destaca-se também a situação política, pois desses 213 anos aos quais se sucedem a 1808, apenas 33 são de ininterrupto regime democrático.

Muitas evidências desse tardio capitalismo são fatos históricos irrefutáveis do período colonial, como aquele que confirma que os portos estavam fechados ao comércio, sendo exclusivamente abertos para Portugal; eram proibidas as manufaturas, bem como as aberturas de estradas no amplo território nacional e não havia circulação de dinheiro, motivo pelo qual as trocas eram feitas por escambo.[122]

O modo de produção era o regime escravocrata: inicialmente, dos índios, vítimas de surtos epidêmicos em contato com os portugueses,[123] e depois dos negros,[124] situação que chegou a subjugar um em cada três brasileiros que, na quase unanimidade (98% da população), eram analfabetos.[125] Este era o estigma colonial, já que a economia se mantinha principalmente extrativista e mercantilista, com destinação prioritária para o mercado externo. Destacam-se organizações econômicas pouco complexas, como os sistemas de feitorias e donatarias.

O sistema de feitorias fundou-se sobre o monopólio português em relação ao pau-brasil e se inspirava nos mecanismos jurídicos de arrendamento e concessão para sua exploração, sendo a única atividade econômica brasileira da época, que consistia na alocação de feitores, assim considerados senhores proprietários estrangeiros de territórios brasileiros.[126] Os feitores reuniam as funções de organizar o trabalho escravo indígena e enviar sua produção para o mercado europeu, enquanto as autoridades máximas das localidades, com poder regulatório, eram os capitães-mores das milícias, geralmente escolhidos entre os maiores representantes das propriedades, o que evidenciava

---

[122] BARROSO, Luís Roberto. *Sem* data venia: um olhar sobre o Brasil e o mundo. Rio de Janeiro: Intrínseca, 2020, p. 48-50.

[123] FAUSTO, Boris. *História do Brasil*. São Paulo: EDUSP, 2013, p. 46. O historiador afirma que, entre 1562 e 1563, dizimaram cerca de 60 mil indígenas.

[124] SKIDMORE, Thomas E. *Uma história do Brasil*. Rio de Janeiro: Paz e Terra, 1998, p. 33. Segundo o historiador, a partir de 1570, a escravização africana no Brasil recebia incentivos da Coroa. Apenas 10 anos depois, em 1580, chegavam ao nordeste brasileiro no mínimo 2.000 escravos africanos por ano.

[125] *Op. cit. Sem* data venia: um olhar sobre o Brasil e o mundo. 1. ed. Rio de Janeiro: Intrínseca, 2020, p. 48-50.

[126] Segundo Heller, destacam-se, no período colonial, as feitorias, destinadas à "exploração de madeira destinada a atender as necessidades da indústria têxtil europeia. A feitoria não passava de um punhado de homens deixados no país para derrubar árvores, com mão de obra indígena, e embarcá-las à Metrópole (...) Não convinha a Portugal, dadas as pequenas possibilidades de comércio, estabelecer no território recém-descoberto organizações mais complexas, como o foram as feitorias portuguesas na África e na Ásia. As feitorias brasileiras, posicionadas em locais de fácil atracamento pelos navios, incluíam construções bastante simples, feitas por degredados, desertores e aventureiros, que se incumbiam de derrubar e transportar a madeira abatida. O trabalho era feito com a colaboração dos indígenas."

um claro conflito de interesses entre o exercício da função pública reguladora da atividade e a própria exploração econômica particular.

O sistema de donataria surge na sequência do declínio das feitorias, que permaneceu vigente durante 50 anos, quando então houve a perda da rentabilidade do "negócio". Diferentemente da feitoria, a donataria não transfere a propriedade, mas dá origem às primeiras concessões de serviço público, delegadas aos estrangeiros, visando à colonização e exploração econômica, iniciando os primeiros investimentos públicos vinculados aos serviços.

Enquanto isso já avançava nos países centrais a Revolução Industrial, que difundiu métodos e mecanização de fábricas e outras áreas da produção econômica, e também proporcionou, à construção civil, novas demandas – como obras de maior vulto e complexidade na infraestrutura das cidades, relacionadas à urbanização crescente, decorrente da industrialização acelerada – que culminaram em novos nichos de empreendimentos para a construção pesada.[127]

Desde a Antiguidade, a contribuição dos Estados na realização das grandes obras era principal e quase exclusiva, de modo que as façanhas ligadas ao levantamento de imensos monumentos e infraestruturas estavam associadas umbilicalmente à demonstração de seu poderio, e ostentavam a intenção de constranger os demais, sendo natural que não houvesse nenhuma relação com finalidades estritamente econômicas. O curso da história da construção pesada foi fortemente influenciado pela Revolução Industrial, que a considerou a partir de uma finalidade eminentemente econômica, e não estatal, destacando-se a posição da Inglaterra dos séculos XVIII e XIX, onde as obras públicas foram implementadas precipuamente por forças privadas, de forma que empresários, industriais e proprietários rurais construíram canais e estradas, deslocaram leitos de rios e usaram a força hidráulica para seus negócios.[128]

Diante do fomento de inovações protagonizado pelo desenvolvimento do setor secundário, relacionado à atividade econômica industrial, houve o desenvolvimento da construção pesada nos ramos naval, ferroviário, hidroviário, hidrelétrico, entre outros, o que demonstrava que os esforços privados acabavam por desenvolver adequadamente a si próprios, e somente de forma incidental e secundária ao Estado. Portanto, não havia uma correspondência direta com a contribuição para fins

---

[127] CAMPOS, Pedro Henrique Pedreira. *"Estranhas catedrais"*: as empreiteiras brasileiras e a ditadura civil-militar, 1964-1988. 4. reimp. (2019). Niterói: Eduff, 2014, p. 39.
[128] *Idem.*

estatais ou interesses coletivos diversos, em razão do que as expectativas e os resultados estavam muito além das meras demonstrações de poderio estatal e deveriam observar a irrestrita lógica do lucro privado para realização e manutenção das atividades em nome do Estado.

No Brasil, essa orientação para execução das obras de infraestrutura preponderantemente pela iniciativa privada também chegou por aqui, diga-se, até com mais força, pois, a *terras brasilis* se ressentia de plenas capacidades de execução de obras de equipamentos públicos para prestação de serviços públicos básicos à totalidade da população aqui instalada, ofertando um mercado até então quase inexplorado. As obras públicas no Brasil estavam resumidas àquelas de natureza urbana, caracterizadas por ruas com vias estreitas, parcos serviços públicos e reproduziam as premissas do período colonial pela falta de projetos, a massiva utilização de mão de obra escrava e acumulação colonial da economia.[129]

A partir do marco histórico da abertura dos portos, liberaliza-se não só fluxos de comércio, mas também o desenvolvimento local de setores até então não atendidos de forma plena, com instalação de investimentos diretos aos estrangeiros, principalmente aos ingleses, quanto ao setor de minérios em Minas Gerais (1824),[130] seguidos dos belgas, nos projetos de colonização instalados no sul e sudeste (1844),[131] americanos, na indústria têxtil do Rio de Janeiro (1867), franceses,

---

[129] Exemplo vivo da estrutura de uma das primeiras infraestruturas urbanas da época e representante da arquitetura colonial é o Aqueduto da Carioca, também conhecido como os "Arcos da Lapa", que remete aos anos de 1725 a 1744, obra cujo objetivo era o transporte de águas da nascente do Rio Carioca até o Largo da Carioca, para abastecimento da cidade. A primeira montagem contava com canos de ferro, mas, devido à corrosão, foi substituída por pedra, cal e óleo de baleia, que formavam uma liga sólida e segura, como base da construção civil da época, que também levantava igrejas com essa mesma metodologia. *Op. cit.* "*Estranhas catedrais*": as empreiteiras brasileiras e a ditadura civil-militar, 1964-1988. 4. reimp.(2019). Niterói: Eduff, 2014, p. 42.

[130] A título de curiosidade, salienta-se que a Sociedade de Agricultura, Comércio, Mineração e Navegação do Rio Doce foi constituída com base em captação do mercado de Londres em 1824, seguida da constituição de St. John del Rey, em 1830, que deu origem ao município conhecido pela extração de ouro até hoje. Cf. BARBOSA, Denis Borges. *Direito de acesso do capital estrangeiro.* Direito do Desenvolvimento Industrial. Rio de Janeiro: Lumen Juris, 1996, v. I, p. 14.

[131] Segundo Denis Borges Barbosa, tratava-se da *Compagnie Belge-Brésilienne de Colonization*, que tinha negócios principais em Campos de Goytacazes/RJ e outros no sul do Brasil. Cf. *Op. cit. Direito de acesso do capital estrangeiro*: direito do desenvolvimento industrial. Rio de Janeiro: Lumen Juris, 1996, v. I, p. 14.

na atividade bancária (1872)[132] e alemães e suíços, nas atividades de seguros (1873-1877).[133]

Em 1850 começam os investimentos em serviços públicos, relacionados geralmente às construções de estradas de ferro, iluminação, gás e telefone.[134] Liderando essa orientação, destaca-se a hegemonia britânica,[135] que, segundo Paulo Roberto de Almeida, não foi exclusivamente o resultado de uma excepcional qualidade nos serviços oferecidos ou no volume dos fluxos concedidos, mas tem a ver, sobretudo, com a situação geoestratégica do equilíbrio europeu no alvorecer do século XIX, que converteu Londres no maior centro financeiro do mundo.[136]

Nesse período, a regulação brasileira dos investimentos estrangeiros acaba se concentrando no setor bancário e no mercado financeiro, especialmente a partir da edição da Lei das Sociedades Anônimas do ano de 1860, bem como na aplicação do regime de concessões de serviços públicos, cujo exemplo mais comum é o Decreto nº 101, de 31 de outubro e 1835, conhecido como Decreto Feijó, que estabeleceu o primeiro plano ferroviário do Brasil ligando troncos entre os estados do Rio de Janeiro, Bahia, Minas Gerais e Rio Grande do Sul, pelo período

---

[132] *Banque Brésilienne-Française* constituído pelo Decreto nº 3.062 de 28 de agosto de 1872. (BARBOSA, Denis Borges. *Direito de acesso do capital estrangeiro:* direito do desenvolvimento industrial. Rio de Janeiro: Lumen Juris, 1996, v. I, p. 14.)

[133] A iniciativa alemã foi formalizada pela constituição da Cia Transatlântica de Seguros Marítimos e Terrestres, em Berlim justificada pelo Decreto nº 8.283 de 19/05/1873, autorizada a operar no Brasil. Disponível em: https://www.lexml.gov.br/urn/urn:lex:br:federal:decreto:1873-05-19;5283. Já a iniciativa suíça, foi formalizada pela Companhia de Seguros Lloud Suisse de Zurich. Cf. *Op. cit. Direito de acesso do capital estrangeiro:* direito do desenvolvimento industrial. Rio de Janeiro: Lumen Juris, 1996, v. I, p. 14.

[134] *Ibidem*, p. 15.

[135] Gilberto Freire contribuiu com a percepção histórica acerca do relacionamento do Brasil com os ingleses, que foi bastante controvertido. Portugal, desde o século XVII, por meio de tratados, a exemplo do Tratado de 1661, permitiu a instalação de quatro famílias britânicas em cada cidade brasileira de importância comercial, em Estados como: Bahia, Pernambuco e Rio de Janeiro. Porém, segundo Freire, a intenção de Portugal era fazer do Brasil uma China, fechada aos estrangeiros, por ciúme do ouro e das pedras preciosas de Minas Gerais. "A verdade, porém, é que depois de um período de quase escandalosos privilégios, de ordem econômica e até política, os britânicos passaram abrir crédito fácil a seus clientes brasileiros e a aventurar capitais no nosso país de uma forma que os franceses, por muito tempo seus principais competidores, não se extremaram nunca. Aos ingleses só os alemães viriam a superar nesse excesso de confiança dos clientes sul-americanos, mas já no século XX" (FREIRE, Gilberto. *Os ingleses no Brasil:* aspectos da influência britânica sobre a vida paisagem e cultura do Brasil. Rio de Janeiro: José Olympio, 1987, p. 46)

[136] ALMEIDA, Paulo Roberto de. *Os investimentos estrangeiros e a legislação comercial brasileira no século XIX:* retrospecto histórico. Justiça & História (Volume 3, Número 5).

de 40 anos (depois alterado para 90) e com privilégio exclusivo a quem quisesse construir e explorar as linhas.[137]

Ainda sobre o setor ferroviário, salienta-se que ele foi um dos mais significativamente controlados, à exceção da desregulamentação da maior parte dos setores econômicos. A justificativa não é exatamente jurídica ou política, mas econômica, já que a propagação da cultura do café exigia escoamento compatível, e o governo contava com interesses de capitais privados, nacionais ou estrangeiros, para construí-las e explorá-las. Porém, mesmo com a normatização existente para fins de estimular o direcionamento de capitais privados, houve indicação de inviabilidade financeira, e apenas quando o Estado decidiu oferecer garantias de juros mínimos é que se concretizaram de fato as primeiras obras.[138]

Como resposta à regulação estatal na forma de concessão de serviços públicos e o incentivo financeiro estatal, massivos capitais estrangeiros, em especial ingleses e franceses, foram os responsáveis pelas primeiras ferrovias brasileiras durante metade do século XIX e início do século XX, citando-se, dentre outros, o primeiro empreendimento de ligação entre a então Baía de Guanabara até a serra de Petrópolis, a estrada de ferro Dom Pedro II, que ligava a Corte do Rio às províncias do Vale do Paraíba, com função de transporte de produtos, em especial o café. Quanto ao setor elétrico, em 1899, foi constituída em Toronto a São Paulo Railway Light and Power, a popular Light, com capitais canadenses, norte-americanos e ingleses.[139]

A Light foi a expressão da participação estrangeira no setor elétrico desde o século XIX até os dias atuais.[140] Investiu inicialmente

---

[137] CAMPOS, Pedro Henrique Pedreira. *"Estranhas catedrais"*: as empreiteiras brasileiras e a ditadura civil-militar, 1964-1988. Niterói: Eduff, 2014, p. 42.

[138] AGUILLAR, Fernando Herren. *Direito Econômico*: do direito nacional ao direito supranacional. 6. ed. São Paulo: Atlas, 2019, p. 111

[139] *Op. cit.*

[140] Com sede na cidade do Rio de Janeiro, o Grupo Light é constituído pela holding, Light S.A., por suas controladas diretas – Light Serviços de Eletricidade S.A. (distribuição de energia), Light Energia S.A. (geração de energia), LightCom Comercializadora de Energia S.A. (comercialização de energia), Light Conecta Ltda. (geração de energia e serviços), Light Soluções em Eletricidade Ltda. (serviços) e Instituto Light (institucional) – e por controladas em conjunto: Lightger S.A. (responsável pelo empreendimento PCH Paracambi), Amazônia Energia Participações S.A. (para participação no projeto da UHE Belo Monte), Axxiom Soluções Tecnológicas S.A. (serviços de TI) e Energia Olímpica S.A. (constituída para a implantação da subestação Vila Olímpica e de duas linhas subterrâneas de 138 k). Em julho de 2019 foi concluído o processo de oferta pública de distribuição primária e secundária de ações da Light. A Cemig reduziu sua participação de 49,9% para 22,6% e a BNDESPAR de 9,4% para 6,3%. Assim, a Light passou a ser uma empresa com capital pulverizado nas mãos de diversos acionistas nacionais e internacionais. Disponível em: http://ri.light.com.br/governanca/acordos-estatutos-e-politicas/. Acesso em: 27 de jul. 2021.

em hidrelétricas em São Paulo, seguidas de vários locais do interior do Sudeste, para depois atuar também no Rio de Janeiro, controlando não só serviços de fornecimento de energia elétrica, gás, telefone e carris urbanos, mas também realizando pesquisas e estudos sobre vários potenciais de energia da paisagem brasileira. Para concorrer com a Light, o nacional grupo Guinle formou em 1909 a Cia Brasileira de Energia Elétrica (CBEE), que foi adquirida em 1920 pela American Foreign & Power, dividindo com a Light – em duopólio, portanto – a geração, transmissão e distribuição da maior parte da energia elétrica do país.[141]

Observa-se, nessa fase, que vai do Império à Primeira República, que o Estado não executava diretamente as obras públicas, contando com as empresas privadas, sobretudo as estrangeiras, para absorver as necessidades de atendimento de demandas relacionadas à infraestrutura, antes mesmo do desenvolvimento da indústria nacional de empreiteiras brasileiras, que absorveriam apenas muito posteriormente essa demanda. Até então, as empresas de engenharia pesada eram, em sua maioria, estrangeiras.

2.2.2 Capitalismo de Estado à brasileira e novas perspectivas do Estado Regulador

No entanto, ao fim do século XIX e início do século XX, sucedeu-se uma reorientação do modelo econômico, que tem nas criações de empresas estatais seu centro de sustentação. A empresa estatal surge mais fortemente nas décadas de 1930 a 1970,[142] na intenção de colmatar espaços vazios deixados pelo próprio setor privado na economia brasileira, de forma a exercer a atividade econômica, em sentido estrito, para suprir

---

[141] CAMPOS, Pedro Henrique Pedreira. *"Estranhas catedrais"*: as empreiteiras brasileiras e a ditadura civil-militar, 1964-1988. 4. reimp. (2019). Niterói: Eduff, 2014, p. 46.

[142] Destaca-se a política econômica fixada pelo governo Vargas e a valorização da Companhia Siderúrgica Nacional – CSN, criada em 1941 sob a forma de Sociedade de Economia Mista com participação majoritária do Tesouro Nacional, bem como da Companhia Vale do Rio Doce – CVRD, que nasceu vocacionada à exportação e tinha contado com massivos capitais estrangeiros para sua constituição. Também se destaca o nascimento da Petrobrás com apelo nacionalista, na década de 50. A substituição de importações e a necessidade de função exploratória do Estado na economia eram as principais tônicas da maioria das criações das figuras estatais.

a carência empresarial em determinados setores, assim também com a construção civil.[143] Textualmente, a Constituição de 1937 determina que a intervenção do Estado no domínio econômico só se legitimaria para o suprimento das "deficiências da iniciativa individual", bem como visando "coordenar os fatores da produção, de maneira a evitar ou resolver os seus conflitos", e, também, "introduzir no jogo das competições individuais o pensamento dos interesses nacionais, que seriam representados pelo Estado".

Porém, o que se percebe é que o setor público não atuava como mero coadjuvante da economia por intermédio das estatais e nem sempre se limitava aos setores estratégicos, atuando em concorrência ou por substituição do particular, em clara posição empresarial, apropriando-se de um espaço que não lhe era próprio, já que a constituição vigente à época, assim como a atual, coloca o Estado em posição subsidiária quando se trata de exploração direta da economia.[144]

Nessa fase, a criação de empresas estatais ocorria para preencher atividades econômicas inexistentes ou inexploradas, diante do capitalismo recente e da indisposição do mercado para assumir determinados setores da economia. O movimento difere, por exemplo, da Europa, onde o fluxo de nacionalização pelas empresas estatais ocorreu depois do capitalismo consolidado. Assim, no Brasil, a assunção de atividades privadas pelo Estado apresentava-se como principal exercício do papel econômico, em clara posição protagonista e muitas vezes como monopolista ou líder de mercado. Uma das explicações para isso é que

---

[143] "Art. 135 – Na iniciativa individual, no poder de criação, de organização e de invenção do indivíduo, exercido nos limites do bem público, funda-se a riqueza e a prosperidade nacional. A intervenção do Estado no domínio econômico só se legitima para suprir as deficiências da iniciativa individual e coordenar os fatores da produção, de maneira a evitar ou resolver os seus conflitos e introduzir no jogo das competições individuais o pensamento dos interesses da Nação, representados pelo Estado. A intervenção no domínio econômico poderá ser mediata e imediata, revestindo a forma do controle, do estímulo ou da gestão direta."

[144] As Constituições de 1934 e 1937 eram enfáticas em tratar do assunto:
CRFB 1934 – "Art. 116 – Por motivo de interesse público e autorizada em lei especial, a União poderá monopolizar determinada indústria ou atividade econômica, asseguradas as indenizações, devidas, conforme o art. 112, nº 17, e ressalvados os serviços municipalizados ou de competência dos Poderes locais".
CRFB – "Art. 135 – Na iniciativa individual, no poder de criação, de organização e de invenção do indivíduo, exercido nos limites do bem público, funda-se a riqueza e a prosperidade nacional. A intervenção do Estado no domínio econômico só se legitima para suprir as deficiências da iniciativa individual e coordenar os fatores da produção, de maneira a evitar ou resolver os seus conflitos e introduzir no jogo das competições individuais o pensamento dos interesses da Nação, representados pelo Estado. A intervenção no domínio econômico poderá ser mediata e imediata, revestindo a forma do controle, do estímulo ou da gestão direta".

o verdadeiro marco do capitalismo brasileiro, que, como dito acima, é de natureza tardia, se deu somente com investimentos públicos e inaugurais[145] nos setores siderúrgico, petrolífero, elétrico e bancário.

Os investimentos estatais, portanto, ocorreram não só em razão de sua importância estratégica, mas também diante de retornos incertos e baixa rentabilidade do setor, fatos esses que intimidavam muitos particulares a assumirem riscos nessas searas.[146]

Até hoje, percebe-se que a presença das estatais na economia em todo o mundo é relevante, não só diante do papel estratégico que desempenham, mas também tendo por base a referência de valores de ativos totais, o que confirma uma tendência de se valorizar, ao lado das empresas privadas e estatais, na confirmação de que o Estado-empresário pode ser também bem-sucedido.

Das dez maiores empresas do mundo, 60% são empresas estatais, pertencentes à China, Estados Unidos e Japão, e atuam, precipuamente, no mercado financeiro (bancos e seguros) ou em setores estratégicos, como transportes e postal. Algumas delas, a exemplo do China Construction Bank, superam ativos detidos por gigantes da tecnologia da comunicação (como Apple ou Facebook), da indústria farmacêutica (Bayer) e entretenimento (Walt Disney).[147]

No Brasil, seja atuando em regime de monopólio ou concorrência, a presença estatal é bastante significativa, não só em termos quantitativos, mas também quanto à diversificação de atividades exploradas. Para exemplificar, somente as estatais federais – dimensionadas em quase duas centenas[148] – exploram variados objetos sociais, em segmentos como os de energia elétrica, tecnologia digital, abastecimento, transporte público, petróleo e petroquímica, serviços hospitalares, infraestrutura

---

[145] RODRIGUES, Nuno Cunha. *Golden Share:* as empresas participadas e os privilégios do Estado. Coimbra: Coimbra Editora, 2004, p. 14.

[146] PINTO JÚNIOR, Mário Engler. *Empresa Estatal:* função econômica e dilemas societários. São Paulo: Atlas, 2010, p. 10-25.

[147] FORBES. *Forbes's 18th annual ranking of the world's 2.000 Largest Public Companies*. Disponível em: https://www.forbes.com/global2000/#47a57409335d. Acesso em: 03 jun. 2020.

[148] A partir da base de dados do Sistema de Informações das Estatais (SIEST), atualmente, o total de 197 empresas estatais federais ativas estão sob coordenação e governança do SEST. Destas 197, a União detém controle indireto de 151 (incluindo as 69 subsidiárias do Grupo Eletrobrás; 49 da Petrobrás; 26 do Banco do Brasil; 5 da Caixa Econômica Federal e 2 do BNDES) e apenas 46 são diretamente controladas, sendo 19 dependentes do Tesouro Nacional e 27 não dependentes. Importante referência acerca do tema é o Boletim das Empresas Estatais Federais divulgado trimestralmente. Disponível em:14a-edicao-boletim-das-empresas-estatais-federais-1.pdf (www.gov.br).

aeroportuária, gás, processamento de dados, hospitais, serviços postais, telecomunicações etc.

No plano da infraestrutura, desde os anos 1930, o modelo de desenvolvimento da nacional passou então a contar com as estatais como principais protagonistas e há um claro processo de estatização das obras de construção pesada. Há uma valorização do sentimento nacionalista, acentuado pelo Estado Novo, de inspiração fascista. Destacam-se: a criação do Instituto de Resseguros do Brasil (1939), Companhia Siderúrgica Nacional (1941), Companhia Vale do Rio Doce (1942), Companhia Nacional de Álcalis (1943), Companhia Hidrelétrica do São Francisco – CHESF (1945) e Fábrica Nacional de Motores (1946).[149]

A Constituição de 1937 previa a nacionalização progressiva das minas, jazidas minerais e quedas d'água ou outras fontes de energia, assim como das indústrias consideradas básicas ou essenciais à defesa econômica ou militar; restringe ao funcionamento, no Brasil, os bancos de depósito e as empresas de seguros, quando brasileiros os seus acionistas e determina que as empresas concessionárias de serviços públicos federais, estaduais ou municipais deverão constituir-se com maioria de brasileiros na sua administração, ou delegar a brasileiros todos os poderes de gerência.[150]

---

[149] TÁCITO, Caio. O retorno do pêndulo: o serviço público e empresa privada. O exemplo brasileiro. *Revista de Direito Administrativo*. 202/1, 1995, p. 3. Disponível em: http://bibliotecadigital.fgv.br/ojs/index.php/rda/article/view/46612/46347. Acesso em: 11 de jul. 2021

[150] BRASIL. *Constituição dos Estados Unidos do Brasil de 10 de novembro de 1937*. Art. 144. Leis Constitucionais. Disponível em: http://www.planalto.gov.br/ccivil_03/Constituicao/Constituicao37.htm. Acesso em: 11 de jul. 2021. "A lei regulará a nacionalização progressiva das minas, jazidas minerais e quedas d'água ou outras fontes de energia assim como das indústrias consideradas básicas ou essenciais à defesa econômica ou militar da Nação. Art. 145 – Só poderão funcionar no Brasil os bancos de depósito e as empresas de seguros, quando brasileiros os seus acionistas. Aos bancos de depósito e empresas de seguros atualmente autorizados a operar no País, a lei dará um prazo razoável para que se transformem de acordo com as exigências deste artigo. Art. 146 – As empresas concessionárias de serviços públicos federais, estaduais ou municipais deverão constituir com maioria de brasileiros na sua administração, ou delegar a brasileiros todos os poderes de gerência. Art. 147 – A lei federal regulará a fiscalização e revisão das tarifas dos serviços públicos explorados por concessão para que, no interesse coletivo, delas retire o capital, uma retribuição justa ou adequada e sejam atendidas convenientemente as exigências de expansão e melhoramento dos serviços. A lei se aplicará às concessões feitas no regime anterior de tarifas contratualmente estipuladas para todo o tempo de duração do contrato. Art. 148 – Todo brasileiro que, não sendo proprietário rural ou urbano, ocupar por dez anos contínuos, sem oposição nem reconhecimento de domínio alheio, um trecho de terra até dez hectares, tornando-o produtivo com o seu trabalho e tendo nele a sua morada, adquirirá o domínio, mediante sentença declaratória devidamente transcrita. Art. 149 – Os proprietários armadores e comandantes de navios nacionais, bem com os tripulantes, na proporção de dois terços devem ser brasileiros natos, reservando-se também a estes a praticarem das barras, portos, rios e lagos. Art. 150 – Só poderão exercer profissões liberais

A tradição intervencionista do Estado na economia, no entanto, não se dava apenas pela exploração direta e regulação, mas também pelas figuras de fomento/incentivo e descentralização administrativa, no âmbito da criação de autarquias, empresas públicas e outras entidades que executavam indiretamente as atividades públicas. A elaboração de planos de desenvolvimento para o Brasil a partir das décadas de 1950 contou não só com estatais, mas com estatais que incentivavam atividades privadas, a exemplo de bancos de crédito e fomento.

A implementação do Plano de Metas,[151] por exemplo, resultou na consequente expansão da indústria nacional de construção civil, por intermédio de empreiteiras que vinham se solidificando, a exemplo da Camargo Corrêa, Odebrecht, Mendes Júnior, Andrade Gutierrez, OAS, e que foram durante muitos anos parceiras privadas na execução de obras públicas, por serem beneficiárias de descentralização administrativa e receberem incentivos de várias ordens para tal.

Também ingressam nesse cenário de infraestrutura a criação do Banco Nacional de Desenvolvimento Econômico (BNDE, inicial e atualmente, BNDES), cuja importância é, até hoje, ímpar para o financiamento dos empreendimentos de numerosas empresas estatais, todas criadas, curiosamente, após o regime militar ao longo das décadas de 1960 e 1970. São exemplos: a Eletrobras, Nucleobras, Siderbras, e outras "bras", as quais foram elencadas por Caio Tácito,[152] em número de 530, à época da publicação do clássico artigo.

---

os brasileiros natos e os naturalizados que tenham prestado serviço militar no Brasil, excetuados os casos de exercício legítimo na data da Constituição e os de reciprocidade internacional admitidos em lei. Somente aos brasileiros natos será permitida a revalidação, de diplomas profissionais expedidos por institutos estrangeiros de ensino";

[151] Sobre o Plano de Metas, confira-se FURTADO, Celso. *O Plano de Metas e o papel do BNDE*. Disponível em: http://www.centrocelsofurtado.org.br/arquivos/image/201109010957170.MD4_0_045.pdf. Acesso em: 24 jun. 2020. Destacamos o seguinte trecho, que menciona os objetivos e metas: "O setor de energia tinha cinco metas; o de transportes, sete; de alimentação, seis; de indústrias de base, onze metas; e de educação, apenas uma. Além destas, havia ainda a chamada meta-síntese, a construção de Brasília. A inclusão dessa nova meta, além das trinta iniciais, foi proposta pelo presidente Juscelino Kubitschek, que assumiu o compromisso de construir uma nova capital federal para o Brasil, localizada no Centro-Oeste, conforme texto constitucional. A meta relativa à educação foi incluída por sugestão de Clóvis Salgado; e a referente à agricultura, mais especificamente à alimentação, foi inserida em decorrência das dificuldades que o Brasil enfrentava com os Acordos do Trigo".

[152] TÁCITO, Caio. O retorno do pêndulo: o serviço público e empresa privada O exemplo brasileiro. *Revista de Direito Administrativo*, 202/1, 1995, p. 3. Disponível em: http://bibliotecadigital.fgv.br/ojs/index.php/rda/article/view/46612/46347. Acesso em: 11 de jul. 2021.

Soma-se a iniciativa do Plano Nacional de Saneamento, na década de 1970, que também incluiu ao rol as companhias estaduais de saneamento, em sua maioria empresas estatais, bem como a assunção, pelas estatais, de soluções empresariais aos típicos problemas sociais de falta de infraestrutura social (moradia popular, saneamento, água, esgoto e transporte público), destacando-se a contribuição dos bancos públicos federais na execução de políticas públicas de habitação, saneamento, iluminação pública etc.

A construção desse tipo de intervenção no Estado, a partir da década de 1930, não se encaixa perfeitamente no que se denomina "capitalismo de Estado", pois normalmente o termo está ligado à experiência chinesa que, apesar de manter nominalmente as estruturas do autoritarismo político do Partido Comunista, contempla a participação ampla do Estado na economia, com notável número de grandes empresas estatais como *players* importantes do mercado interno e externo, constituindo monopólio dos meios de produção em várias atividades.

Denomina-se, ao que ocorreu no Brasil, Capitalismo de Estado à brasileira, pois, em que pese considerar a valorização e presença das estatais no mercado, não dispensou a descentralização administrativa não só para tais entidades, mas também a execução indireta de atividades à iniciativa privada, com incentivos e subsídios de várias ordens (como a facilidade de crédito em bancos estatais e subsídios tributários).

Como o pêndulo está sempre em movimento, diante da multiplicação das empresas estatais econômicas, percebeu-se uma hipertrofia do aparato estatal, decorrente de demandas demasiadas, que o tornavam incapaz de resolver por si só as múltiplas tarefas que ele se propunha, e foram executados planos para redefinir o perfil do Estado, o que culmina com a adoção crescente da forma de regulação administrativa ao invés da intervenção direta na economia.[153]

---

[153] OLIVEIRA, Rafael Carvalho Rezende. *Novo perfil da regulação estatal:* administração de resultados e Análise de Impacto Regulatório. Rio de Janeiro: Forense, 2015, p. 27.

O que se denomina Estado Regulador (que se opõe ao Estado Social e lhe sucede) parte do pressuposto de que deveriam ser desestatizadas várias atividades, então desenvolvidas pelo Estado. Marcos Juruena Villela Souto conceitua a desestatização como "a retirada da presença do Estado de atividades reservadas constitucionalmente à iniciativa privada (princípio da livre iniciativa) ou de setores em que os particulares possam atuar com maior eficiência (princípio da economicidade)".[154]

Pelo menos duas perspectivas devem ser consideradas. A primeira é que o Estado transfere parte de sua administração à iniciativa privada e a segunda é que ele se afasta da atividade econômica então praticada. Nesse ponto, em conformidade com o que se denomina princípio da subsidiariedade, parte-se do princípio de que o Estado devolve à iniciativa privada atividades por ele então desenvolvidas de forma imprópria, já que o terreno econômico pertenceria, precipuamente, aos particulares.

Paulo Otero, ao analisar as consequências da implantação do Estado Regulador no Direito Português (e sem prejuízo da incidência de outros aspectos em outras ordens jurídicas), identificou alguns principais conceitos que caracterizam o que ele denomina de privatização, na adoção de uma acepção bastante ampla que, para ele, não implica somente a transferência de ativos de entidades públicas, mas termo polissêmico: i) privatização da regulação administrativa da sociedade; ii) privatização do direito regulador da Administração; iii) privatização das formas organizativas da Administração; iv) privatização da gestão ou exploração de tarefas administrativas; v) privatização do acesso a uma atividade econômica e vi) privatização do capital social de entidades empresariais públicas.[155] O resumo das conclusões do autor segue abaixo:

---

[154] SOUTO, Marcos Juruena Villela. *Desestatização*: privatização, concessões e terceirizações. Rio de Janeiro: Lumen Juris, 2001. 501, p. 30.

[155] OTERO, Paulo. Coordenadas jurídicas da privatização da Administração Pública. In: Os caminhos da Privatização na Administração Pública. IV Colóquio Luso-Espanhol de Direito Administrativo. *Boletim da Faculdade de Direito*. Coimbra: Universidade de Coimbra, 2001, p. 37 – 43.

QUADRO 3
Critérios e formas de privatização (sentido lato)

Privatização da regulação administrativa	Conceito: redução ou supressão da intervenção reguladora, transferindo ou devolvendo atividades para a sociedade civil ou certos sujeitos privados. Exemplos: desestatização, desregulação ou substituição da regulação estatal por autorregulação.
Privatização do direito regulador da Administração	Conceito: substituição de formas jurídico-públicas de atuação administrativa por formas jurídico-privadas, tal como sucede com a utilização, pela Administração Pública, de contratos de direito privado. Exemplos: substituição de vínculos laborais intra-administrativos, substituindo-se as formas típicas da relação jurídica de emprego público por vinculações privatísticas.
Privatização das formas organizativas da Administração	Conceito: transformação de entidades públicas empresariais em pessoas coletivas de direito privado com transferência da maioria do capital votante. Exemplos: transformação de empresas estatais em sociedades anônimas.
Privatização da gestão ou exploração de tarefas administrativas	Gestão de tarefas de prestação de serviço público, de polícia ou fomento. Exemplos: contratos de permissão ou concessão.
Privatização do acesso a uma atividade econômica	Conceito: abertura à iniciativa econômica privada de um ou mais setores básicos vedados à exploração ou explorados por entidades integrantes do setor público em regime de monopólio. Exemplos: redução do número de setores vedados à iniciativa econômica privada por lei, que passa a fazer concorrência às estatais; substituição por completo do exercício de atividades ao Poder Público.
Privatização do capital social de entidades empresariais públicas	Conceito: abertura a entidades privadas do capital social de sociedades estatais cuja titularidade pertence na totalidade ou em parte ao Poder Público. Exemplos: aquisição de capital aberto à privatização.

Fonte: Elaboração da autora, com base nos dados da NR nº 151.

Neste tópico, investigou-se a contribuição dos investimentos estrangeiros na infraestrutura brasileira ao longo da historiografia jurídica brasileira. Como verificado, não se trata de fenômeno recente, sendo responsável por significativa parcela da infraestrutura brasileira dos séculos XVIII a XIX. No entanto, sua relevância diminuiu paulatinamente pela tradição intervencionista do Estado na economia brasileira, mais pujante no século XX, não só pela atuação que fomentou o desenvolvimento de setores nacionais, mas também pela prestação direta de atividades econômicas, por meio da criação de numerosas empresas públicas, em um movimento semelhante ao "Capitalismo de Estado".

Esse quadro altera-se – como consequência intrínseca ao pêndulo econômico – a partir da influência neoliberal no ordenamento jurídico, em especial, após as alterações constitucionais implementadas na década de 1990, que acabam por imprimir características de um Estado Regulador ao modelo então existente, constituindo um *blend* de alguns modelos, que se compõe não só das modificações no texto constitucional, mas ações, políticas e leis específicas que se sucederam ao movimento neoliberal.

As alterações da ordem econômica constitucional e as ações que dela decorreram serão objeto do capítulo seguinte, que também analisará as emendas constitucionais que estabeleceram a abertura dos mercados e a participação estrangeira em atividades econômicas e públicas. Cumpre-nos verificar, no âmbito desse estudo, se há eventuais inconstitucionalidades no que diz respeito à edição das emendas constitucionais que alteraram a configuração do acesso ao investimento estrangeiro, especialmente no tocante à liberação setorial.

PARTE II

A PERSPECTIVA DOMÉSTICA DA REGULAÇÃO DOS INVESTIMENTOS ESTRANGEIROS: A FIXAÇÃO DO REGIME JURÍDICO NACIONAL

Na Parte I foram expostos os pressupostos da temática dos investimentos e extraídos dos desafios de seu tratamento por intermédio de contribuições semânticas e históricas, o que permitiu confirmar que a variabilidade do conceito implica perceber o fenômeno não de maneira estanque, mas sim remontando a ideia de noção, que acompanha sua perspectiva dinâmica. Também foram confrontadas as diferenças entre investimentos públicos e privados na formação de atividades públicas e fixadas intercessões entre eles, justificar arranjos aptos a atender as necessidades diante da escassez de recursos públicos para fazer jus à abrangência da atuação do Estado, cada vez mais ampla.

Nesta Parte II, pretende-se fixar o regime jurídico dos investimentos estrangeiros no ordenamento jurídico nacional. Para tal, o Capítulo 3 apresenta a discussão sob a ótica da Ordem Econômica Constitucional, diante da intervenção e atuação do Estado na economia, concluindo-se pela compatibilidade constitucional das emendas que ampliaram o acesso ao capital estrangeiro. O Capítulo 4 identifica novas naturezas jurídicas do investimento estrangeiro, considerando as premissas de evolução econômica do tema e especificidades das atividades públicas, indicando as lacunas legislativas na abordagem atual da legislação. O Capítulo 5 aborda as restrições constitucionais ao investimento e as complementa com os aspectos setoriais da regulação infraconstitucional.

CAPÍTULO 3

ORDEM CONSTITUCIONAL E INVESTIMENTOS ESTRANGEIROS

A Constituição da República Federativa do Brasil de 1988 tratou do conjunto de atividades para ordenação e desenvolvimento da sociedade e estabeleceu uma separação fundamental, na qual algumas consistem em atividades públicas estatais e outras em atividades privadas. O conjunto dos dois setores, o privado e o público, formam a vida social, e a ordem constitucional os delimita, segundo Carlos Ari Sundfeld.[156]

Segundo o mesmo autor, o primeiro conjunto se identifica pelas atividades que a Constituição assegurou aos particulares enquanto forma de exercício de suas próprias liberdades ou direitos (incidentes sobre pessoas físicas ou jurídicas, quando aplicável), a exemplo da manifestação de pensamento e opinião; liberdade de crença; trabalho; locomoção; reunião; propriedade e, sobretudo, exploração da atividade econômica.[157]

Já o segundo é residual, pois o Estado só desenvolve as atividades que a ordem jurídica lhe atribui e que podem ser caracterizadas em dois grupos: atividades-fim e atividades instrumentais.[158] As atividades-fim, para André Luiz Freire,[159] estariam vinculadas à produção normativa (na intenção de inovar a ordem jurídica, pela edição de atos introdutores de norma); resolução de conflitos em pessoas físicas ou jurídicas, promoção

---

[156] SUNDFELD, Carlos Ari. *Fundamentos de Direito Público*. 5. ed. São Paulo: Malheiros, 2000, p. 77.
[157] *Ibidem*, p. 81.
[158] *Idem*
[159] FREIRE, André Luiz. *O regime de direito público na prestação de serviços públicos por pessoas privadas*. 2013. Tese (Doutorado em Direito do Estado). Pontifícia Universidade Católica de São Paulo, São Paulo, 2013, p. 28.

da segurança, emissão da moeda, limitação da autonomia e liberdade individual, e, principalmente, a relação com Estados estrangeiros.

Segundo Bobbio,[160] as atividades-fim estariam inseridas nessa categoria porque justificam a própria existência do Estado e representam funções mínimas indispensáveis ao exercício estatal, já que sem elas o "Estado não será mais Estado". Para ele, as demais funções que o Estado se tem atribuído, desde providenciar o ensino até realizar a função assistencial, caracterizariam não o Estado, mas tipos de Estado, influenciados pela ideologia política dominante que, por sua vez, vai formatar o modelo jurídico.

Nesse sentido, as demais atividades que não se classifiquem como atividades-fim são atividades meramente instrumentais e, segundo Sundfeld, servem ao aparelhamento para a realização de atividades-fim do Estado, citando como exemplo a gestão de bens e agentes públicos, a obtenção de recursos mediante tributação e celebração de fornecimento de bens e prestação de serviços.[161]

Diante da classificação, a difícil tarefa é delimitar o rol das atividades instrumentais, que será maior ou menor e categorizada em naturezas e interesses agrupados, a depender dos modelos ideológicos e políticos adotados pelo Estado em relação à economia. Saber identificar os critérios constitucionais para realizar a separação entre a atividade do particular, identificar a intervenção do Estado nela (confirmando o teor de eventuais restrições) e a atuação direta do Estado (geralmente por participação) na economia é o desafio do jurista ao interpretar o modelo da Constituição adotada. Nessa senda, caberia à Constituição traduzir o resultado da busca do Estado pelo "equilíbrio entre a liberdade individual e o interesse público", conforme denominado por Themístocles Cavalcanti.[162]

Tais parâmetros de análise, que servem às reflexões sobre os espaços legítimos a serem ocupados pela iniciativa privada e pelo Estado, bem como os limites das intervenções e participações estatais, estendem-se, também, aos lindes de atuação do empresariado nacional e estrangeiro, com a diferença de que as restrições impostas ao empresário estrangeiro são mais profundas e por isso recebem maior carga intervencionista do Estado, em observância ao princípio da soberania

---

[160] BOBBIO, Norberto. *As ideologias e o poder em crise*. Tradução de João Ferreira, Brasília: Ed. UnB, 19, p. 178.
[161] SUNDFELD, Carlos Ari. *Fundamentos de Direito Público*. 5. ed. São Paulo: Malheiros, 2000, p. 80.
[162] CAVALCANTI, Themístocles. *Teoria do Estado*. Rio de Janeiro: Borsoi, 1958, p. 222.

nacional, critério definidor do constituinte para fixar os limites entre aspectos do que é proibido, permitido com ou sem restrições. Por meio dele, preservam-se recursos naturais, monopolizam-se atividades estratégicas na consagração da exploração direta nos casos de incidir imperativos de segurança nacional ou relevante interesse coletivo a justificar atuação das estatais.

O conteúdo da soberania econômica nacional, considerada, por Eros Grau, como "instrumento para a realização do fim de assegurar a todos a existência digna e como objetivo particular a ser alcançado é definir políticas voltadas à viabilização da participação da sociedade nacional no mercado internacional",[163] é compreendido pelo modelo constitucional, que trata as relações entre economia e direito, de forma particular. Constitucionalmente, o tema está geograficamente localizado na Ordem Econômica Constitucional, que reúne valores que se sobrepõe de forma interdependente, o que será objeto das reflexões adiante.

3.1 Relações entre economia e direito na Ordem Econômica Constitucional: a intervenção e atuação do Estado na economia como parte das diretrizes de política econômica

As discussões sobre a constitucionalização da ordem econômica acabam por evocar, de forma inevitável, as relações e comparações entre campos que podem parecer desassociados, como a economia e o direito.[164] É certo que o sistema econômico e o sistema jurídico apresentam racionalidades distintas e, muitas vezes, díspares entre si, bem como são suas respectivas ciências,[165] em que pese ambas

---

[163] GRAU, Eros. *A Ordem Econômica na Constituição de 1988*. 7. ed. Malheiros: São Paulo, 2002, p. 33.

[164] A economia, tomada tanto como disciplina social quanto ciência autônoma, está envolta na ideologia que a representa, o que inevitavelmente contamina os debates intelectuais de pré-compreensões. Da mesma forma, o direito. Assim, em que pese ser uma ciência de objeto necessariamente ôntico, que é observado a partir dos fatos sociais, sua intepretação também depende da lente do observador, com suas experiências e visões, incluindo suas escolhas ideológicas e que leva inevitavelmente à relativização de suas verdades (COOTER, Robert; ULEN, Thomas. *Direito e Economia*. 5. ed. Porto Alegre: Bookman, 2010, p. 89-126).

[165] Segundo André Nunes, "geralmente são três as principais derivações da leitura econômica, a partir das suas escolas: i) a economia política clássica, que se tornou neoclássica com o marginalismo do século XIX e que depois evoluiu para o *mainstream economics*, ou seja, a

terem como objeto a identificação, compreensão e determinação do comportamento humano. A ciência econômica, em especial, parte de premissas como aquela que afirma que sujeitos econômicos são sempre racionais e que suas tomadas de decisão priorizam expectativas que otimizam posições.[166]

Enquanto a economia apresenta o objetivo de perscrutar o comportamento humano na tomada de decisões em um mundo de recursos escassos, o direito, embora também se relacione com comportamentos humanos, não tem essência ôntica, baseada no "mundo do ser". Ao contrário, prospectando-se para o 'dever-ser', apresenta a pretensão de correção, ou de justiça.[167]

---

corrente dominante na economia contemporânea; ii) o socialismo, especialmente na sua vertente marxista, que se materializou no mais poderoso desafio à economia de mercado no decorrer de quase quatro quintos do século XX, ao lado das variantes fascistas e de modelos verticais ou autárquicos de organização produtiva; iii) finalmente uma derivação da escola neoclássica, o keynesianismo teórico e aplicado, que teve seus momentos de sucesso e fracasso, ao longo da segunda metade do século XX, até ser combinado a alguns elementos mais puramente marginalistas para se apresentar hoje como uma 'síntese neokeynesiana'. Poderíamos apontar também a chamada 'escola austríaca de economia' que deriva, em grande medida, dos ensinamentos consolidados numa versão liberal da disciplina, herdada da tradição clássica, a de Smith" (NUNES, André. *Economia e Ideologia*. Curitiba: Editora CRV, 2012, p. 12).

[166] Atualmente, esse paradigma, vigente em muitas escolas econômicas, tem sido questionado. O vencedor do Prêmio Nobel de Economia, Richard H. Thaler, propôs outra visão. Segundo ele: "o modelo usado pelos economistas parte de uma criatura ficcional, chamada *Homo economicus*, que gosto [referência direta à fala do autor] de chamar abreviadamente de Econ. Em comparação com esse mundo imaginário de Econs, os humanos incidem em vários desvios, e isso significa que os modelos econômicos fazem uma porção de previsões ruins, que podem ter consequências muito mais sérias do que aborrecer um grupo de estudantes [ele fazia referência a experimentos que ele fez com seus alunos]. Quase nenhum economista previu a chegada da crise de 2007-2008. Pior, muitos acharam que tanto o colapso quanto suas consequências eram impossíveis de acontecer. Ironicamente, a existência de modelos formais baseados nessa concepção errônea do comportamento humano é o que confere à economia sua reputação como a mais poderosa das ciências sociais de duas maneiras distintas (...) a primeira é indiscutível: de todos os cientistas sociais, os economistas têm o predomínio da influência em políticas públicas. Na verdade, a economia tem um controle quase integral sobre assessoria para políticas públicas (...) a segunda maneira é a intelectual, pois a economia é considerada mais potente das ciências sociais nesse quesito. Esse poder deriva do fato de a economia ter uma teoria unificada, central, da qual provém quase todo o restante" (THALER, Richard. H. Misbehaving. *A construção da economia comportamental*. Tradução de George Schlesinger. Rio de Janeiro: Intrínseca, 2019, p. 18-19).

[167] ALEXY, Robert. *Conceito e Validade do Direito*. Organização Ernesto Garzón Valdés, Hartmut Kliemt, Lothar Kuhlen e Ruth Zimmerling. Tradução Gercélia Batista de Oliveira Mendes. Revisão da Tradução Karina Jannini. São Paulo: Martins Fontes, 2009, p. 43. "Ele afirma (referindo-se ao argumento da correção) que tanto as normas e decisões jurídicas individuais quanto os sistemas jurídicos como um todo formulam necessariamente a pretensão à correção, sistemas normativos que não formulam explícita ou implicitamente essa pretensão não são sistemas jurídicos, Nesse sentido, a pretensão à correção tem uma relevância classificadora. Do ponto de vista jurídico, sistemas que formulam essa

Os princípios da justiça, por sua vez, não são escolhidos em torno de critérios meramente econômicos, podendo, inclusive, desprezá-los. A despeito disso, entendeu-se que o estudo da economia poderia aportar valor ao direito, emprestando-lhe sua metodologia própria, visando alargar a compreensão do comportamento humano e orientar os melhores resultados na modulação de condutas. Visivelmente, seria possível conjugar estrutura de incentivos econômicos à obtenção de resultados úteis na aplicação do direito, seja na política da legislação, nas tomadas de decisão de processos decisórios, no âmbito público ou nas organizações, resulta positivo a utilização de ambas as fontes na canalização de esforços para melhor conduzir os comportamentos humanos.

No entanto, o que se percebe é que os conceitos de "necessidade", "interesse", "bens", "utilidade", "equilíbrio" oferecem conotações estreitas com juízos de valor jurídico que não se limitam à linha de maior vantagem economicamente considerada ou aos expedientes qualitativos ou quantitativos de sua medida e inevitavelmente serão julgados por apreciações que levam ao "certo" ou ao "justo",[168] podendo haver uma dicotomia inconciliável entre os interesses colocados em jogo que pode não permitir a interpenetração de sistemas tão díspares.

Portanto, a despeito da expansão da Análise Econômica do Direito (AED), também chamada de Law and Economics (L&E), decorrente da Escola de Chicago, nem sempre o viés jurídico irá considerar as pautas ou os aspectos econômicos de forma inexorável, como: o consenso ou o ajuste equitativo; o equilíbrio entre as partes, dada uma posição ideal de relações mútuas; a alocação de recursos de forma mais eficiente; a otimização das decisões (por exemplo, sob o parâmetro do Ótimo de Pareto); barganhas; teorias dos jogos; ou a observância de custos transacionais.

É que a deontologia do direito pressupõe um sistema lógico formal que confere unidade e hierarquização às normas, em relações de coordenação e subordinação; consideração dos princípios enquanto normas jurídicas dotadas de sentido e orientadoras de interpretação como vetores; atribuição de sentido de validade da norma constitucional

---

pretensão, mas não a satisfazem são defeituosos. Nesse aspecto, a pretensão à correção tem uma relevância qualificadora. Cabe a ela uma relevância exclusivamente qualificadora quando se trata de normas jurídicas e de decisões jurídicas individuais. São juridicamente defeituosas quando não formulam ou não satisfazem a pretensão à correção".

[168] SOUZA, Washington Peluso Albino de. *Primeiras Linhas de Direito Econômico*. 3. ed. São Paulo: RT, 1994, p. 119.

incidindo interesses diversos e valores previamente elevados de uma dada sociedade. É um típico instrumento de contenção das autoridades e dos poderosos a serviço de quem não detém poder econômico.

Assim, as motivações do direito nem sempre serão as mesmas da economia. A interpretação jurídica possibilita, por exemplo, a modificação da posição de um agente econômico que esteja numa posição original de superioridade, sem que isso represente a trilha por caminhos econômicos, mas sim seu avesso. Assim, em que pese a economia ser utilizada com frequência na estipulação de políticas públicas, não há como negar que o Direito subverte muitas vezes a lógica econômica e faz valer o campo normativo-jurídico, concedendo direitos, alocando recursos e melhorando a situação de algum agente que, na lógica do livre mercado, jamais seria beneficiado.

Por exemplo, a implementação da justiça social, ideal que a ordem jurídica econômica também orienta a realização, pelos privados, no exercício de atividades econômicas, pode não ser compatibilizada naturalmente para todos os agentes econômicos nos tempos contemporâneos,[169] e, então, acaba por passar pela inevitável mão da "intervenção do Estado na economia", através de suas instituições, para assegurar o mínimo socialmente adequado e o respeito à dignidade da pessoa humana, a partir da distribuição de bens (visão utilitarista ou pragmática da justiça[170]), que pode se chocar com a alocação distributiva de recursos de bens de forma natural, sob a lógica do livre mercado.

---

[169] Em que pese a não compatibilização de forma natural, essa tendência tem se modificado, A tentativa de empresas implementarem Políticas de Responsabilidade Social Empresarial (RSA) tem como fim não a realização da justiça social como fim em si mesma, mas, percebe-se que ela é indiretamente realizada pelo posicionamento concorrencial das empresas. Essa seria uma exceção à indução do valor "justiça social" pelo Estado, pois a iniciativa de abordagem tem ocupado espaço na agenda das empresas por motivos mercadológicos, movida principalmente pelas novas exigências do mercado consumidor, que apresenta olhar atento às empresas que inserem questões socioambientais em seus processos produtivos (redução de impactos ambientais na cadeia de geração de negócios) e direciona seus lucros para realização de políticas públicas, na dimensão ambiental e social, esta última envolvendo temas bastante amplos como diversidade, equidade, inclusão social, direitos humanos, engajamento de empregados de forma voluntária, proteção de dados, políticas e relações com comunidades.

[170] RAWLS, John. *Uma Teoria da Justiça*. São Paulo: Martins Fontes, 2002. Para RAWLS, numa sociedade justa, os direitos assegurados pela justiça não estão sujeitos às barganhas políticas ou cálculo de interesses sociais. Em que pese o utilitarismo tenha sido a visão moral dominante dos últimos dois séculos no cenário filosófico-jurídico norte-americano, ele desenvolve uma concepção alternativa de justiça que considera implícita na teoria os direitos naturais da tradição contratista. Para ele, "a sociedade está bem ordenada quando esteja planejada para promover o bem de seus membros a partir de uma concepção pública de justiça, na qual (i) todos aceitam, e sabem que outros aceitam, os mesmos princípios de justiça; (2) as instituições sociais básicas geralmente satisfazem, e geralmente se sabe

Com efeito, os princípios da justiça poderão ser escolhidos sob um véu de ignorância dos pressupostos da economia, e, em algumas circunstâncias, até serem contrários a eles. A normatividade jurídica que parte de premissas de orientação à distribuição de renda, por exemplo, jamais entraria racionalmente em um modelo de política econômica liberalista conservadora que contemplasse a maximização dos resultados de determinados agentes mais eficientes.

Da mesma forma que o direito e a economia não se confundem e se diferenciam nas finalidades, pretensões, pressupostos e características, é natural que também as ciências que estudem tais fenômenos sejam distintas e apresentem pressupostos epistemológicos distintos. Na ciência econômica, não há um compromisso com a justiça ou com a regularidade da conduta humana, não havendo, portanto, uma abordagem deôntica ou dogmática, como na ciência jurídica. O que se pretende é compreender a conduta econômica dos indivíduos, Estado e mercado, e, a partir das premissas de tais observações, compreender o comportamento humano.

Apesar de tal diferença marcante, ambas as disciplinas são caracterizadas como ciências humanas aplicadas que, portanto, se utilizam das observações para orientar ou reorientar a conduta humana. Distinguem-se ambas das ciências naturais ou exatas que se utilizam da percepção dos fatos naturais e as identificam com leis e relações de causalidade próprias da natureza. Ao contrário, o comportamento humano não é totalmente previsível nem tampouco racional.

As duas disciplinas consideram, ainda, inevitáveis relações com a Política Econômica, de modo que dão subsídios à conformação dela tanto com a economia, quanto com o direito. Também devem ser conduzidas por um exercício social e ético na produção de regras, seja para organização da produção e distribuição de bens, seja para as atividades humanas.

Nesse âmbito, estão as análises acerca dos processos de produção e distribuição de bens, que são levadas a efeito por economistas que orientam e formulam sugestões e orientações ao Governo, bem como as diretrizes jurídicas que limitam tais sugestões e orientações para conformá-las ao Direito.

---

que satisfazem, esses princípios. Neste caso, embora os homens possam fazer excessivas exigências mútuas, eles contudo reconhecem um ponto de vista comum a partir do qual suas reivindicações podem ser julgadas. Se a inclinação dos homens ao interesse próprio torna necessária a vigilância de uns sobre os outros, seu sentido público de justiça torna possível a sua associação segura".

Apenas para ilustrar como a economia contribui com modelos políticos e jurídicos, basta citar algumas situações decorrentes de fatos econômicos e da ciência econômica que cunharam formas de desenvolvimento diversas de Estado, a exemplo dos mercantilistas do século XVII que sugeriram uma política de exportações e controle (e até proibição) de importações, enquanto os liberais do século XVIII eram adeptos das concepções livre-cambistas, com gradações em face da escola adotada e seu representante (Smith, Ricardo, J. S. Mill), premissas que foram questionadas, posteriormente, no século XX, pelo keynesianismo, que atribuiu ao Estado variados graus de intervenções, tais como o aumento da despesa pública que, unido ao consumo e aos investimentos privados, dão equilíbrio aos balanços públicos.[171]

Quanto à contribuição jurídica, inexoravelmente, pela interpretação constitucional do artigo 174, está normatizada a relação da política econômica com a intervenção do Estado na economia, seja ele como agente normativo ou regulador, nas funções de fiscalização, incentivo e planejamento. À vista disso, embora possa ser denominada de "política", não está indene de ser conformada e enquadrada por normas jurídicas que envolvem questões que podem ser observadas pelo direito sob o ponto de vista valorativo, da moral e da ética, para além dos meros aspectos econômicos e financeiros que repercutem normalmente nos lindes da política.[172]

Destaca-se que a expressão "intervenção do Estado na economia" pressupõe um "preconceito liberal", segundo assevera Washington Peluso Albino de Souza,[173] já que se supõe, pelo seu uso, uma espécie de Estado absenteísta, que não poderia interferir na atividade econômica, campo próprio dos particulares. Fernando Facury Scaff considera que a fraseologia não tem como subsistir, pois concebe a separação entre o econômico e o político, sendo temerária sua utilização: "(...) induz a crer que Estado e economia são coisas distintas, e que ao agir no domínio econômico, o Estado o faz em lugar que não lhe é próprio".[174]

---

[171] Sobre Política Econômica e suas concepções na história, confira-se o verbete Política Econômica. LOMBARDINI, Siro. Política Econômica. *In:* BOBBIO, Norberto; MATTEUCCI, Nicola; PASQUINO, Gianfranco. *Dicionário de Política*. Tradução de Carmen Varriale, Gaetano Lo Mônaco, João Ferreira, Luís Guerreiro Pinto Cacais e Renzo Dini. 12. ed. v. 02. Brasília: Editora Unb, 1999, p. 968-976.

[172] ZYLBERSZTAJN, Décio; SZTANJ, Rachel. *Análise econômica do direito e das organizações*. São Paulo: Elsevier, 2005, p. 2-5.

[173] SOUZA, Washington Peluso Albino de. *Direito Econômico*. São Paulo: Saraiva, 1980, p. 398.

[174] SCAFF, Fernando Facury. Ensaio sobre o conteúdo jurídico do princípio da lucratividade. *Revista de Direito Administrativo*, v. 224, 2001, p. 334.

Embora o termo tenha sido incorporado tradicionalmente ao jargão jurídico, Eros Grau traça uma distinção interessante entre os domínios e desdobra a utilização do substantivo "atuação" como gênero, ao se referir à ação do Estado no campo da atividade econômica em sentido amplo, e a "intervenção" para as situações em que o Estado age em substituição, complementariedade ou concorrência de atividades de titularidade do setor privado, justificando, assim, a subsidiariedade de sua atuação.[175]

As razões da crítica e todos os seus desdobramentos são pertinentes, à medida que compreendem posições distintas do Estado: como mero agente econômico e como agente interventor. Essas situações podem, eventualmente, até coincidir, mas há um critério diferenciador entre as duas: a finalidade principal da atuação.

A expressão "atuação" está envolvida de significação das ações do Estado enquanto agente econômico, esfera que ele compartilha com os demais agentes econômicos, entre famílias e organizações, por exemplo. Buscando-se uma analogia, em uma corrida, na atuação do Estado na economia, ele é mais um dos corredores e corre juntamente aos demais participantes, mas nunca larga do mesmo lugar, não corre lado a lado, não ombreia. Obviamente, se o fizesse, dada sua robustez, estaria competindo desarrazoadamente com os demais, trazendo inevitável concorrência desleal.[176] Nessas condições, o Estado-empresário precisa se submeter ao mesmo regime jurídico de seus concorrentes, para evitar qualquer tipo de beneficiamento de sua posição.

Frisa-se que o Estado nunca deixou de ser agente econômico, em nenhum dos momentos históricos e típicos modelos políticos de sua existência, papel que começa a compartilhar, conscientemente, com o de interventor. A atuação, no sentido amplo, no entanto, pode incluir a interventiva, como uma de suas espécies.

Um dos exemplos é o Estado-licitante, papel que pode ser partilhado com o de interventor quando o Estado atua e intervém à medida que utiliza das contratações públicas para fomento de alguma política pública (como no caso de condutas sustentáveis). Porém,

---

[175] GRAU, Eros Roberto. *A Ordem Econômica na Constituição de 1988* (Interpretação e Crítica). 7. ed. Malheiros: São Paulo, 2001, p. 90-91.
[176] Um exemplo é a contratação constante de produtos e serviços para suprir materialmente o funcionamento da sua extensa e abrangente máquina pública. Em sua atuação para contratar, o Estado não deve se equiparar aos demais agentes de natureza privada, impondo-se lhe regras rígidas de atendimento a numerosos valores jurídicos, dentre eles isonomia, sustentabilidade, publicidade, respeito à livre concorrência na oferta do particular etc.

sabe-se que a finalidade última da contratação, ao fim e ao cabo, é semelhante à dos particulares: aquisição de bens e serviços no mercado (Estado comprador) para atender necessidades específicas. Se o Estado consegue fazer a compra de modo qualificado, realiza outros interesses originalmente não pretendidos, com efetivação da compra.

Essa mera atuação na economia, como um dos agentes econômicos, não reflete a razão de ser do Estado, figura que está presente na posição de interventor, em que ele age acima da economia, visando melhorar seus rumos e rotas. A observância ao ordenamento jurídico, verdadeira aplicação da legalidade estrita que orienta inexoravelmente a atuação pública nas contratações; mas é meio e, portanto, instrumento para atender à necessidade do Estado como agente econômico no polo contratante.

A posição de interventor, ao contrário, é orientada para realizar os fins do Estado no campo econômico, podendo ser por regulação, fomento ou indução ou participação direta. Nesse caso, está realmente o Estado atuando em campo que não lhe é próprio, inerente à liberdade empresarial de outrem, restringindo-lhe a atuação particular para: i) regular a atividade e obter mais equidade econômica/justiça social ou eficiência econômica (regulação propriamente dita); ii) aplicar incentivos ou desincentivos à atuação privada (indução ou fomento): ou iii) explorar a atividade estatal em concorrência com os particulares.[177]

Deve-se recordar que o Estado de Direito surge como resposta das revoluções burguesas à limitação dos poderes do soberano, então absolutista. Naquele contexto, a política econômica estava inteiramente a cargo do soberano, que, a despeito de autoritário, dirigia todos os aspectos da atividade econômica. Com o estabelecimento do Estado, houve flexibilização do dirigismo centralizado na economia e desenvolvimento da sociedade civil, exatamente para assegurar as liberdades iluministas da modernidade, respeitando o espaço próprio da iniciativa privada. Porém, esse movimento não teve como consequências afastar o Estado da figura de agente econômico. Como consequência, em que pese, de fato, as teorias liberais terem diminuído a presença do Estado no espaço de outrem (o que se denomina "intervenção"), o Estado manteve-se no espaço economicamente usufruível por todos os agentes (o que se denomina "atuação").

---

[177] MARTINS, Ricardo Marcondes. *Teoria jurídica da liberdade*. São Paulo: Contracorrente, 2015, p. 177.

Por esse motivo, a intervenção do Estado na economia é parte da Política Econômica, dado o caráter de dirigir resultados. Importante ressaltar que não se verificam entre os temas "Política Econômica" e "Intervenção Estatal" conteúdos idênticos, e não se confundem. Segundo André Ramos Tavares, Política Econômica é a expressão da atividade estatal no campo da economia e relaciona-se com o conceito de Direito Constitucional Econômico, mas com ele não se confunde, pois é muito mais ampla a noção de Política Econômica.[178] A despeito das limitações rotulares dos conceitos, nem mesmo a política (seja ela econômica ou de outra natureza) estaria indene de ser definida e orientada por normas jurídicas.[179] É o mesmo entendimento de Washington Peluso Albino de Souza:[180]

> A aplicação do método analítico substancial conduz a um continuado aprofundamento de conceitos para que se possa chegar satisfatoriamente ao conteúdo da norma jurídica. Deste modo, sendo que a norma do Direito Econômico sempre apresenta o econômico sob a modalidade político-econômico como seu conteúdo, vamos ter esse dado por primeiro na identificação do seu fundamento. O elemento jurídico a ele vai sobrepor-se regulamentando-o.

Portanto, em que pese direito e economia serem sistemas interligados, mas com racionalidades distintas, à Ordem Econômica Constitucional atribui-se natureza deontológica, que se baseia na contenção jurídica de aspectos econômicos orientando a Política Econômica, sem que haja, *de facto*, sobreposição de campos do saber (ciências) ou mesmo de subsistemas sociais, mas orientações *de jure* que podem implicar transformações do estado de coisas.

Dada essa premissa, deve-se confirmar se a Constituição de 1988 consagra um ou mais modelos de mercado e quais são suas características. Ainda, se tal ou tais modelos admitem adaptações decorrentes das mudanças da vida que configurem um dinamismo, que resulte em um organismo vivo.

---

[178] TAVARES, André Ramos. *Direito Constitucional Econômico*. São Paulo: Método, 2011, p. 75.
[179] *Op. cit.*
[180] *Idem.*

3.2 Constituição Brasileira de 1988 e a incompatibilidade de um modelo econômico predeterminado

Mesmo a partir da normatividade econômica exposta na Ordem Econômica Constitucional/Constituição Econômica, a Constituição Brasileira de 1988 não declara expressamente a adoção de um modo de produção econômico específico (embora contemple aspectos inegavelmente capitalistas), tampouco identifica exclusivos parâmetros ideológicos de formato econômico a ser adotado pelo Estado. Porém, pela expressa determinação textual, verifica-se a intenção do constituinte de que a ordem econômica esteja fundada igualmente na valorização do trabalho e na livre iniciativa, relacionando os dois principais fatores da produção capitalista (trabalho e empreendimento) a um rol amplo de princípios, que podem até parecer antagônicos, mas devem ser conjugados.

A partir do rol de princípios elencados no artigo 170, não se pode negar a proteção de valores e interesses de cunho capitalista,[181] como a garantia da propriedade privada dos meios de produção, a livre iniciativa e a livre concorrência. No entanto, tais valores e interesses não estão dissociados de outros, igualmente importantes e talvez de outra natureza, típicos de um Estado intervencionista de Bem-Estar Social, ou Estado Social. Ao contrário, a Constituição conforma a ordem econômica ao combinar, lado a lado, princípios de cariz liberais, como os citados acima, com princípios de essência sociais, como é a defesa do meio ambiente, a defesa do consumidor, a redução das desigualdades sociais e a busca do pleno emprego.

Nesse sentido, a ordem jurídica constitucional impõe evidentes limites ao exercício da propriedade privada e à exploração da livre iniciativa no regime capitalista. A primeira, por exemplo, deve apresentar indispensável função social e quanto ao regime capitalista, toda a atividade econômica privada deve estar vocacionada à realização de outros objetivos, para além da mera maximização de lucro. Em outras palavras, todos os princípios citados no artigo 170 estão a serviço de um propósito bastante específico: assegurar a todos a existência digna, conforme os ditames da justiça social.

Portanto, a Ordem Econômica Constitucional ou a Constituição Econômica apenas reproduz, mais uma vez, a constante preocupação

---

[181] GRAU, Eros Roberto. *A Ordem Econômica na Constituição de 1988.* 7. ed. São Paulo: Malheiros, 2001, p. 188.

do constituinte que permeia todo texto constitucional: a preservação da dignidade da pessoa humana[182] como vetor interpretativo da ordem jurídica. Ela é o fundamento, a medida e o fim do direito, e a norma constitucional não só a assegura de modo especial na disciplina normativa econômica, mas a eleva como fundamento da República Federativa do Brasil, conjuntamente com outros iguais pilares republicanos, como a soberania, a cidadania, os valores sociais do trabalho e da livre iniciativa, e o pluralismo político.

Dito de outra forma, nos termos constitucionais, a livre iniciativa, a livre concorrência e a propriedade privada são pilares de construção liberal, mas, conforme determinação normativa da Constituição, a atuação das atividades capitalistas dar-se-á em prol da justiça social, o que nos leva à conclusão de que se se pudesse defender que a Constituição prestigia ideias liberais, essas não seriam as típicas do liberalismo clássico ou neoclássico, mas do liberalismo igualitário.

John Rawls, jurista de corrente teórica do liberalismo, em especial na vertente igualitária, afirma que "o objeto primário da justiça é a estrutura básica da sociedade, ou a forma como as instituições sociais mais importantes distribuem direitos e deveres fundamentais e determinam a divisão de vantagens provenientes da cooperação social".[183] Já a justiça social baseia-se no "princípio da prudência aplicado a uma concepção somática do bem-estar do grupo".[184]

Explica-se: ao observar as satisfações de bem-estar individualizadas de seus membros, a sociedade poderia chegar à exata compreensão do bem-estar do grupo e, uma vez que as instituições sociais pudessem maximizar o saldo líquido de suas satisfações, a sociedade estaria adequadamente ordenada com justiça social.[185] Portanto, o liberalismo igualitário parte do pressuposto de que, apenas movidos por seus

---

[182] Acerca da dignidade da pessoa humana, é referência o trabalho do prof. Ingo Wolfgang Sarlet, para quem "a qualidade intrínseca e distintiva de cada ser humano que o faz merecedor do mesmo respeito e consideração por parte do Estado e da comunidade, implicando, neste sentido, um complexo de direitos e deveres fundamentais que assegurem a pessoa tanto contra todo e qualquer ato de cunho degradante e desumano, como venham a lhe garantir as condições existenciais mínimas para uma vida saudável, além de propiciar e promover sua participação ativa e co-responsável nos destinos da própria existência e da vida em comunhão com os demais seres humanos" (Cf. SARLET, Ingo Wolfgang. *Dignidade (da pessoa) humana e Direitos Fundamentais na Constituição Federal de 1988*. Porto Alegre: Livraria do Advogado, 2001, p. 60.
[183] RAWLS, John. *Uma teoria da justiça*. São Paulo: Martins Fontes, 2002, p. 7.
[184] *Ibidem*, p. 26.
[185] Para ele, "o princípio da escolha para uma associação de seres humanos seria interpretado como uma extensão do princípio da escolha de um único homem".

próprios interesses, no âmbito do liberalismo clássico, indivíduos e empresas não determinariam sozinhos a divisão de benefícios sociais de forma equitativa.

Diferentemente, o que a história provou diante do liberalismo tradicional, clássico ou neoclássico, é que as liberdades individuais, sejam elas políticas ou de propriedade, típicas da primeira geração de direitos, acabaram restritas a um grupo bastante limitado: o homem racional e abstrato do iluminismo, típico burguês, como sujeito de direito único que emergiu da expansão do comércio, o poder que se colocava, histórica e pontualmente, contra o absolutismo monárquico.

Não é preciso relembrar que no movimento do constitucionalismo houve expansiva evolução da ideologia liberal, dado que ambos apregoam valores de liberdade e ambos caminharam juntos, até que o liberalismo se desdobrou depois em várias correntes teóricas[186] para além da teoria original, justificando o modelo de organização estatal tipicamente absenteísta que expressava prestações negativas do Estado, no qual a mera previsão no texto constitucional de direitos de liberdade em suas variadas acepções (liberdade de pensamento, expressão, consciência, de locomoção, de propriedade, de iniciativa, de associação empresarial etc.) eram suficientes ao seu exercício.

Percebeu-se, no entanto, que a estrutura econômica então existente e assentida pelos primeiros constitucionalismos era problemática. As liberdades da primeira geração, embora garantidas constitucionalmente, não seriam suficientes para seu exercício. Um exemplo clássico é aquele que afirma que a garantia de liberdade de ir e vir, para quem não pudesse pagar tarifa de serviço de transporte público, seria meramente inócua; assim como é neutra a ação de conceder proteção à inviolabilidade de domicílio a quem vive em situação de rua, sem moradia. Percebeu-se que as premissas liberais, que apregoavam a autorregulação do mercado, que supostamente permitiria a distribuição automática de riqueza, não se sustentavam, pois as riquezas do capital excluíam a maioria da população.

Como resposta, elaboraram-se constituições sociais que entregaram ao Estado a larga, potente e controversa tarefa de protagonizar numerosas missões econômicas, sociais e culturais, para incluir e entregar a dignidade humana aos seus cidadãos. Porém, o modelo de Estado Social foi, no entanto, também sensível a alguns Estados totalitários e autoritários (Constituição Soviética de 1936; Fuero del Trabajo de

---

[186] Como as correntes clássica e neoclássica.

1938 e Fuero de los Espanoles de 1945, ou seja, as leis fundamentais franquistas, Carta del Lavoro de 1927, a lei social do fascismo italiano e a Constituição Portuguesa de 1933,[187] tendo recebido críticas.

Parece-nos ser inegável que a propugnação de algumas estatalidades têm cunho essencial, se justificadas na atuação estatal. Talvez o que seja questionável é uma intervenção exagerada na economia, com grande parte das realizações sociais, econômicas e culturais sendo protagonizadas única e exclusivamente pelo Estado, em detrimento da esfera privada que acaba sendo asfixiada. O caminho do meio é necessário e parece-nos que foi ele o escolhido pelo constituinte.

E é neste sentido que Modesto Carvalhosa[188] – ao comentar a Emenda nº 1 à Constituição de 1969, cuja redação destinada à ordem econômica é bastante comum à vigente Constituição de 1988 – afirma que a organização econômica se vincula a um liberalismo social, que passa a ter um caráter instrumental pela integração de esforços individuais como caminho para a satisfação das exigências coletivas. A atuação do Estado condiciona, portanto, o comportamento de entidades econômicas, e a cooperação da iniciativa privada nas realizações dos objetivos estatais passa a ser uma forma de otimização das potencialidades do empresariado aliadas ao setor público.

Nesta visão da Ordem Econômica Constitucional, portanto, o Estado atribui ao mercado papéis para realização de objetivos sociais, conforme sua política econômica, assentada em vários princípios. Neste sentido, a intervenção do Estado deve ser constitucionalmente legítima e pode ser exteriorizada e limitada nas formas legislativa e/ou administrativa e dar-se-á no sentido de assentar uma estrutura que contemple toda a coletividade, preservando igualmente direitos individuais e atendendo o interesse público.

A previsão de que os particulares, especialmente empresários, deveriam realizar, também, a política econômica estatal de forma cooperativa se extrai dos princípios do artigo 170 e é de natureza essencialmente normativa, deôntica, no sentido de que há expectativas de transformação de estruturas econômicas através de imposição normativa constitucional. Segundo Eros Grau:[189]

---

[187] CANOTILHO, Joaquim José Gomes. *Estado de Direito*. Disponível em: https://egov.ufsc.br/portal/sites/default/files/anexos/32571-39731-1-PB.pdf. Acesso em: 11 jul. 2021.

[188] CARVALHOSA, Modesto. *A ordem econômica na Constituição de 1969*. São Paulo: RT, 1972, p. 10-15.

[189] GRAU, Eros Roberto. *A Ordem Econômica na Constituição de 1988*. 7. ed. Malheiros: São Paulo, 2001, p. 57.

O enunciado do artigo 170 da Constituição é inquestionavelmente, normativo, e assim deverá ser lido: as relações econômicas – ou a atividade econômica – deverão ser (estar) fundadas na valorização do trabalho humano e da livre iniciativa, tendo por fim (fim delas, relações econômicas ou atividade econômica) assegurar a todos existência digna, conforme os ditames da justiça social.

Em torno dos aspectos levantados acima, deve-se questionar se a Constituição Econômica efetivamente desenha um modelo único de Estado para a economia ou permite e admite a execução de variados modelos econômicos estatais, no interregno de uma mesma vigência constitucional. Durante os mais de trinta e três anos de existência, será que a Constituição de 1988 é igualmente protagonista de estágios do Estado Social, Regulador, Liberal, Neoliberal, ou coexistem formas e modelos, ainda que antagônicos, de maneira plural?

A resposta ao questionamento vai além da reflexão acerca da, cada vez mais constante, adjetivação de um modelo econômico constitucional, para embasar eventuais posicionamentos acadêmicos, pois não parece ser apenas uma necessidade acadêmica de imprimir um rótulo sem sentido à Constituição; efetivamente, o procedimento traz à comunidade jurídica premissas interpretativas que poderiam não só auxiliar na tarefa de aplicação e conformação das normas infraconstitucionais, pelos intérpretes, mas também orientar e dar diretrizes aos agentes políticos, evitando mudanças do texto constitucional que não respeitem a Constituição.

Ou será que esses são apenas rótulos e o referencial textual não reflete uma posição política única e deve ser assim interpretado, sendo ele o resultado de um consenso constituinte que representou as várias posições que a Assembleia Constituinte pôde – ao seu tempo e com sua limitada força – barganhar? Há um modelo econômico constitucional – ou uma ordem jurídica a ser seguida economicamente, ou é possível submeter à formatação constitucional as constantes reformas constitucionais formais e informais ocorridas a cada governo eleito, com vieses diferentes e que reclamam um determinado tipo de Estado?

Já fora dito que é inexorável que cada modelo de Estado segue uma linha correspondente na economia, que, por sua vez, reflete-se no plano jurídico, ainda que se esteja lidando com pluralidade de ideias. Durante 33 anos de vigência constitucional e numerosos governos com alternância ideológica, pode-se dizer que o Estado Democrático de Direito é efetivamente o modelo político que a Constituição da República Federativa do Brasil declara expressamente ser.

A característica política de tal Estado é ser plural, pois as configurações jurídicas desse tempo contemporâneo (e dos próximos tempos que esta ordem jurídica pretende disciplinar) tem o compromisso não com um grupo específico, mas com a síntese de conteúdos concorrentes, com a realização de projetos vários, incluindo pautas de diversos matizes, que se expandem para todas as relações sociais. As concepções constitucionais, por isso, não devem ficar restritas a um modelo ideológico e político único, sob pena de construir normas a partir de dogmas políticos e reproduzir apenas visões de mundo dominantes, que podem levar o *locus* constitucional para acirradas disputas político-ideológicas.[190]

O Estado Democrático de Direito, portanto, é um esquema organizatório da comunidade no qual cabem várias conjunturas políticas e econômicas. Os anos de história constitucional brasileira demonstram alternância de poder e governo liderados por grupos muito diferentes, adaptações e transformações culturais e políticas que fundam não um só modelo de sociedade, mas estabelecem diretrizes e princípios fundantes.

Luigi Ferrajoli[191] assevera que as constituições contemporâneas estabelecem rupturas com o passado e projeção com o futuro. Nesse cenário – a despeito de todas as críticas que podem pesar sobre a Constituição de 1988 (sendo a principal delas sua não concretização de direitos econômicos e sociais) – pelo menos no plano teórico, a Constituição apresenta tendências até então não desenvolvidas de modo tão singular em nossa história constitucional, como, principalmente, traduzir transformações sociais e econômicas, definindo planejamento econômico com vistas à realização de progresso social; e de forma a indicar caminhos para desenvolvimento sustentável e preservação do meio ambiente e garantir o direito à dignidade da pessoa humana em sua acepção mais ampla e congregar, assim, uma infinidade de interesses, de forma que um de seus grandes méritos é ser fruto da conjunção de diversas forças políticas antagônicas.[192]

---

[190] BERCOVICI, Gilberto. Os princípios estruturantes e o papel do Estado. *In*: CARDOSO, JR; José Celso (org.) *A Constituição Brasileira de 1988 Revisitada*: recuperação histórica e desafios atuais das políticas públicas nas áreas econômicas e sociais. Brasília: IPEA, 2009, v. 1. Disponível em: https://www.ipea.gov.br/portal/images/stories/PDFs/livros/Livro_ConstituicaoBrasileira1988_Vol1.pdf. Acesso em: 20 abr. 2020.

[191] VERDÚ, Pablo, L. *Estimativa y política constitucionales*: los valores y los principios rectores del ordenamiento constitucional español. Madrid: Universidad Complutense de Madrid, 1984, p. 190.

[192] TÁCITO, Caio. *Constituições Brasileiras*: 1988. 5. ed. Brasília: Senado Federal e Ministério da Ciência e Tecnologia, Centro de Estudos Estratégicos, 2004, p. 23-41.

Nesse ponto, esses desideratos são orientações de Estado e, independentemente do governo e administração vigentes, destacam-se as características da Constituição de 1988: seu caráter pluralista e analítico. E neste ponto, a pretensão do texto da Constituição Brasileira de 1988 deriva de um projeto de Ordem Econômica a construir, não acabado, com cunho eminentemente garantista, plural e aberto permanentemente.

Nesse mesmo viés, vale destacar algumas constituições estrangeiras, podendo-se citar, como exemplo, o art. 3º da Constituição Espanhola, como representante de temas que se desenvolvem para além da fórmula política constitucional, em "cláusula transformadora",[193] na terminologia adotada por Pablo Lucas Verdú, que explicita o contraste entre a realidade social injusta e a necessidade de sua alteração, numa programática constitucional que priorize o projeto nacional da Constituição na sua forma originária.

Ainda, pode-se citar a Constituição Alemã, que sequer indica um parâmetro de coesão institucional de Constituição Econômica. Ao contrário, "a questão da ordem econômica prescrita pelo *Grundgesetz* tem sido resolvida com base em uma sempre afirmada neutralidade político-econômica".[194] Leonardo Martins, em nota introdutória sobre os julgados do Tribunal Constitucional Federal Alemão (TCF) sobre a Ordem Econômica Constitucional,[195] afirma que, a despeito da expressa declaração do Estado Social Alemão, essa premissa não é única a influenciar a constituição da ordem econômica, não indicando a escolha de um modelo econômico próprio de uma determinada política econômica. O que se conclui é que, ainda que os fins do Estado devem ser realizados independentemente da política econômica adotada pelo Governo ou aplicada pela Administração.

O ideal de neutralidade do TCF é exemplificado em precedentes que fixam como garantias aos direitos fundamentais os elementos constitutivos da Constituição Democrática "que não pode ser limitada em virtude de uma interpretação dos direitos fundamentais que vá além do que prescrevem os direitos fundamentais individualmente

---

[193] *Op. cit.*
[194] SCHWABE, Jürgen (coletânea original). MARTINS, Leonardo (org.). *Cinquenta Anos de Jurisprudência do Tribunal Constitucional Federal Alemão.* Coletânea Original Jürgen Schwabe. Tradução de Beatriz Henning, Leonardo Martins, Mariana Bigelli de Carvalho, Tereza Maria de Castro, Viviane Geraldes Ferreira. Prefácio Jan Woischnik. Programa Estado de Derecho para Sudamérica. Korand-Adenauer-Stiftung EV. Berlim. Fundação Korand-Adenauer-Stiftung. Oficina Uruguai. Montevideo: Mastergraf, 2006.
[195] *Ibidem*, p. 158.

considerados em outros contextos".[196] Corresponde esse reconhecimento à declaração expressa do Tribunal Constitucional Federal quando afirma que a "*Grundgesetz* é neutra do ponto de vista político-econômico" e que o legislador pode perseguir qualquer política econômica que lhe pareça apropriada, contanto que ele respeite a *Grundgesetz*, sobretudo direitos fundamentais, dando-se a ele uma ampla margem de configuração de sua competência discricionária. Competência discricionária que cabe não à forma de exercer o poder, mas estabelecer políticas de governo.

Em outras palavras, as Constituições Econômicas contemporâneas são fruto e estão inseridas nos Estados Democráticos de Direito, modelos ideológicos nos quais os instrumentos e organização do mercado devem seguir livres, desde que haja inequívoco respeito ao sistema de proteção de liberdade que o indivíduo tem em face do legislador. Merece destaque o fato de que o *BVerfGE* apresenta também em grande medida um elemento constitucional de relativa abertura da ordem econômica que deve aflorar as transformações históricas que caracterizam a vida econômica e que não coloque em risco a força normativa da Constituição.

Ressalta-se que, apesar de representarem fases, os modelos ideológicos e políticos de Estado estabelecidos pela norma constitucional não são estanques e não há um ininterrupto processo evolutivo entre uma e outra fase. Ao contrário, não se constata o total exaurimento de um modelo para que se inicie o advento de outro subsequente. É comum perceber até hoje reminiscências, retrocessos e a existência de elementos fragmentários de fases anteriores, sem que haja uma superação da fase anterior.

Segundo Josep Aguiló,[197] cada um dos componentes agregados do constitucionalismo está particularmente orientado a erradicar um dos males característicos e provados das dominações políticas: a arbitrariedade e a falta de segurança jurídica, que resultaram no Estado de Direito; o autoritarismo e a falta de liberdades negativas (regimes censitários) que resultaram no Estado Liberal; a oligarquia e a exclusão social, que resultaram no Estado Social. Assim, pode-se dizer que, no Brasil, ao se pensar na historiografia jurídica do Estado, encontram-se traços do Estado de Polícia (Constituição do Império – 1924); Estado Liberal (Constituição Republicana – 1891); Estado Social (Constituição 1934, 1946).

---

[196] *Op. cit.*
[197] REGLA, Josep Aguiló. Sobre las contradicciones (tensiones) del constitucionalismo y concepciones de la constitución. *In*: CARBONELL, Miguel; JARAMILLO, Leonardo García. *El Canon Neoconstitucional*. Madrid: Trotta, 2010, p. 250.

Especialmente sobre a Constituição de 1988, alguns entendem que ela desenha um Estado Social[198] ou propugna uma ideologia socializante,[199] dado que se extrai das numerosas referências aos objetivos republicanos, relacionados à redução das desigualdades sociais atribuíveis à extensão de atuação do Estado. Sua formatação original vem sendo desafiada desde o final da década de 1980 até 1990, com o avanço do neoliberalismo em todo o mundo, capitaneado pelo Reino Unido e Estados Unidos. A partir dessa ideologia dominante, uma pauta internacional de ajustes fiscais tem sido requerida de países em desenvolvimento.

Segundo André Ramos Tavares,[200] "uma perquirição acerca da ideologia da Constituição promulgada em 1988 leva a indagar sobre quais foram os parlamentares efetivamente responsáveis pela sua elaboração". O professor cita estudos, conduzidos por Leôncio Martins Rodrigues e David Fleisher, que comprovam a elaboração do maior documento jurídico do país por uma maioria de centro-esquerda e esquerda moderada, com predomínio de ideias do centro. De resto, muito parecida com o tradicional balanceamento de partidos políticos e ideologias então dominantes no país. No entanto, ressalta que não foram unicamente os parlamentares os únicos responsáveis pelo conteúdo que integra o diploma, já que havia muitos grupos de pressão organizados, em prol dos mais diversos interesses.[201]

Celso Antônio Bandeira de Mello,[202] "ao admitir que o direito não vive em suspensão, alheio ao contexto socioeconômico que lhe serve de engaste" reconhece que a "cultura das concepções sociais dominantes são matéria-prima para os legisladores e intérpretes, à medida que o direito é manifestação dessa cultura". A despeito do reconhecimento, o nobre professor entende que, nos países subdesenvolvidos, grande parte dos ingredientes culturais, principalmente os de caráter econômico, político e social, é importada dos países desenvolvidos, que empreenderam uma escalada colonial que contamina o acervo de

---

[198] Por todos, MELLO, Celso Antônio Bandeira. *Curso de Direito Administrativo*. 33. ed. São Paulo: Malheiros, 2017, p. 1.098.

[199] MARTINS, Ricardo Marcondes. *Regulação administrativa à luz da constituição federal*. São Paulo: Malheiros, 2011, p. 54.

[200] TAVARES, André Ramos. *Curso de Direito Constitucional*. 17. ed. São Paulo: Saraiva, 2019, p. 113.

[201] *Idem*.

[202] MELLO, Celso Antônio Bandeira. *Curso de Direito Administrativo*, 33. ed. São Paulo: Malheiros, 2017, p. 1.098.

ideias locais e são consideradas inconstitucionais pela desfiguração da ordem constitucional originária.

Refere-se o professor ao movimento da globalização, principalmente a financeira, que possibilitou a abertura dos mercados e o ingresso de todos os países no capitalismo internacional e trouxe consigo também outros mecanismos, como a despublicização, a privatização, a desregulação e novas formas de associação entre a esfera pública e a esfera privada, atraindo a especulação de capital estrangeiro. O professor refere-se ao movimento como uma jogada de *marketing*.

Nesse cenário, é claramente perceptível a adoção de modelos político-econômicos e jurídicos de Estado, a partir da influência de movimentos ideológicos globais, que podem até padronizar ordenamentos jurídicos no mundo, fenômeno que se encontra inserido na discussão acerca da internacionalização do direito.[203]

No Brasil, não foi diferente. As ordens jurídicas estabelecidas pelas sete constituições brasileiras acabam por acompanhar determinado modelo político e social de Estado, a partir de influências ideológicas, debatidas e recebidas no restante do mundo, na tentativa de ampliar e universalizar princípios adotados pelo ocidente, e que acabam por interferir não só no domínio do pensamento doutrinário brasileiro,[204]

---

[203] A esse respeito, conferir: VARELLA, Marcelo Dias. Internacionalização do Direito: superação do paradigma estatal e a insuficiência de estruturas de diálogos. *Revista de Direito Internacional* (*Brazilian Journal of international law*), v. 9, n. 4, 2012. Número Especial: Internacionalização do Direito. Brasília/DF. Segundo o professor, há pelo menos três segmentos que se influenciam do fenômeno. "No primeiro caso, trata-se da construção de pontes de acesso para os indivíduos junto aos sistemas internacionais de proteção à pessoa humana. Depois, há a construção de conjuntos normativos privados, com pretensão de autonomia, operados contra ou de forma independente aos Estados. Cuida-se da proteção do direito internacional do meio ambiente por meio de instrumentos privados. No terceiro, as formas de interação entre empresas multinacionais e as dificuldades dos Estados em lidar com cartéis transnacionais e a pretensão de autonomia de uma nova *lex mercatoria*".

[204] Há muito se sabe que o conhecimento jurídico é orientado pelas tendências estrangeiras. O exemplo mais pulsante é a influência de Rui Barbosa na elaboração da Constituição Republicana de 1891, que aportou o enfoque do direito norte-americano em sua estrutura. Já a Constituição do Império (1824) esteve fortemente relacionada à Constituição Portuguesa de 1822, que, por sua vez inspirava-se nos valores liberais da Revolução Francesa. Confira em: BONAVIDES, Paulo. *Constitucionalismo Luso-brasileiro*: influxos recíprocos. Disponível em: http://www.ablj.org.br/revistas/revista12/revista12%20%20PAULO%20BONAVIDES%20%20E2%80%93%20Constitucionalismo%20 Luso-Brasileiro;%20Influxos%20Rec%C3%ADprocos.pdf. Acesso em: 03 maio 21. Tais influências, a nosso ver, são indenes de maiores problemáticas, se os institutos são recepcionados com apelo à cultura nacional. A questão que se coloca é a "apropriação de doutrinas estrangeiras, importadas e reproduzidas no campo jurídico nacional, feita de maneira acrítica, simplesmente como muleta retórica, que promove um sincretismo acrítico, desvaloriza e atrapalha a formação e promoção da cultura jurídica nacional." A

mas também influi na elaboração das normas, sejam legais, sejam constitucionais.[205]

Portanto, as pressões e influências de natureza internacional (advinda da comunidade internacional, organismos internacionais ou grupo de Estados) e estrangeira (que diz respeito à relação recíproca entre Estados-Nação) sempre ocorreram no campo do Direito, com enfoque em amplas temáticas. No entanto, não há como negar que essa premissa é mais evidente se considerarmos que a economia brasileira é frágil (dado o tamanho do PIB e as instabilidades econômicas existentes), o país é periférico e há incapacidade de emissão da moeda forte que seja objeto de ampla aceitação no mercado global. Nessas condições, é maior a influência de modelos econômicos e jurídicos de Estados desenvolvidos.

É importante perceber que, a despeito das pressões internacionais, as relações entre economia e direito decorrem da política econômica nacional e são estabelecidas soberanamente em modelo constitucional vigente que determina diretrizes deontológicas, princípios e valores para o modelo de Estado no âmbito da Ordem Econômica Constitucional. Porém, embora a oposição do Brasil às diretrizes internacionais sempre tenha sido possível na teoria, o discurso se esvazia na prática, quando é considerada a globalização como característica inafastável do tempo que vivemos e a característica periférica de nossa economia.

Portanto, embora pareça controversa para alguns autores e apresente uma terminologia imprecisa, a globalização é um fato, já que a economia dos países é cada vez mais aberta, engajando-se em comércio internacional de bens e serviços e empréstimos internacionais, além dos investimentos referidos aqui, o que, sem dúvida, naturalmente impacta os países. Os impactados de forma negativa, geralmente, são os países periféricos, como é natural.

---

esse respeito, confira-se: GARCIA, Luiz Emílio Pereira. *A inserção de doutrinas estrangeiras no campo jurídico brasileiro:* uma análise crítica acerca da utilização do capital teórico jurídico internacional no discurso jurídico. Dissertação de Mestrado. Uniceub. Brasília/DF. 160 fl.

[205] Sobre tipologias de Estado, a partir de ideologias políticas, traz-se à reflexão o questionamento de Canotilho, que liga Direito a um Estado: "Direito, mas de que Estado? E que direito para que Estado? Estas e outras interrogações servem apenas para insinuar um problema essencial: que lei para que cidade. Uma ordem juridicamente organizada de justiça e de paz aponta para certos tipos de organização da cidade (a cidade republicana) e para o consenso/partilha de certos valores e princípios." (CANOTILHO, Joaquim Gomes. *In: Cadernos Democráticos:* Estado de Direito. Coleção Fundação Mário Soares. Edição Grandiva. Grandiva Publicações. Fev. 99, p. 9).

Ainda que empiricamente o fenômeno seja, de fato, inexorável, ele admite várias leituras. Segundo a classificação de Held:[206] a hiperglobalista, a cética e a transformacionalista. Para os hiperglobalistas, o poder dos governos nacionais, à evidência, passa por declínio ou erosão; para os céticos, seu poder é reforçado ou aumentado; e para os transformacionalistas, é reconstituído ou reestruturado. Utilize-se ou não do termo para fins ideológicos, para se "vender" uma ideia, a partir da lógica de *marketing*, a questão é que se trata de um fato e, como tal, parece inexorável, observável, constatável, ainda que criticável, de forma legítima (abordagem que este trabalho não pretende realizar).

Não se pode afastar o fato de que a sociedade pós-moderna/contemporânea atualmente é uma sociedade de riscos, que substitui a modernidade industrial e é caracterizada pela dinamicidade de numerosos fatores – tecnológicos, científicos, econômicos – expondo-se constantemente a crises que tomam proporções globais com efeitos nas esferas econômica, financeira, política, ambiental etc., de abrangência local, regional ou global. Nesse contexto, o elemento constituinte é a incerteza que é assumida por todos.

Esse movimento gera uma solidariedade – de vários níveis: tecnológica, militar, jurídica, econômica – entre países, instituições e indivíduos nascida do contexto de perigo comum a que estão submetidos, criando respostas que seriam inconcebíveis em outros tempos históricos. E porque tais riscos ultrapassam as fronteiras estatais, também não são controlados exclusivamente por eles. Alguns dos exemplos mais emblemáticos dessa perspectiva são: o crime organizado, o controle da *internet*, as questões relacionadas à lavagem de dinheiro, sigilo bancário etc.

Nessas circunstâncias, a globalização econômica acaba por conflitar com o poder local, para conformá-lo aos valores coletivos que são desenvolvidos no âmbito de lutas globais contra a corrupção, evasão fiscal e a lavagem de dinheiro. Os custos sociais da manutenção do Estado-Nação isolado, sem a cooperação dos demais sujeitos internacionais, nessas situações, é grande. Em especial, quando se fala de investimentos, as noções mais tradicionais da soberania são "postas em xeque pela diversidade, heterogeneidade e complexidade do processo de transnacionalização dos mercados de insumo, produção, capitais e consumo".[207]

---

[206] HELD, David *et al*. *Global Transformations:* Politics, Economics and Culture. Stanford: Stanford University, 1999, p. 443.

[207] FARIA, José Eduardo. *O direito na economia globalizada*. São Paulo: Malheiros, 2000, p. 23.

No que diz respeito à eventual repulsa constitucional à abertura econômica e consequente incentivos aos movimentos transfronteiriços de capitais, em razão de um suposto modelo que proibiria a adoção desse valor pela sociedade brasileira, temos certo que a questão é que não há um modelo ideológico ou econômico desenhado na Constituição Brasileira de 1988 e, portanto, não se pode alimentar inconstitucionalidades acerca de eventuais subversões, se não existe um único modelo econômico a ser seguido, mas princípios e regras, cujas finalidades devem ser examinadas casuisticamente, a partir de seu cumprimento ou não.

E, a partir da lição de que não há um modelo econômico único na Constituição, admite-se a interpretação de que há um *blend* de influências, o que se justifica em períodos de transição, pela confluência de orientações econômicas do Estado Social e Estado Regulatório, diante da remodelação constitucional pelas emendas que modificaram a ordem econômica originalmente constituída, mais fortemente influenciada por meio de *standards* internacionais.

Em verdade, novos posicionamentos políticos e ideológicos foram requeridos do mundo todo, principalmente, a partir da simbólica queda do muro de Berlim, em 1989, ocorrida pouco mais de um ano após a promulgação da vigente Constituição Brasileira. Esse acontecimento, seguido da derrocada soviética, em 1991, encerrou prematuramente o século XX, conforme anunciou Eric Hobsbawm,[208] e colocou o mundo no século XXI.

Em outras palavras, as Constituições Econômicas contemporâneas estão inseridas nos Estados Democráticos de Direito, modelos ideológicos nos quais os instrumentos e organização do mercado devem seguir livres, desde que haja inequívoco respeito ao sistema de proteção de liberdade que o indivíduo tem em face do legislador e atendimento aos princípios de cunho coletivo e social, em especial os que orientam um projeto de desenvolvimento, que deve associar a iniciativa privada e a livre concorrência com a função social da propriedade, defesa do meio ambiente e outros.

Essa orientação de mutabilidade é limitada, pois, em especial, deve ser mantida de forma geral a determinação da coesão da ordem econômica, a preservar o programa constitucional, que contempla duas

---

[208] Para o professor, "talvez a característica mais impressionante do fim do Século XX seja a tensão entre esse processo de globalização cada vez mais acelerado e a incapacidade conjunta das instituições públicas e do comportamento coletivo dos seres humanos de se acomodarem a ele" (HOBSBAWM, Eric. *Era dos Extremos*. O breve século XX. 1914-1991. Tradução de Marcos Santarrita. Rio de Janeiro: Companhia das Letras, 1995, p. 28)

variantes relevantes: (i) a rigidez constitucional, princípio que decorre da premissa da supremacia e (ii) a mutabilidade, que autoriza mudanças tendentes a manter a dinamicidade da norma constitucional.

A rigidez constitucional se apresenta como princípio imprescindível para que seja garantida a estabilidade da norma fundamental, pois sem a necessária rigidez, não há nem identidade da "norma fundamental",[209] como quer Kelsen, nem a "força normativa da Constituição",[210] como quer Hesse, e sequer capacidade regulatória da Carta, a fixar o fundamento de validade de todo o ordenamento. Os princípios da rigidez constitucional e supremacia da Constituição justificam-se exatamente para a necessidade de adequabilidade das normas constitucionais à realidade, devendo o princípio da rigidez ser aliado à necessidade imperiosa de mudanças, adaptações e evolução dos fatos, de forma a justificar reformas constitucionais, formais ou informais.[211]

É, portanto, com fundamento na preservação da essência constitucional que se justificam as mudanças, tendo impacto relevante na ciência do Direito a Teoria do Poder Constituinte – formal e informal – como fenômeno indispensável à validade constitucional. Daí originar-se uma crítica sobre eventual instabilidade constitucional econômica apresentada pelas interpretações desconectadas das diretrizes principiológicas existentes na Constituição Econômica.

A afirmação não significa ignorar a mudança constitucional, mas admitir apenas alterações consentâneas à subordinação do Poder Constituinte instituído, originário. Do contrário, a organização política inicialmente orientada pode se ver vilipendiada, se ofende os obstáculos formais e materiais, "cláusulas pétreas" do constituinte de amanhã.[212]

Vale ressaltar que a Constituição não se altera apenas pela expressa dicção do texto. A mudança do texto é apenas um mecanismo de atualização e aperfeiçoamento da Constituição. A Constituição também muda, evolui, se atualiza. A mudança de sua interpretação é apenas um sintoma que reflete a natureza aberta e plural das normas constitucionais.

---

[209] KELSEN, Hans. *Teoria geral das normas*. Porto Alegre: Sérgio Antônio Fabris, 1986.
[210] HESSE, Konrad. *A força normativa da Constituição*. Porto Alegre: Sérgio Antônio Fabris, 1991. O conceito utilizado por Hesse também é considerado como um princípio interpretativo da Constituição. Na visão de MORAES, Alexandre. *Direito Constitucional*. 13. ed. São Paulo: Atlas, 2003, p. 45. A melhor interpretação é a que garanta eficácia, aplicabilidade e permanência das normas constitucionais.
[211] MENDES, Gilmar Ferreira; COELHO, Inocêncio Mártires; BRANCO, Paulo Gustavo Gonet. *Curso de Direito Constitucional*. São Paulo: Saraiva, 2007, p. 203.
[212] FERREIRA FILHO, Manoel Gonçalves. *O poder constituinte*. 5. ed. São Paulo: Saraiva, 2007, p. 18.

Mudanças deverão ser necessariamente orientadas pelas balizas do programa constitucional exposto e, nesse sentido, não são rechaçadas. Em outras palavras, é dizer que a Constituição pode ser aberta sem abalar sua supremacia. Para Celso Bastos, o "segredo das constituições duradouras" passa pelos conceitos dinamicidade e estabilidade,[213] o que nada tem com a dicotomia constituição flexível x constituição rígida; premissa que também não coincide necessariamente com a constituição escrita e constituição não escrita,[214] de modo que o povo tenha a faculdade de fixar as linhas mestras e fundamentais sob as quais deseja viver e atualizá-las, de forma constante.

3.3 A compatibilidade das Emendas Constitucionais da Constituição de 1988 sobre acesso ao capital estrangeiro

Conforme tópico anterior, posicionamo-nos no sentido de compreender que a constituição vigente declaradamente funda um Estado Democrático de Direito, conforme o *caput* do seu artigo 1º, sem apontar uma ideologia hegemônica de modelo único na sua construção, premissa que se estende para a interpretação da Ordem Econômica Constitucional.

Nesse sentido, a Constituição é plural como produto de um pacto entre forças políticas e sociais que, a partir de suas convergências e divergências, construíram vários compromissos constitucionais. Dessa forma, pode-se concluir que a pluralidade ideológica somada ao princípio democrático admite adoção de políticas econômicas de vários matizes, desde que elas realizem os objetivos constitucionais, respeitando o espaço de atuação da iniciativa privada e prestando, direta ou indiretamente, serviços públicos de qualidade.

---

[213] BASTOS, Celso. *Curso de Direito Constitucional*. São Paulo: Celso Bastos Editora, 2002, p. 127.

[214] BEZERRA, Paulo César Santos. *Mutação constitucional*: os processos mutacionais como mecanismos de acesso à justiça. Disponível em: http://www.sefaz.pe.gov.br/flexpub/versao1/filesdirectory/sessions579.pdf. Acesso em: 2018. Para o autor, "as distinções mencionadas podem ter hoje um valor tendencialmente arqueológico, já que a maioria dos países possui uma Constituição escrita, mas não com rigidez absoluta (antes com rigidez relativa – constituição semi-rígida) e o problema da flexibilidade ou rigidez do direito constitucional não se reduz somente à suscetibilidade ou insuscetibilidade de alterações das leis constitucionais pelas leis ordinárias, mas a uma problemática muito mais vasta e complexa que é a da abertura ao tempo e a do desenvolvimento constitucional".

Sobre o tema do estudo, investimentos estrangeiros, foram aprovadas emendas constitucionais que remodelaram a ordem constitucional econômica no que diz respeito ao acesso do capital estrangeiro. Especial atenção recebem as Emendas nºs 05/1995; 06/1995; 07/1995; 08/1995 e 09/2005. Além de atenuar os monopólios estatais, cuja exploração direta o constituinte originário entendeu estratégica, também há uma ampla abertura da economia nacional, inserindo-se o capital estrangeiro nela. Por exemplo, com a aprovação da Emenda Constitucional nº 06/1995, o texto original do artigo 171 da Constituição destinava tratamento diferenciado para empresas brasileiras de capital nacional.

O conceito de empresa brasileira ou empresa brasileira de capital nacional considerava (i) empresa brasileira aquela constituída sob as leis brasileiras e que tenha sede e administração no país; (ii) empresa brasileira de capital nacional, aquela cujo controle efetivo esteja em caráter permanente sob a titularidade direta ou indireta de pessoas físicas domiciliadas e residentes no país ou de entidades de direito público interno, entendendo-se por controle efetivo da empresa a titularidade da maioria de seu capital votante e o exercício, de fato e de direito, do poder decisório para gerir suas atividades.

Portanto, a empresa brasileira seria aquela constituída em solo nacional, de acordo com o ordenamento jurídico brasileiro, com sede e administração local. Já a empresa brasileira de capital nacional era aquela que, mesmo constituída em outro território, tinha seu controle efetivo (assim considerado o controle quantitativo de capital votante) por pessoas físicas domiciliadas ou residentes no Brasil. Note-se que a redação original da Constituição não exigia a nacionalidade brasileira, mas apenas o domicílio ou residência brasileira do acionista controlador.

Segundo Eros Grau,[215] a definição de empresa nacional decorreu do conceito previsto na Lei nº 7.232/1984, que dispõe sobre a Política Nacional de Informática. O artigo 12 da lei, revogado posteriormente pela Lei nº 8.248/1991, fixava que as empresas nacionais eram as pessoas jurídicas constituídas e com sede no país, cujo controle esteja, em caráter permanente, exclusivo e incondicional, sob a titularidade, direta ou indireta, de pessoas físicas residentes e domiciliadas no país, ou por entidades de direito público interno.

---

[215] GRAU, Eros. Breve nota histórica sobre o artigo 171 da Constituição de 1988. *Revista de Informação Legislativa,*n. 179, p. 242-244.

Segundo o hoje revogado artigo 12 da Lei nº 7.232/1984, o controle era assim considerado: i) controle decisório: o exercício, de direito e de fato, do poder de eleger administradores da sociedade e de dirigir o funcionamento dos órgãos da empresa; ii) controle tecnológico: o exercício, de direito e de fato, do poder para desenvolver, gerar, adquirir e transferir e variar de tecnologia de produto e de processo de produção; iii) controle de capital: a detenção, direta ou indireta, da totalidade do capital, com direito efetivo ou potencial de voto, e de, no mínimo, 70% (setenta por cento) do capital social.

Nas palavras de Bercovici,[216] o conceito de empresa nacional estava fundado, basicamente, na concepção de poder de controle, proveniente do direito societário e não mais na organização segundo as leis brasileiras. No entanto, esse fator acabou por consistir em uma mera formalidade, pois as companhias estrangeiras acabavam por estruturar filiais brasileiras, mas continuavam exercendo poder de controle.

Após a revogação do conceito legal pela Lei nº 8.248/1991, foi a vez de a Emenda Constitucional nº 06/1995 eliminar o conceito de empresa brasileira de capital nacional e, com ele, várias proteções conferidas pelo ordenamento jurídico às empresas de capital nacional. Por exemplo, existia expressamente a garantia de tratamento favorecido (preferência) na aquisição de bens e serviços produzidos ou prestados por empresas brasileiras de capital nacional, regra prevista no então inciso I do parágrafo 2º, artigo 3º da Lei nº 8.666, de 21 de junho de 1993, que regulamentava o art. 37, inciso XXI, da Constituição e instituía normas para licitações e contratos da Administração Pública, ora substituída pela Lei nº 14.133, de 1º de abril de 2021. Da mesma forma, por exemplo, também se excluiu do sistema jurídico brasileiro a regra que exigia que apenas empresas brasileiras pudessem explorar riquezas nacionais e potenciais de energia hidráulica do país.

Esses e outros pontos foram questionados, à época, por subverterem a lógica constitucional primária, que assegurava a soberania econômica nacional, prevista formalmente no inciso I do artigo 170 e que, segundo Bercovici,[217] visa viabilizar a participação da sociedade brasileira, em condições de igualdade, no mercado internacional, para garantir o desenvolvimento nacional.

Assim, cumpre-nos verificar, no âmbito deste estudo, se há eventuais inconstitucionalidades no que diz respeito à edição das

---

[216] BERCOVICI, Gilberto. *Direito Econômico do Petróleo e dos recursos minerais*. São Paulo: Quartier Latin, 2011, p. 218.
[217] *Op. cit.*

emendas constitucionais que alteraram a configuração do acesso ao investimento estrangeiro, atribuindo liberação setorial, partindo do princípio de que não há inconstitucionalidade decorrente de subversão de modelo econômico fixado no texto constitucional, pois partimos do pressuposto de que não há um modelo instituído de forma rígida e que pareça imutável, já que se define em observância de diretrizes gerais, que podem ser conformadas em linhas de governo distintas, desde que não haja violação direta aos objetivos do Estado e realizem a cláusula transformadora do artigo 3º constitucional.

No entanto, ainda que não haja modelo econômico fixado sob a rigidez constitucional para que possa ser contestado, cumpre confirmar se houve violação aos direitos estatuídos, conforme as lentes da doutrina do respeito aos limites da Teoria do Poder Constituinte. Sobre o Poder Constituinte Originário, sabe-se que suas tradicionais características – ser ilimitado, inicial e incondicionado – foram constituídas e estabelecidas desde o tempo histórico do Abade Sièyes, mas hoje são questionáveis. Por exemplo, parece-nos incogitável, mesmo diante do caráter ilimitado do Poder Constituinte, que ele subverta o regime democrático. Atualmente se defende, em uma visão doutrinária moderna, que o Poder Constituinte Originário não admite sua atuação de forma ilimitada, em tomadas de decisões caprichosas e totalitárias, desconsiderando a possibilidade de ordenar juridicamente o Estado e mantendo seu caráter absoluto de modo perpétuo.

De forma semelhante, o Poder Constituinte não pode simplesmente desconsiderar o extenso rol de direitos e garantias fundamentais e, em um ranço de regime totalitário, constituir um Estado Absolutista. Quedar-se-ia inconcebível, pois o Estado Democrático de Direito não mais admite poderes totalmente ilimitados (ainda que decorrente de uma revolução; e a duas, não obteria a necessária "força legitimadora do êxito", a personificá-lo como representante dos interesses sociais gerais, mas, sim, apenas de um grupo).[218]

O Poder Constituinte Derivado, com mais razão, limita-se e não poderá ficar contrário à vontade social manifestada pela soberania do Poder Constituinte Originário, que elabora e decreta a Constituição Formal e deve se ater a suas próprias balizas, na existência de limites a reformas.[219] A despeito de tais balizas, há uma aceitação geral de que o

---

[218] MENDES, Gilmar Ferreira; COELHO, Inocêncio Mártires; BRANCO, Paulo Gustavo Gonet. *Curso de Direito Constitucional*. São Paulo: Saraiva, 2007, p. 189.
[219] MIRANDA, Jorge. *Manual de Direito Constitucional*. Tomo II. Manual de Direito Constitucional. 5. ed. Coimbra: Coimbra Editora, 2003, p. 89.

Poder Constituinte Derivado efetue as alterações no texto constitucional, realizando adequações necessárias relativas à evolução dos fatos sociais. O poder de reforma constitucional também está limitado à soberania e vontade do Poder Constituinte Originário, de forma que a doutrina constitucionalista sempre entendeu imprescindível a existência de limites a tais reformas. As limitações podem ser procedimentais, circunstanciais e ainda materiais (ou de conteúdo). Manuel Gonçalves Ferreira Filho expõe que, embora a Constituição seja peça essencial do Estado e seja a suprema lei, o que lhe confere eficácia e validade diferenciada diante das outras normas, nenhuma geração deve sujeitar as gerações futuras ao propósito constitucional então vigente de forma imutável. Portanto, ao mesmo tempo em que a Constituição deve ser estável, deve também ser flexível ou adaptável a novas circunstâncias sociais.[220]

Entender como isso é possível passa pelo entendimento de que a Constituição, por ser um texto normativo aberto e plurissignificativo, permeado de princípios, onde se usa mais a ponderação do que a subsunção e mais concretização do que interpretação, requer, de forma basilar que o jogo político modifique lhe o alcance, remodelando seus valores, modernizando suas tendências, atualizando seus preceitos.[221]

Essa mutabilidade constitucional ganha legitimidade de direitos humanos, conforme a fórmula clássica, presente no artigo 28 da histórica e tradicional Declaração dos Direitos do Homem e do Cidadão, de 1789: "um povo tem, sempre, o direito de rever, reformar e de mudar a sua Constituição. Uma geração não pode sujeitar a suas leis as gerações futuras". Para Karl Loewenstein, "é preciso resignar-se com o caráter de compromisso inerente a qualquer constituição", mas "cada constituição é um organismo vivo sempre em movimento com a vida mesma e está submetida à dinâmica da realidade que jamais pode ser captada através de fórmulas fixas".[222]

Nesse contexto, a Constituição não deve representar somente o conceito de que é fonte de garantias imutáveis e de direitos fixos, bem como estruturas político-sociais rígidas. Muito além do conceito, parece que hodiernamente também lhe cabe o papel de conferir forma

---

[220] FERREIRA FILHO, Manuel Gonçalves. Revisão Constitucional. Recife: *Revista do Instituto dos Advogados em Pernambuco*, 1994, p. 4.
[221] MENDES, Gilmar Ferreira; COELHO, Inocêncio Mártires; BRANCO, Paulo Gustavo Gonet. *Curso de Direito Constitucional*. São Paulo: Saraiva, 2007, p. 121.
[222] LOEWENSTEIN, Karl. *Teoría de la Constitución*. Tradução por Alfredo Gallego Anabitarte. 2. ed. Barcelona: Ariel, 1976.

à realidade social, adequando-a aos preceitos e princípios próprios de seu texto. E executa tal atividade diante da possibilidade de alteração do sentido da norma sem que necessariamente haja modificação do próprio texto.

Assim, com justificativa em todo aparato teórico derivado de princípios como da supremacia da constituição, bem como da rigidez constitucional, embora seja imperiosa a preservação da Constituição em seu núcleo fundamental, ela não pode se furtar das alterações e modificações necessárias – evitando-se, obviamente, as alterações desnecessárias, oportunistas e casuísticas.[223]

Por isso, como também já fora dito, a doutrina constitucional admite de forma salutar a ocorrência de alterações, que podem ser formais, como revisão e emendas, ou informais, o que se denomina atualmente como mutação constitucional, que é a alteração do sentido do conteúdo do texto normativo e não necessariamente da sua forma.

Assim, o Poder Constituinte instituído é um poder de direito e está limitado pela própria Constituição e, pela sua natureza, apresenta subordinação às prescrições de fundo constitucional e condicionamento a um procedimento rígido, obrigatório, estabelecido pela Constituição para sua modificação. Entre as modificações encontram-se as explícitas, de três espécies: circunstanciais, materiais e temporais; e as implícitas.

As limitações circunstanciais impedem a modificação constitucional no estado de sítio, intervenção federal ou estado de defesa (art. 60, §1º); limitações materiais, que indicam impossibilidade de deliberação à proposta tendente a abolir a forma federativa do Estado; o voto direto, secreto, universal e periódico; separação de Poderes e direitos e garantias individuais (art. 60, §4º); já as limitações temporais evitam a nova proposta de emenda rejeitada ou prejudicada na mesma sessão legislativa.

Nas alterações constitucionais que possibilitaram modificações de natureza neoliberal, como a abertura dos mercados e ampliação dos acessos aos investimentos estrangeiros, não houve subversão de modelo econômico – até porque a Constituição não fixa um; e as alterações advindas do Poder Constituinte Derivado Reformador não vulneraram a teoria do Poder Constituinte, pois não ofendem os limites explícitos, sejam eles circunstanciais (já que não ocorreram em momentos de anormalidade institucional) ou materiais (já que não

---

[223] CASTRO, Carlos Roberto Ibanez. *Modificação constitucional e o atributo de estabilidade da norma fundamental*. 2007. 276f. Dissertação (Mestrado em Direito) – Faculdade de Direito, Pontifícia Universidade Católica de São Paulo, São Paulo, p. 12.

tendem a abolir a forma federativa de Estado, o voto direto, secreto, universal e periódico, o princípio da separação de poderes nem os direitos e garantias individuais).

Portanto, as alterações constitucionais nada mais são do que expressões do desenvolvimento da "constituição viva – *living constitution*", nas palavras de Nelson de Sousa Sampaio,[224] pois não ofendem também a "legitimidade constitucional,"[225] expressão por ele utilizada para "designar o conjunto de princípios não escritos que servem de fundamento da constituição e devem ser colocados pelo intérprete e aplicador em posição hierarquicamente superior a esta", em especial os direitos e liberdades individuais.

Neste caso, ao se permitir a ampliação de fontes de financiamento e investimento para realização de atividades comerciais/econômicas, incluindo-se a exploração, por delegação, de forma empresarial, de atividades públicas, apenas estar-se-á atingindo mais usuários e consumidores, dado o volume de recursos necessários. Acaso houvesse intenção de nacionalização de empresas, também não haveria impedimento na Constituição. O que a constituição desenha não é um modelo econômico fixo, metas de governo ou orientações administrativas. O governo altera-se e com ele suas políticas econômicas. É importante, no entanto, que o Estado assegure a realização dos objetivos constitucionais, independentemente do rótulo que a Constituição Econômica atribuir. Diante dessas análises, nosso próximo passo é analisar a natureza jurídica do investimento e os acessos do capital por setores, de modo que se indique um rol de atividades proibidas ou permitidas (com restrições) ao investimento estrangeiro.

---

[224] SAMPAIO, Nelson de Sousa. *O Poder de Reforma Constitucional*. Salvador: Progresso, 1954, p. 8.
[225] *Ibidem*, p. 111.

CAPÍTULO 4

REGULAMENTAÇÃO DE INVESTIMENTOS ESTRANGEIROS NA ABORDAGEM NACIONAL

A intenção deste capítulo é desdobrar aspectos da natureza jurídica do investimento estrangeiro, conforme discussões e formas que eles assumem, considerando a regulação contemporânea. No âmbito nacional, a lei que regula os investimentos estrangeiros tem sido denominada de Estatuto do Capital Estrangeiro (Lei Federal nº 4.131/1962), foi recepcionada pela ordem constitucional e ainda se encontra vigente, a despeito de pontualmente modificada pela Lei nº 14.286/2021.

Inicialmente, para contextualizar o marco legislativo e as então expectativas da sua publicação, serão resgatados aspectos das necessidades que lhe precederam, para que se possa compreender suas limitações e insuficiências prescritivas. Ao final, verificar-se-á que as disposições tratadas são meramente operacionais, justificadas pela necessidade de registros e atribuições tributárias, suficientes para a época, mas que, a nosso ver, não desenvolvem o tema com profundidade tal que possa caracterizar a legislação como um verdadeiro Estatuto.

Para compreensão das justificativas normativas, é necessário retomar o contexto histórico da Conferência de Bretton Woods, que resultou na celebração (e posterior internalização no ordenamento jurídico brasileiro)[226] do acordo de mesmo nome e que estabeleceu as

---

[226] BRASIL. *Decreto-Lei nº 8.479*, de 27 de dezembro de 1945. Aprova a Convenção sobre o Fundo Monetário Internacional e a Convenção sobre o Banco Internacional para a Reconstrução e Desenvolvimento, concluídas em Bretton Woods, N. H., Estados Unidos da América, a 22 de julho de 1944, por ocasião da Conferência Monetária e Financeira das Nações Unidas, assinadas pelo Brasil, na mesma data.

bases da discussão sobre a adoção de uma nova modelagem para o sistema monetário nacional, com o fim da Segunda Guerra Mundial. Dentre os vários pontos do acordo, destaca-se o abandono do padrão-ouro e a aceitação do padrão dólar-ouro,[227] o que estabeleceu certa liberdade cambial e por isso indicou a necessidade de registro de investimentos em autoridade monetária para fins de cálculo e garantia do direito de retorno até o limite de 20% do capital registrado.

A orientação culminou com a edição do Decreto-Lei nº 9.025/1946 e, posteriormente, com a regulamentação pelo Decreto nº 30.363/1952. No fim da década de 1950, como reação aos investimentos em estatais, concessão de créditos a juros baixos e política de reserva de mercado, buscou-se incentivar o investimento estrangeiro por razões financeiras e tecnológicas (algo semelhante com o cenário de hoje). Portanto, editou-se a Instrução nº 113/55 que permitia importação de bens sem cobertura cambial e emissão de licença de importação para fins de investimento externo, mediante a comprovação de que os investidores dispunham de equipamentos a serem enviados ao país para serem incorporados no ativo da empresa que ia atuar no país. No início da década de 1960, diante de uma crise política e econômica, foram formatadas reformas estruturais, como a Lei da Reforma Bancária (Lei Federal nº 4.595/1964) e o Estatuto/Lei do Capital Estrangeiro (Lei nº 4.131/1962).[228]

A Lei nº 4.131/1962 aportou melhorias, diante do quadro normativo então existente, podendo-se citar: i) sistematização das operações de registro; ii) previsão de infrações cambiais diante de informações falsas em contratos de câmbio, por realização do censo de capitais e pela autoridade monetária – o BACEN, com colaboração do

---

[227] COSTA, Luciana Pereira. *Disciplina Jurídica do Câmbio e Política Pública* (Dissertação de Mestrado), USP, 2009. Disponível em: https://www.teses.usp.br/teses/disponiveis/2/2133/tde-18112009-155041/publico/Luciana_Pereira_Costa_Dissertacao.pdf. Acesso em: 11 de jul. 2021. "No padrão-ouro, a definição de moedas é feita com relação a uma quantidade fixa de ouro, consagrando um regime de taxas de câmbio fixas com base na cotação do ouro. Esse sistema pressupõe, ainda, a existência de moedas conversíveis em ouro e, por consequência, nas outras moedas nacionais, pelas taxas fixadas. No padrão dólar-ouro, o dólar foi eleito como moeda internacional, a única que manteria a sua conversibilidade com o ouro. As outras moedas nacionais seriam livremente conversíveis em dólar a uma taxa de câmbio fixa. O dólar tinha, assim, uma paridade com o ouro, e as demais moedas tinham paridade com o dólar. No sistema Bretton Woods, quando uma moeda apresentava tendência a se afastar demasiado do dólar, a taxa de câmbio poderia ser ajustada; este ajustamento – que diferenciava esse sistema do padrão-ouro, tornando-o mais flexível – idealmente deveria ser acordado com as demais partes do Acordo".

[228] COSTA, Luciana Pereira. *Disciplina Jurídica do Câmbio e Política Pública* (Dissertação de Mestrado), USP, 2009. Disponível em: https://www.teses.usp.br/teses/disponiveis/2/2133/tde-18112009-155041/publico/Luciana_Pereira_Costa_Dissertacao.pdf. Acesso em: 11 de jul. 2021.

IBGE – e, principalmente, determinou a obrigatoriedade de idêntico tratamento ao capital estrangeiro concedido ao capital nacional, em igualdade de condições, sendo vedadas quaisquer discriminações não previstas naquela lei. Consideram-se avanços, que decorreram de aspectos regulatórios internacionais, a sistematização de registros e o tratamento isonômico do capital estrangeiro e nacional. Por sua vez, a Lei nº 14.286, de 29 de dezembro de 2021, editada em momento posterior à defesa da tese que originou este livro, alterou a Lei nº 4.131/62, sem muitas determinações distintas sobre o regime jurídico que se desenha como conclusão do presente estudo. Questão importante que deve ser apresentada é que a legislação descreveu conceitos relevantes, incluindo-se o de capital estrangeiro em suas vertentes (que o artigo 8º considera os valores, os bens, os direitos e os ativos de qualquer natureza, distinguindo-se se estão no território nacional ou estrangeiro e se estão detidos por residentes ou não). Para além disso, o artigo 9º nominalmente reconhece a igualdade de tratamento entre capitais estrangeiros e nacional. A despeito dessas orientações – que também se inserem em linhas gerais, tal qual a determinação da Lei nº 4.1.31/62 –, o tratamento não é exaustivo.

Sobre a sistematização dos registros, que aperfeiçoou o Decreto-Lei nº 9.025/1946 e atendeu à orientação do Acordo de Conferência de Bretton Woods, pode-se dizer que normatização legal coaduna com os princípios de controle de câmbio que devem ser realizados pelo Estado para impedir, dificultar ou monitorar a livre circulação de recursos através das fronteiras, com o intuito de preservar ou administrar as reservas de divisas. Portanto, o registro não é dispensável; ao contrário, é desejável e constitui a base de cálculo do retorno do capital (que não pode ultrapassar os limites do montante registrado), nos termos legais.

Bercovici afirma que o tema do controle sobre o capital estrangeiro sempre gerou discussões, especialmente em torno da remessa de lucros para o exterior por parte de empresas estrangeiras ou filiais atuantes no território nacional. As tentativas de controle devem ser compreendidas no contexto histórico das denominadas "reformas de base" do Governo João Goulart, que estipulava que lucros reinvestidos no país não seriam considerados capitais estrangeiros. Com o golpe militar, houve alteração legislativa por intermédio da Lei nº 4.390/1964, que revogou a maior parte das limitações e equiparou o tratamento do capital nacional ao estrangeiro.[229]

---

[229] BERCOVICI, Gilberto. *Direito Econômico do Petróleo e dos Recursos Minerais*. São Paulo: Quartier Latin, 2011, p. 222.

Os investimentos estrangeiros podem assumir a forma de empréstimo e, nos termos da redação conferida pela Lei nº 4.390/1964 (§5º do artigo 28), não há restrições para remessas de juros e quotas de amortização constantes de contratos de empréstimos, desde que registrados. Essa orientação possibilitou empréstimos de empresas brasileiras diretamente ao exterior, assim como autorização para bancos brasileiros contraírem empréstimos, também no exterior, para repassá-los às empresas brasileiras. Conforme José Tadeu de Chiara, esse comportamento gerou grande endividamento externo ao longo das décadas de 1960 e 1970, durante o regime militar.[230]

A conhecida crise da dívida externa foi tão grave na história econômica brasileira que os constituintes, na intenção de minimizar os impactos, resolveram incluir o tema no texto constitucional de forma expressa, o que gerou a redação do artigo 172 e do artigo 26 do ADCT.[231] Literalmente, o artigo 172 menciona que a lei "disciplinará, com base no interesse nacional, os investimentos de capital estrangeiro, incentivará os reinvestimentos e regulará a remessa de lucros".

Ao se deparar com a legislação e, à exceção da obrigatoriedade de idêntico tratamento nacional e estrangeiro, o instrumento legal que se propõe a regulamentar a entrada do capital parece se preocupar, basicamente, com aspectos operacionais e meramente administrativos, como o registro. Não que o registro seja dispensável, pois do registro constitui a base de cálculo do retorno (que não pode ultrapassar o limite de 20% do capital registrado). Porém, está longe de disciplinar, com base no interesse nacional, os investimentos.

Por isso, para que seja considerado um verdadeiro Estatuto,[232] a lei deveria conter um conjunto de regras mínimas que pudessem dispor, detalhadamente, sobre todas as relações do investimento estrangeiro, a exemplo: i) direitos dos investidores; ii) previsões expressas de restrições de acesso, de modo que o intérprete pudesse delimitar o campo dos modais deônticos normativos e determinar o que é "proibido",

---

[230] DE CHIARA, José Tadeu. Capitais Estrangeiros. *Revista de Direito Mercantil, Industrial, Econômico e Financeiro*, v. 16, n. 26. São Paulo: Revista dos Tribunais, 1977, p. 67-85.
[231] *Op. cit.*, p. 223.
[232] Determinar o conteúdo mínimo ou o rol normativo elementar que deve constar de determinado texto legal para que ele seja considerado estatuto jurídico não é uma tarefa fácil e de razoável previsibilidade. Porém, ao considerar alguns "Estatutos" existentes atualmente no ordenamento jurídico, como o Estatuto da Criança e do Adolescente; Estatuto do Idoso, Estatuto das Estatais, é possível fazer um exercício e verificar que existe um título ou capítulo que trata dos princípios, direitos, atores envolvidos na proteção de determinados direitos.

"permitido" e "facultado" ao investidor; iii) formas de proteção do investimento; iv) princípios básicos das relações e atores envolvidos. Alguns desses conteúdos até existem no ordenamento jurídico nacional, mas não estão disponibilizados de forma sistemática. É o caso das restrições setoriais, previstas casuisticamente na legislação especial de cada setor econômico regulado. Outros nem são objeto da legislação nacional, mas de tratados.[233] É claro que haverá sempre o que tratar de forma pormenorizada em tratados, a considerar as especificidades da relação, mas muitos desses instrumentos acabam versando não de especificidades, mas sim de padrões e *standards* genéricos que são interpretados nos tribunais arbitrais, com risco de orientações diversas.

Ao se mencionar fontes do direito, está-se fatalmente buscando verificar de onde o direito surge e quais serão suas repercussões no tema. Se a fonte está no âmbito dos sistemas jurídicos nacionais, a questão da origem do direito não demanda maiores discussões e quanto mais clara, melhor. Porém, a sobreposição de fontes (como é o caso das questões envolvendo investimentos estrangeiros), sem que se saiba qual é a prevalecente, cria insegurança jurídica.

Esse é um dos motivos pelo qual o marco jurídico dos investimentos estrangeiros deveria ser mais amplo e claro, reunindo em um só instrumento legal todos os aspectos relacionados ao investimento estrangeiro e seus desdobramentos. A intenção dessa tese não é oferecer todos os elementos à estruturação perfeita da legislação, nem formular propostas de *lege ferenda* para adequação do marco legal ou regulatório.

O objetivo é deixar evidente que a legislação atualmente vigente, considerando-se sua redação positivada, é ainda incompleta para lidar com os aspectos sociais e econômicos do atual contexto social. A demonstração de que a norma precisa de revisão/complementação inicia-se com a própria noção de natureza jurídica de investimentos que ela traz, bastante limitada se considerada à luz das alterações econômicas que permeiam as discussões do tema, principalmente se tais investimentos servirem de suporte financeiro a atividades públicas. A Lei nº 4.131, de 1962, é o principal instrumento legal que regulamenta a entrada do capital estrangeiro no país e parece preocupar-se, basicamente, com o registro de capitais, não dispondo sobre outros temas de grande interesse para os investidores.

---

[233] A exemplo dos Acordos de promoção e proteção de investimentos (APPI), Acordos de cooperação e facilitação de investimentos (ACFI).

No âmbito do ordenamento jurídico brasileiro, o investimento estrangeiro está delimitado pelo artigo 1º da Lei nº 4.131, de 03 de setembro de 1962, o qual afirma que se consideram capitais estrangeiros:[234]

(i) os bens, máquinas e equipamentos, ingressos no Brasil sem dispêndio inicial de divisas, destinados à produção de bens ou serviços;

(ii) recursos financeiros ou monetários, introduzidos no país, para aplicação em atividades econômicas desde que, em ambas as hipóteses, pertençam a pessoas físicas ou jurídicas residentes, domiciliadas ou com sede no exterior.

Por sua vez, a Lei nº 14.286, de 29 de dezembro de 2021, editada em momento posterior à defesa da tese que originou este livro, alterou a Lei nº 4.131/62, descrevendo conceitos relevantes, incluindo-se o de capital estrangeiro em suas vertentes (que o artigo 8º considera os valores, os bens, os direitos e os ativos de qualquer natureza, distinguindo-se se estão no território nacional ou estrangeiro e se estão detidos por residentes ou não).

Ainda que louvável a alteração, vê-se que se trata de conceito bastante simples e amplo, que evoca os aspectos do investimento direto e do investimento de portfólio, e abrange tanto os bens – gênero do qual são espécies máquinas e equipamentos que ingressem no país – quanto os recursos financeiros ou monetários que pertençam a pessoa jurídica com sede no exterior e constituam suporte à atividade econômica ou ao desenvolvimento da própria atividade.

Para Luiz Olavo Baptista,[235] a expressão "bens estrangeiros," utilizada pela nossa legislação nacional, era mais usual no direito internacional até o fim da II Grande Guerra, quando o uso de "investimentos estrangeiros" suplantou esse último. Consideravam-se bens estrangeiros aqueles decorrentes dos movimentos de capital ligados às companhias de petróleo, mineração, produtos primários, depois, passando à manufatura.

---

[234] Nota-se que o termo "capitais estrangeiros" originalmente designava apenas a operação de movimentação de capitais, mas seu sentido contemporâneo é mais amplo, como fenômeno que supera a mera transação. Mas, nas palavras de Luiz Olavo Baptista, trata-se de um processo de expansão da empresa que, muitas vezes começa sem o movimento de capitais, como "a contratação de um representante de local que usa a marca, uma cessão de tecnologia, aliança estratégica etc.". BAPTISTA, Luiz Olavo. *Os investimentos internacionais no direito comparado e brasileiro*. Porto Alegre: Livraria do Advogado, 1998, p. 17-23.

[235] *Idem*.

Com o desenvolvimento do termo para atingir serviços, privatizações de empresas e, mais atualmente, indicando concessões públicas ligadas ao desenvolvimento social, há um deslocamento da ideia de que o investimento se resumiria à condição do produto do investimento (o bem resultante do ato de investir), para a atividade, representando o movimento de capitais, desde o seu ponto de partida até seu ponto de chegada, privilegiando o processo, com todas as suas implicações, não o resultado final, a instalação de bens, propriamente dita.

No entanto, a despeito do anacronismo da legislação, vale ressaltar que noção deve ser complementada pela interpretação sistemática com o Código Civil Brasileiro, no sentido de que abrange também bens móveis, imóveis, tangíveis e intangíveis, fungíveis e consumíveis, singulares e coletivos, públicos ou privados, podendo-se interpretar que sobre eles, independentemente da classificação, recai o direito de propriedade, seja intelectual ou industrial, motivo pelo qual não se pode negar que exista certa proteção jurídica. No entanto, é verdade que ela poderia ser bem mais extensa e se referir a direitos ou interesses, protegendo, expressamente, por exemplo, as concessões públicas.

Curiosamente, e ao contrário do que o senso comum e a linguagem ordinária possam sugerir, o conceito não considera a nacionalidade do investidor, mas sim seu domicílio ou residência no exterior. Portanto, o critério tem por base o fluxo do capital, considerando-se o momento da sua entrada no país. Assim, não importa a nacionalidade de quem investe, mas sim o território de onde provém o investimento. Destarte, consideram-se investidores estrangeiros não aqueles que não são nacionais, mas sim os não residentes, individuais ou coletivos, pessoas físicas ou jurídicas, fundos ou outras entidades de investimento coletivo, com residência, sede ou domicílio no exterior.

Assim, se não há entrada do investimento no país, mas apenas relação estabelecida (ou continuada) em território nacional, não há que se falar em investimento estrangeiro. Portanto, um estrangeiro que estiver domiciliado ou residente no Brasil não opera como investidor estrangeiro e, para todos os efeitos, é investidor nacional. Essa confusão é bastante comum, pois o estrangeiro pessoa física é quem não detém a nacionalidade brasileira, o que intuitivamente leva a considerar que investimento estrangeiro seria aquele pertencente ao estrangeiro, quando na verdade, é o que é oriundo de território estrangeiro.

Ainda, pelo conceito legal, há uma finalidade específica para que o fluxo de recursos seja considerado investimento estrangeiro, qual seja: o exercício de atividade econômica, independentemente do setor envolvido. Por exemplo, o Relatório BACEN 2019 demonstra investimentos estrangeiros em agricultura, pecuária, extração mineral, indústria da transformação (metalurgia; produtos químicos, farmoquímicos, alimentícios, têxteis, plásticos; máquinas, equipamentos de várias naturezas – incluindo periféricos e *hardware* – veículos automotores; celulose; bebidas; eletrônica; elétrica; outras indústrias, etc.). Demonstra, ainda, que o setor que mais movimenta fluxos para o Brasil é o financeiro, seja em IDP ou IDE, conforme abaixo:

> Um quinto da posição de IDP está aplicado em serviços financeiros e atividades auxiliares. Um terço da posição de IDE está aplicado em empresas para aquisição de ativos financeiros. Em 2019, as empresas residentes que atuam em serviços financeiros e atividades auxiliares, incluindo fundos de investimento, responderam por 19,8% (US$116,5 bilhões) da posição de IDP – Participação no capital, seguidas por companhias pertencentes ao setor de comércio (9,8%) e eletricidade e bebidas (7,9% cada).
> (...)
> Quase um terço (31,6%) da posição de IDE – Participação no capital é aplicado em empresas constituídas para aquisição de ativos financeiros. Em seguida, aparecem empresas que atuam em atividades de serviços financeiros e auxiliares, com 18,9%.

Pela interpretação literal da lei, Raquel Biáforo afirma que se pode extrair três elementos essenciais para a caracterização do investimento como estrangeiro, a saber: (i) ingresso dos recursos no Estado-hospedeiro para cumprimento do requisito de registro de capitais; (ii) titularidade de não residentes, destacando-se que o investidor, seja pessoa física ou jurídica, não esteja residente e domiciliado no país receptor, isto é, não importa a sua nacionalidade, conquanto seu domicílio seja fora do Brasil; e (iii) emprego em atividade econômica.[236]

Já Denis Borges Barbosa[237] sintetiza os critérios analíticos que definem, de forma cumulativa, a caracterização presente na lei brasileira, consolidados no quadro adiante organizado:

---

[236] BIÁFORO, Raquel de Lima. *Alterações do regime jurídico do investimento estrangeiro nos mercados financeiro e de capitais no Brasil*. Insper Instituto de Ensino e Pesquisa Ll.M. – Direito do Mercado Financeiro e de Capitais Ll.M. – Direito Societário. São Paulo, 2017, p. 9.

[237] BARBOSA, Denis Borges. *Direito de Acesso do Capital Estrangeiro*. Rio de Janeiro: Lumen Juris, 1996, p. 23-78.

QUADRO 4
Critérios para classificação do investimento estrangeiro

Critério Subjetivo	Pertencer a pessoas físicas ou jurídicas residentes, domiciliadas ou com sede no exterior.
Critério objetivo	Constituir-se em: bens, máquinas, equipamentos, entradas no Brasil sem dispêndio inicial de divisas (investimento direto) ou em recursos financeiros ou monetários introduzidos no país (investimento de portfólio)
Critério da finalidade	Destinem-se à produção de bens ou serviços no caso de bens físicos ou que se destinem à aplicação em atividades econômicas, no caso de recursos financeiros ou monetários.

Fonte: Elaboração da autora. Dados extraídos da obra referenciada na NR nº 238.

Percebe-se que o investimento estrangeiro está ligado, portanto, a fatores que se cumulam: i) critério subjetivo: os investidores são pessoas físicas ou jurídicas domiciliadas ou residentes fora do território nacional que possibilitam entrada de recursos no território nacional e não se confundem com estrangeiros (pessoas físicas ou jurídicas com nacionalidade diferente da brasileira que eventualmente podem morar ou ter sede no território nacional). O importante, portanto, é a origem dos investimentos e não a nacionalidade de quem investe; ii) critério objetivo: se constitui de recursos financeiros ou bens (e são classificados como investimentos indiretos ou diretos); iii) critério da finalidade: servem à produção de bens e serviços ou se destinam à aplicação em atividades econômicas.

4.1 Natureza patrimonial do investimento estrangeiro e condicionantes da administração ordenadora

Da delimitação legal, acima esquematizada, extrai-se, que, do conceito de investimento estrangeiro, sua natureza jurídica mais evidente seria a de propriedade, exatamente porque sobre bens, máquinas e serviços financeiros compete ao investidor/proprietário a faculdade de usar, gozar e dispor da coisa, tendo o direito de reavê-la do poder de quem quer que, injustamente, a possua ou detenha. Nesse caso, a propriedade pode ser tangível ou intangível, a exemplo da propriedade intelectual e industrial,[238] classificadas expressamente por grande parte de tratados como tipologia de investimentos estrangeiros.[239]

Como toda propriedade, seu exercício deve estar em consonância com as suas finalidades econômicas e sociais, pesando a função social que orientará a observância de leis especiais de: defesa da concorrência, ambiental, urbanística e administrativa, visando à preservação e de modo que sejam preservados, em conformidade com o estabelecido em lei especial, a flora, a fauna, as belezas naturais, o equilíbrio ecológico e o patrimônio histórico e artístico, bem como evitada a poluição do ar e das águas.

Como consequência, a propriedade está sujeita aos condicionamentos da denominada Administração Ordenadora, assim considerada por Carlos Ari Sundfeld como "a parcela da função administrativa com o uso do poder de autoridade, para disciplinar, nos termos e para os fins da lei, os comportamentos dos particulares no campo das atividades que lhes é próprio".[240] Para o autor,[241] alguns traços são importantes para a caracterização da Administração Ordenadora, a saber: i) está voltada à organização da vida privada, ao exercício de atividade particular na esfera privada e, portanto, desenvolve-se em uma relação jurídica genérica e se distingue da disciplina de outros vínculos entre a Administração e seus servidores, delegatários ou contratados, cuja relação é de sujeição especial; ii) trata-se de atuação administrativa do Estado, na realização de função pública e mediante a utilização do poder de autoridade, diferindo-se do fomento estatal e do exercício direto de atividade econômica pelo Estado; iii) é exteriorizada por interferências administrativas. As interferências administrativas podem ser de quatro modalidades.

Na classificação de Sundfeld,[242] a primeira modalidade está rotulada como a constituição de direitos por meio de ato administrativo.

---

[238] Sem adentrar as especificidades e diferenças entre propriedade industrial e intelectual, citamos, a título de exemplo, objetos que poderão ser considerados investimentos estrangeiros (especialmente advindos de países em que o desenvolvimento de tecnologia é mais amplo: patentes de invenção, modelo de utilidade, desenho e modelo industrial, marcas, sinais e expressões de propaganda, indicações geográficas/de procedência etc.).

[239] RIBEIRO, Marilda Rosado de Sá; XAVIER J., Ely Caetano. Acordos de livre comércio e acordos megarregionais: perspectivas de regulação de comércio e investimento. In: MOROSINI, Fábio (coord.). *Regulação do comércio internacional do investimento estrangeiro*. São Paulo: Saraiva, 2017, p. 181.

[240] SUNDFELD, Carlos Ari. *Direito Administrativo Ordenador*. 1. ed. 3. Tir. São Paulo: Malheiros, 2003, p. 20.

[241] Idem

[242] Idem

Trata-se de situação jurídica típica da vida privada, como o direito de realizar atividade em geral proibida que, a partir do preenchimento de requisitos, pode ser excepcionada (autorização para o porte de arma) ou permitida, mas reservada a um número limitado de exploradores (exportação de café); ou, ainda, a atribuição de status jurídico (cidadania, personalidade jurídica). Quanto ao tema do estudo, encontra-se enquadrada a necessidade de autorização do Poder Executivo para funcionamento de filial, sucursal, agência ou estabelecimento de sociedade estrangeira no país, conforme disposto no art. 1.134 do Código Civil.[243]

A autorização não é necessária para as hipóteses de sociedades estrangeiras sócias ou acionistas de sociedade nacional, situação em que se poderá buscar a alteração societária diretamente na Junta Comercial, de acordo com o disposto na Instrução Normativa DREI nº 81, de 10 de junho de 2020.[244] A IN também dispõe que as competências para autorização governamental, tratadas pelo dispositivo do Código Civil,

---

[243] BRASIL. *Código Civil. Art. 1.134.* Disponível em: https://www2.senado.leg.br/bdsf/bitstream/handle/id/506294/codigo_civil_5 ed. Acesso em: 11 de jul. 2021. A sociedade estrangeira, qualquer que seja o seu objeto, não pode, sem autorização do Poder Executivo, funcionar no país, ainda que por estabelecimentos subordinados, podendo, todavia, ressalvados os casos expressos em lei, ser acionista de sociedade anônima brasileira.

[244] BRASIL. Ministério da Economia. *Instrução Normativa Departamento Nacional de Registro Empresarial e Integração nº 81*, de 10 de junho de 2020. Disponível em: https://www.gov.br/economia/pt-br/assuntos/drei/legislacao/arquivos/legislacoes-federais/01JUL2020_IN_81_com_ndice.pdf. Acesso em: 11 jul. 2021. Conforme a norma infralegal "Art. 12. A pessoa física, brasileira ou estrangeira, residente no exterior, que seja empresário individual, titular de EIRELI, sócio de sociedade empresária ou associado de cooperativa, poderá arquivar na Junta Comercial, desde que em processo autônomo, procuração outorgada ao seu representante no Brasil, observada a legislação que rege o respectivo tipo societário. §1º A pessoa jurídica com sede no exterior que seja titular de EIRELI, sócia de sociedade empresária ou associada de cooperativa também se sujeita à regra do *caput*, e nesse caso deverá apresentar prova de sua constituição e de sua existência legal. §2º O estrangeiro domiciliado no exterior e de passagem pelo Brasil poderá firmar a procuração prevista no *caput* deste artigo, por instrumento particular ou público, ficando, na segunda hipótese, dispensada a apresentação de seu documento de identidade perante a Junta Comercial. §3º A procuração a que se refere o *caput* deste artigo presume-se por prazo indeterminado quando não seja indicada sua validade. Art. 13. No caso de indicação de estrangeiro não residente no Brasil para cargo de diretor em sociedade anônima, a apresentação de documento emitido no Brasil somente será exigida por ocasião da investidura no respectivo cargo, mediante o arquivamento do termo de posse. Parágrafo único. O disposto no *caput* desde artigo não obsta o arquivamento do ato de indicação. Art. 14. A Junta Comercial, para o arquivamento de ato com a participação de estrangeiro, pessoa física ou jurídica, deverá verificar se a atividade empresarial não se inclui nas restrições e impedimentos constantes de tabela própria nos Manuais de Registro, anexos a esta Instrução".

serão objeto de pedido por intermédio do "Portal gov.br",[245] examinados e decididos pelo Departamento Nacional de Registro Empresarial e Integração da Secretaria de Governo Digital da Secretaria Especial de Desburocratização, Gestão e Governo Digital do Ministério da Economia, ressalvados os casos em que a legislação específica atribui competência a outros órgãos do Poder Executivo. É o caso de autorização para exercício de atividades de aviação civil, podendo haver operação por parte de empresas estrangeiras, desde que atendam a determinados requisitos e sejam autorizadas pela Agência Nacional de Aviação Civil.[246]

A segunda modalidade de ordenação[247] volta-se para a regulação administrativa do exercício de direito que pode ser genericamente chamada de condicionamentos e limitações administrativos e, por sua vez, de três espécies possíveis: a) limites do direito (deveres de não fazer); b) encargos do direito (deveres de fazer); e c) sujeições do direito (deveres de suportar). São situações cujas restrições administrativas guardam estreita relação com a soberania, interesse nacional e defesa. É o caso da pesquisa e da lavra de recursos minerais e o aproveitamento dos potenciais de energia hidráulica que, nos termos do parágrafo primeiro do artigo 176 da Constituição da República Federativa do Brasil, somente poderão ser efetuados mediante autorização ou concessão da União, no interesse nacional, por brasileiros ou empresa constituída sob as leis brasileiras e que tenha sua sede e administração no país, na forma da lei, que estabelecerá as condições específicas quando essas atividades se desenvolverem em faixa de fronteira ou de terras indígenas.[248]

---

[245] BRASIL. Ministério da Economia. *Empresas*. Autorizações e Exigências. Requerer autorização para atos de filial de sociedade empresária estrangeira. Disponível em: https://www.gov.br/pt-br/servicos/requerer-autorizacao-para-atos-de-filial-de-sociedade-empresaria-estrangeira. Acesso em: 11 jul. 2021.

[246] *Idem*.

[247] SUNDFELD, Carlos Ari. *Direito Administrativo Ordenador*. 1. ed. 3. Tir. São Paulo: Malheiros, 2003, p. 20.

[248] A orientação é também reafirmada pela legislação infraconstitucional. Conforme o artigo 79 da Lei nº 8.901/1994, entende-se por empresa de mineração, para os efeitos deste Código (referindo-se às alterações promovidas no Decreto-lei nº 227/67, conhecido como Código de Mineração, recepcionado pela Constituição da República Federativa do Brasil), a firma ou sociedade constituída sob as leis brasileiras que tenha sua sede e administração no País, qualquer que seja a sua forma jurídica, com o objetivo principal de realizar exploração e aproveitamento de jazidas minerais no território nacional. (...) §2º O controle efetivo da firma ou sociedade a que se refere este artigo deverá estar em caráter permanente sob a titularidade direta de pessoas físicas domiciliadas e residentes no País ou de entidades de direito público interno, entendendo-se por controle efetivo da empresa a titularidade da maioria de seu capital votante e o exercício, de fato ou de direito, do poder decisório para gerir suas atividades.

A terceira modalidade, segundo o mesmo autor,[249] já não regula, mas sacrifica direitos patrimoniais, seja de forma integral/definitiva (extinção) ou de forma parcial/temporária (restrição). O exemplo referido em sua obra é o tombamento, que igualmente pode representar tanto a restrição quanto a extinção de direitos patrimoniais, a depender do objeto (tombamento de obra de arte ou de prédios, respectivamente). Para o tema dos investimentos estrangeiros, chama a atenção as denominadas expropriações como formas de extinção de direitos, assim consideradas as privações realizadas pelo Poder Público ao proprietário.

Um esclarecimento terminológico se faz necessário: no ordenamento jurídico pátrio, o termo "expropriação" é mencionado unicamente na previsão do artigo 243 da CRFB, que indica o confisco de terras (de natureza urbana ou rural) nas quais se localizem culturas ilegais de plantas psicotrópicas ou exploração de trabalho escravo, sem qualquer possibilidade de indenização e sem prejuízo de sanções previstas em lei. Porém, o uso dado pelo Direito Internacional dos Investimentos Estrangeiros é mais amplo, designando quaisquer possibilidades da tomada da propriedade privada pelo Estado, com consequente transferência dos direitos para outro titular, geralmente mediante compensação financeira.[250] Caso fosse possível pensar em uma analogia com o Direito Administrativo, o instituto estaria mais próximo do que se conhece nacionalmente por desapropriação (direta ou indireta).[251]

Outro tema que merece esclarecimento é a nacionalização ou socialização da propriedade privada, hipóteses comuns e realizadas em massa no início do século XX. Explica José Augusto Fontoura Costa que nessa época, marcada pelas Revoluções Mexicana e Russa,

---

[249] *Op. cit.*, p. 20.

[250] SILVA, Ana Rachel Freitas da. Estados e investidores estrangeiros: é possível alcançar cooperação? *Revista Direito GV*, v. 13, n. 1 jan./abr. 2017. ISSN 2317-6172, p. 126. Como exemplo, tome-se o caso S.D. Meyers, Inc v. Governor of Canadá (2000, §180): "the term 'expropriation' carries with a view to transferring ownership of that property to another person, usually the authority that exercised its de jure or de facto power to do the 'taking'".

[251] *Idem*. Segundo a autora: "(...) Contudo, a interferência no direito de propriedade também pode se dar sem a transferência formal do título, por medidas 'equivalentes' à desapropriação, conhecida como desapropriação indireta. Ao interpretar o artigo 1.110 do Acordo NAFTA, o Tribunal Arbitral no caso Metalclad v. Estados Unidos Mexicanos (ICSID, 2000a, §103) entendeu que desapropriação incluiria não apenas a tomada direta e consciente da propriedade com a transferência formal dos títulos, mas interferências que impediriam o proprietário, de forma total ou significativa, do uso ou benefício econômico razoavelmente esperado da propriedade, ainda que não houvesse o benefício para o Estado anfitrião com a medida. Consideraremos, contudo, que as ações governamentais que resultem em expropriação direta ou indireta, sempre são conscientes e orientadas para a tomada da propriedade privada".

"desafiaram o conceito bem estabelecido de propriedade privada como um direito universal reconhecido pelo Direito Internacional, de modo que o aparecimento de economias socialistas nas mais diversas regiões do globo provocou uma onda de nacionalizações e socializações que se iniciou na década de 1950 e apenas foi afastada com a liberação dos anos 1990".[252]

Segundo José Augusto Fontoura Costa,[253] nacionalizações e socializações são expropriações em massa que transferem para o próprio Estado, receptor do investimento, não só a propriedade, mas também o controle e os ativos aplicados na produção econômica, na exploração de recursos naturais e na oferta de serviços públicos. Nos dois termos, a matiz ideológica é comum. Porém, as diferenças encontram-se sistematizadas a seguir.

A nacionalização tem como fundamento a descolonização, em que há uma revolução ou um movimento que rompe com o pacto colonial e permite que o Estado, agora independente, se aproprie de ativos da metrópole que "indenizariam" ou "reparariam" ou representariam "justo pagamento" por décadas ou séculos de dura exploração. Já a socialização é justificada no contexto de revolução socialista, podendo ou não estar vinculada à motivação de descolonização. Mas a principal dicotomia não seria essa, e sim a ideologia entre "burgueses", representando a atuação dos investidores e "proletários". O objeto não recai necessariamente sobre serviços públicos ou reservas naturais, mas sobre produção industrial.

QUADRO 5
Diferenças de expropriação (nacionalização e socialização)

Tipo de expropriação	Antecedentes/Justificativas	Objeto
Nacionalização	Exploração/Descolonização e "justa reparação"	Recursos naturais Serviços Públicos
Socialização	Revolução/Ideologia e dicotomia entre "burgueses" e "proletários"	Produção industrial

Fonte: Elaboração da autora, inspirada pela NR nº 253.

---

[252] COSTA, José Augusto Fontoura. *Direito Internacional do Investimento Estrangeiro*. Curitiba: Juruá. 2010, p. 45. O autor cita uma extensa lista de nacionalizações bastante sensíveis, envolvendo os mais diversos setores: Anglo Iranian Oil Company, 1951; United Fruit Company da Guatemala, 1953; Suez Canal Company, 1956. No entanto, conforme o autor, o pico das expropriações de ativos foi atingido na década de 1970.

[253] *Idem*.

Nacionalizações e socializações não se enquadrariam na classificação de tipologias de intervenção ordenadora estatal no domínio privado proposta por Carlos Ari, por motivos óbvios. As modalidades expostas pelo professor são típicas da Administração formada no Estado Democrático de Direito, modelo jurídico que jamais aceitaria como premissa expropriação ou intervenção sem a instalação do rito do devido processo legal e correspondente indenização. Esse motivo soma-se também à abordagem do Direito Internacional dos Investimentos Estrangeiros, na qual, atualmente, há intenso desenvolvimento de novos instrumentos que representam alternativas consistentes na busca de segurança jurídica, evitando situações como as que eram comuns nas décadas de 1950 a 1990.

Por fim, a quarta e última modalidade de interferência da Administração Ordenadora está ligada à imposição, aos particulares, de deveres autônomos. Segundo a explicação de Sundfeld, os demais condicionamentos citados estão claramente destinados a definir o âmbito da legítima expressão de direitos que só sujeitam os indivíduos que os exercem. No entanto, há deveres impostos às pessoas enquanto tais que estas não podem se livrar, como o serviço militar e eleitoral. Apenas tomando-se o exemplo dado pelo autor, que se refere a deveres exclusivos de nacionais que caracterizam obrigação cívica, não se vislumbra a aplicação aos estrangeiros ou ao investimento estrangeiro, em regra. É que, como estrangeiros, sujeitam-se a regime jurídico especial, assim como seu capital. O exercício de seus direitos é assegurado no âmbito dessa condição, e seus deveres, em regra, não são autônomos, mas condicionados.

A previsão, em legislação nacional, de todas as limitações e condicionantes administrativos para a recepção do investimento estrangeiro e sua configuração como patrimônio reforça a ideia de que os ordenamentos jurídicos nacionais devem ostentar segurança jurídica e predeterminar, senão todos, a maioria dos procedimentos incidentes sobre a temática, incluindo a eventual expropriação/desapropriação, com respeito ao devido processo legal e indenização (prévia, de preferência). Todos os atores envolvidos angariam vantagens com a ação legislativa. O investidor, ao tomar conhecimento do conteúdo da legislação nacional, certamente poderá optar ou não pelo investimento, de forma madura e clara, evitando-se riscos de aplicações de recurso a fundo perdido. O Estado receptor evitará as longas discussões em instâncias arbitrais e o risco de decisões que invalidem interesses públicos e vão de encontro a aspectos relacionados à segurança e estratégia nacional.

Este subtópico abordou a proteção jurídica do investimento estrangeiro, considerando sua natureza patrimonial, fundamentada nos delineamentos conceituais dados pela Lei Federal nº 4.131/1962. A crítica que este estudo faz à Lei – que alguns autores denominam de Estatuto dos Capitais Estrangeiros – é que a legislação, tecida nos anos 1960, além de efetivamente não corresponder às expectativas de um real Estatuto, limita o conceito de investimento estrangeiro às situações relacionadas ao exercício de atividade econômica privada, seja ela destinada ao auxílio da capacidade industrial ou produtiva (fazendo circular bens e serviços no mercado) ou financeira (destinada a rentabilizar lucros, dividendos e outras formas de multiplicação do capital), sem considerar que há arranjos empresariais destinados à realização de finalidades públicas; e, nessas hipóteses, o investidor está jungido de função pública, motivo pelo qual a natureza jurídica do investimento não pode ser meramente patrimonial.

Por sua vez, a Lei nº 14.286, de 29 de dezembro de 2021, ainda que tenha descrito conceitos relevantes, incluindo-se o de capital estrangeiro em suas vertentes (que o artigo 8º considera os valores, os bens, os direitos e os ativos de qualquer natureza, distinguindo-se se estão no território nacional ou estrangeiro e se estão detidos por residentes ou não), não teve a função de sistematizar as inúmeras formas de aplicação dos recursos, incluindo-se aquelas que atenderiam a interesses públicos.

4.2 Anacronia da Lei nº 4.131/62 diante do desenvolvimento da infraestrutura brasileira

Como efeito, a natureza jurídica do investimento estrangeiro também encontra semelhança com institutos relacionados às atividades públicas. Dentre as atividades administrativas públicas, merece destaque a infraestrutura que, para Augusto Neves Dal Pozzo,[254]

> é a atividade administrativa que o Estado, ou quem lhe faça as vezes, tem o dever de realizar, consistente em prover, manter e operar ativos públicos de modo a oferecer um benefício à coletividade, tendo em vista a finalidade de promover concretamente o desenvolvimento econômico e social, sob um regime jurídico-administrativo.

---

[254] DAL POZZO, Augusto Neves. *O Direito Administrativo da Infraestrutura*. São Paulo: Contracorrente, 2020, p. 69.

Em geral, a infraestrutura costuma ocupar um lugar de destaque no nível de desenvolvimento de qualquer Estado, seja por possibilitar, no aspecto social, a melhoria de vida dos cidadãos; seja por ofertar, no aspecto econômico, o insumo essencial para crescimento da Economia em amplos setores. A partir das finalidades alcançadas pela atividade de infraestrutura, pode-se desdobrar a infraestrutura em social e econômica. Embora útil o critério, ele só é válido quando não for possível conjugá-las numa só atividade, com externalidades recíprocas, o que é mais ainda desejável para atender aos requisitos do desenvolvimento sustentável, atualmente requeridos.

Sobre a infraestrutura econômica,[255] diz-se que ela está diretamente ligada com os objetivos relacionados à coordenação e interação de unidades econômicas, como o transporte de cargas, a inovação tecnológica, o uso de recursos naturais, os incentivos à indústria e ao desenvolvimento econômico geral. A realização de tais objetivos implica afirmar que a infraestrutura econômica é tomada como suporte material da economia, ou, em outras palavras, que "empreendimentos de infraestrutura são pré-condição para que as demais atividades possam se desenvolver".[256] O desenvolvimento da infraestrutura econômica é seguramente um importante pilar da competitividade de uma nação no cenário internacional. A falta de melhoria de infraestrutura no Brasil reflete ainda a necessidade de pontuar melhor esse indicador,[257] conforme mencionado no Relatório *Global Competitiveness Report Special Edition 2020: How Countries are Performing on the Road to Recovery*, publicado pelo

---

[255] Segundo FERRÉS, Rubio R. Los contratos de participación público privada como instrumentos de financiación y gestión de infraestructuras públicas. *Revista Digital de Derecho Administrativo*, (22), 97-119, 2019. Segundo Férres, as infraestruturas são apoios físicos (bens de capital) que servem às atividades econômicas e sociais. Assim, a infraestrutura material, orientada ao mercado, "podría definirse como todos los bienes de capital que sirven de coordinación e interacción de las unidades económicas".

[256] BERCOVICI, Gilberto. Infraestrutura e Desenvolvimento. *In:* BERCOVICI, Gilberto; VALIM, Rafael (coord.). *Elementos de Direito da Infraestrutura*. São Paulo: Contracorrente, 2015, p. 20.

[257] No indicador de melhoria de infraestrutura ("upgrade infrastructure to accelerate the energy transition and broaden access to electricity and ICT"), em uma escala de 0-100, o Brasil apresentou resultado de 79.4/100 e está na vigésima colocação entre 37 países (20/37). No entanto, ao considerar os incentivos para infraestruturas relacionadas à tecnologia ("incentivize and expand patient investments in research, innovation and invention that can create new markets of tomorrow"), o Brasil ostenta a trigésima sexta colocação entre 37 países. SCHWAB, Klaus; ZAHIDI, Saadia; WORLD ECONOMIC FORUM. *Global Competitiveness Report Special Edition 2020*: How Countries are Performing on the Road to Recovery. Genebra: WEF, 2020. Disponível em: https://www.weforum.org/reports/the-global-competitiveness-report-2020/in-full/executive-summary-70fef507ea#reviving-and-transforming-markets. Acesso em: 11 de jul. 2021.

Fórum Econômico Mundial.[258] Vale mencionar que em 2020 o relatório não apresentou seu tradicional *ranking*, já que a métrica que balizava a visão de projeto não está disponível para o ano pandêmico. Em 2019, o Brasil ostenta a marca de septuagésimo lugar (70/141).

No entanto, é principalmente na realização de infraestruturas sociais[259] que a dignidade da pessoa humana é colocada no centro do debate e há uma identificação com as finalidades estatais e privadas; e tais investimentos podem certamente contribuir com a concretização de direitos fundamentais ainda não realizados, especialmente os sociais,[260] expressos no rol do art. 6º da Constituição Brasileira de 1988.[261] Como exemplo da infraestrutura social, cita-se não só a tão necessária infraestrutura hospitalar (que se fez mais relevante nessa pandemia), mas também aquela que diz respeito ao transporte de passageiros, a construção de escolas, os suportes físicos para prestação de serviços de

---

[258] *Idem*.

[259] As infraestruturas sociais são consideradas, segundo Torrisi, aquelas orientadas a melhorar o bem-estar social. Podem ser exemplificadas como bens materiais que suportam o exercício da educação, cultura, saúde (construção de escolas, teatros e hospitais). Cf.: TORRISI, G. *Public infrastructure: definition, classification and measurement issues*. Disponível em: www.researchgate.net/publication/23935428. Acesso em: 13 nov. 2020. Representantes do Programa de Parcerias de Investimentos (PPI) dizem que a infraestrutura social alcança também setores como o turismo; a gestão de Unidades de Conservação, como os parques nacionais (a exemplo do Parque Foz do Iguaçu) e até a construção de presídios. Cf.: GADELHA, Bertha; SEILLIER, Marta. Retomada econômica no pós-covid: o investimento em infraestrutura como indutor de prosperidade. Disponível em: http://www.brasil-economia-governo.org.br/2020/07/13/retomada-economica-no-pos-covid-o-investimento-em-infraestrutura-como-indutor-de-prosperidade. Acesso em: 13 nov. 2020.

[260] A problemática da falta de concretização dos direitos sociais estabelecidos constitucionalmente é tratada pela doutrina constitucionalista, bem como pela doutrina internacionalista. Atualmente, se entende que a "reserva do possível" limita a concretização de tais direitos. No âmbito internacional, fala-se em progressividade, o que significa que os Estados apenas devem realizar direitos sociais nos limites de seus recursos. Cf.: BANTEKAS *et al*. International Humans Rights Law and Practice. Cambridge: Cambridge University Press, 2013, p. 367-374. CORTE IDH. Sentença 01/07/2009, Acevedo Buendía e outros c. Peru, §105.

[261] BRASIL. [Constituição (1988)]. *Constituição da República Federativa do Brasil de 1988*. Brasília, DF: Presidência da República. Disponível em: http://www.planalto.gov.br/ccivil_03/constituicao/ConstituicaoCompilado.htm. Acesso em: 24 jun. 2020. Confira-se, dentre outros direitos fundamentais, o artigo 6º, que trata dos direitos sociais: "São direitos sociais a educação, a saúde, a alimentação, o trabalho, a moradia, o transporte, o lazer, a segurança, a previdência social, a proteção à maternidade e à infância, a assistência aos desamparados, na forma desta Constituição". A emenda constitucional nº 90, de 2015, incluiu o direito ao transporte no rol dos direitos sociais. Conforme o contexto histórico da mudança constitucional, pode-se dizer que ela foi uma resposta aos amplos protestos ocorridos à época. De qualquer forma, a dimensão social do transporte é realmente de grande relevância, pois de nada vale o direito de liberdade de ir e vir (considerado de primeira geração), se não há condições materiais de exercê-lo. Liberdade "de" implica liberdade "para".

saneamento, moradia e urbanismo, etc. que, se considerados de forma coletiva, constituem parte do mínimo existencial[262] indispensável à condição humana e que deve ser colocado à disposição pelo Estado como insumo básico para o bem-estar social, já que extremamente necessários ao exercício pleno da cidadania,[263] em seu aspecto mais amplo.

Portanto, em quaisquer das duas situações citadas, seja na dimensão liberal do Estado – pela coordenação e limitação do poder estatal, na garantia de desenvolvimento nacional, pressuposto para o bom desempenho da livre iniciativa e da livre concorrência – seja na dimensão social do Estado – pela configuração mínima das condições de vida digna da população, diante do caráter prestacional de direitos de segunda geração/dimensão –, é difícil desvincular a infraestrutura de seu caráter estratégico para o desenvolvimento, seja ele social ou econômico, já que os dois devem ser vistos de forma integrada pelo direito.[264]

Quanto ao financiamento de infraestruturas, qualquer que seja sua natureza – social ou econômica – fica claro que, com os históricos baixos níveis de investimento público, nem sempre ou, principalmente nos tempos atuais, quase nunca, as infraestruturas são contempladas exclusivamente pelos orçamentos públicos, principalmente durante os atuais tempos de austeridade fiscal, ou seja, enquanto durar o Novo Regime Fiscal, instituído pela Emenda Constitucional nº 95, também conhecida como Emenda Constitucional do Teto de Gastos Públicos,

---

[262] Em 1989, um ano após a promulgação da CRFB, Ricardo Lobo Torres defendia o mínimo existencial. TORRES, Ricardo Lobo. O mínimo existencial e os Direitos Fundamentais. *Revista de Direito Administrativo*. Rio de Janeiro, v. 177, p. 29-49, jul./set. 1989.

[263] Adota-se um sentido bastante amplo de cidadania, como a capacidade de exercício de direitos e deveres civis e sociais, para muito além dos reconhecidamente direitos de participação popular e sufrágio. Aliás, é nesse espírito na qual se inspirou o "apelido" de "Carta Cidadã" à Constituição da República Federativa do Brasil de 1988. O Prof. José Afonso da Silva defende um conceito mais amplo do que aquele que se limita estritamente ao exercício de direitos políticos, sejam eles passivos ou ativos. Para ele, há a acepção do termo "cidadão" em sentido estrito, como aquele relacionado a quem titulariza direitos políticos, e "cidadão", em sentido amplo, relacionado à participação da vida do cidadão no Estado, mas também a realização de prestações estatais mínimas que competem ao Estado para dar dignidade humana aos seus cidadãos. Esse mesmo sentido semântico, está previsto no direito de petição e a gratuidade dos atos necessários "para cidadania". SILVA, José Afonso da. *Comentário Contextual à Constituição*. 7. ed. São Paulo: Malheiros, 2010, p. 38.

[264] Com efeito, para Armatya Sen, o conceito de desenvolvimento deve ser integrado (econômico, social, cultural e jurídico), para que gere a satisfação das necessidades humanas (desenvolvimento como liberdade). (SEN, Amartya. *What is the role of legal and judicial reform in the development process?* Disponível em: https://issat.dcaf.ch/Learn/Resource-Library/Policy-and-Research-Papers/What-is-the-role-of-legal-and-judicial-reform-in-the-development-process. Acesso em: 13 nov. 2020.)

que drasticamente limitou percentuais de despesas e investimentos públicos para os próximos 20 anos, especialmente nas áreas da saúde e educação.

Vale destacar que, em 2020, em meio à crise da pandemia de covid-19, o volume de investimentos foi de R$115,8 bilhões, o que corresponde a 1,55% do PIB, conforme Relatório Infra 2038.[265] Segundo o mesmo estudo, para que o país se posicione entre os 20 melhores países do mundo até 2038, precisa investir cerca de R$339 bilhões por ano. Para atingir essa marca, o investimento em infraestrutura precisa ser, no mínimo de 5,5% ao ano e se mantida a atual marca de 2021 (1,6% do PIB), o país demoraria cerca de 64 anos para chegar ao desejável.

Em 2021 foram realizados 37 leilões no âmbito do Programa de Parcerias de Investimentos (PPI), com destaque para a privatização da Cedae, a concessão da Ferrovia de Integração Oeste-Leste (Fiol), o leilão de 22 aeroportos e o leilão de linhas de transmissão de energia. A carteira do PPI reúne atualmente 235 projetos de concessão e privatização em estruturação, incluindo ferrovias, rodovias, portos, parques nacionais, além de leilões de óleo e gás, energia, mineração, saneamento, iluminação pública, entre outros.

Analisando os dados, conclui-se que ainda que haja um enorme esforço da iniciativa privada nacional, visando suplementar o aporte de recursos necessários para fazer face à suficiência de competitividade e desenvolvimento econômico e industrial desejável, seria importante que outras fontes fossem consideradas, e uma das alternativas viáveis seria não só a suplementação de investimentos estrangeiros, sejam eles privados ou públicos, estes últimos oriundos de cooperação com outros Estados ou mesmo de organismos internacionais.

Não se pretende defender a substituição completa do investimento público pelo privado, ou deixar de criticar os impactos da austeridade fiscal na execução de políticas públicas imperiosas. Sobre o primeiro ponto, não há dúvidas de que o investimento público é indispensável[266] e não deve ser complementarmente substituído, de modo a deixar de

---

[265] Perspectivas para o avanço da infraestrutura brasileira: os desafios da pandemia e seus desdobramentos.
[266] Defensora dos investimentos estatais, a autora Mariana Mazucatto afirma que o Estado não é só importante pelas razões de adoção de economias contracíclicas, mas também por liderar papéis que vão além da função de interventor, mas sim de empreendedor de negócios privados. Um dos exemplos emblemáticos é que a maioria dos gigantes tecnológicos (como a Apple) não seriam o que são sem os incentivos, subsídios e investimentos diretos estatais. Para ela, o Estado não elimina riscos, mas sim assume riscos.

existir, e também deve orientar o investimento particular na forma de subsídios e incentivos.

Sobre as críticas de austeridade, conforme bem colocado pelas professoras Camila Villard Duran e Michele Ratton Sanchez Badin, em que pese a recepção pretérita da medida como a única opção a partir do pós-eleições 2014 (em qualquer dos governos até agora, incluindo-se o segundo mandato Rousseff, o breve mandato Temer e o mandato Bolsonaro), mormente em razão do inevitável e histórico alinhamento e imbricamento da tecnocracia nacional (Ministério da Fazenda) e internacional (FMI), a tropicalização da austeridade (sua constitucionalização em uma economia extremamente desigual) e as constantes violações da regra causam riscos de variadas ordens, desde vulnerar a democracia brasileira, acirrar a disputa jurídica por recursos financeiros do Estado e causar prejuízo às políticas sociais constitucionalmente resguardadas.[267]

4.3 Contribuições acerca da natureza jurídica de investimentos estrangeiros como concessões (natureza contratual x natureza patrimonial)

Os recursos alocativos quando advêm de fontes estrangeiras acabam por colmatar um espaço que deveria pertencer originalmente ao investimento público ou supletivamente ao investimento privado nacional, já que se trata de alcançar o fim de aprimorar o desenvolvimento social do país, que geralmente é uma função que recai sobre a Administração Pública. Porém, segundo Salacuse e Sullivan, não há como negar que o ingresso de capital estrangeiro em solo nacional traz externalidades positivas e incentiva diversos setores econômicos que estão inter-relacionados, como os da construção civil e de serviços, o que gera um círculo virtuoso na economia local e promove também o desenvolvimento econômico.[268]

---

[267] DURAN, Camila Villard; BADIN, Michelle Ratton Sanchez. Tristes tropicalizações: austeridade fiscal e sua constitucionalização no Brasil. *Revista de Direito Público*. RDP, Brasília, v. 18, n. 97, jan./fev. 2021, p. 430-458.
[268] SALACUSE, Jeswald W.; e SULLIVAN, Nicholas. Do BITs Really Work? An Evaluation of Bilateral Investment Treaties and Their Grand Bargain. *Harvard International Law Journal*, v. 46, n. 1, 2005.

As infraestruturas geralmente são providas mediante operações estruturadas por meio de um plexo de atores e instrumentos, e não exclusivamente por recursos orçamentários estatais. No ramo público, as esferas federais, estaduais e municipais cooperam entre si e utilizam instrumentos jurídicos de direito administrativo, como concessões simples ou parcerias público-privadas, com previsão de prestação de serviço público ou não. Para prover essas necessidades, pessoas jurídicas, de forma isolada ou conjunta, procuram atender licitações com tais objetivos e se organizam para se candidatar de forma conjunta (em consórcio, geralmente) ou isolada e buscam as mais diferentes formas de estruturar elementos empresariais, alocando os riscos da operação e maximizando eficiências e lucratividade.

Independentemente da natureza dos investimentos – sejam privados ou públicos, nacionais ou estrangeiros – e do caráter finalístico da infraestrutura – social ou econômica – fato é que atividade de infraestrutura pode resultar em vários arranjos e modelos: i) na realização de obra pública; ii) na sua conjugação com a prestação de serviços públicos; iii) na concessão de serviço público; iv) na concessão de bem de uso público; v) no financiamento mediante formas inovadoras, como as que decorrem de *project finance*. Embora os conceitos de obra pública, serviço público e concessões não se confundam, são temas necessariamente imbrincados. Adiante demonstraremos suas relações.

Conforme Celso Antônio Bandeira de Mello, entende-se por obra pública a construção, reparação, edificação ou ampliação de um imóvel pertencente ou incorporado ao domínio público, execução que se dá a cargo da Administração Direta ou Indireta ou mediante execução indireta, pela contratação de terceiros pela Administração Pública.[269]

Nesse caso, uma vez executada a obra, poder-se-á afetá-la a uma finalidade pública, que implica a cristalização de seu resultado como um bem público de uso especial. A partir daí a manutenção e operação do bem público, pode ou não pertencer à Administração, e a eventual alienação do bem, uma vez incorporado ao domínio público, terá que se submeter ao regime jurídico administrativo. A grande questão implicada na contribuição de investimento estrangeiro neste caso está ligada à recuperação dos ativos investidos. Geralmente, a formalização será mediante contrato de prestação de serviço de obras e

---

[269] MELLO, Celso Antônio Bandeira de. *Curso de Direito Administrativo*. 33. ed. São Paulo: Malheiros, 2017, p. 723.

serviços de arquitetura e engenharia,[270] conforme contratação integrada ou semi-integrada. No primeiro caso, o contratado é responsável por elaborar e desenvolver os projetos básico e executivo, executar obras e serviços de engenharia, fornecer bens ou prestar serviços especiais e realizar montagem, teste, pré-operação e as demais operações necessárias e suficientes para a entrega final do objeto e no segundo caso, contratado é responsável por elaborar e desenvolver o projeto executivo, executar obras e serviços de engenharia, fornecer bens ou prestar serviços especiais e realizar montagem, teste, pré-operação e as demais operações necessárias e suficientes para a entrega final do objeto.

Contemporaneamente, a regra é exatamente a execução indireta da atividade para fins de execução da obra. Nesse sentido, a relação de causa e efeito entre o pagamento individual dado pela fruição individual e o fato gerador não é a realização de um serviço público, mas sim a coletivização e distribuição dos valores de investimento, que irá ser repassada ao privado, pelo Poder Público, mediante valores orçamentários, que são suportados por meio de impostos pelos cidadãos. O investidor privado receberá seu retorno financeiro do Poder Público, que, por sua vez, busca receitas derivadas da fonte fiscal.

Há vantagens e desvantagens na adoção do modelo. Entre as vantagens, aponta-se que o Poder Público não continuará a alimentar de recursos financeiros o investidor privado de forma indefinida. A entrega da obra é suficiente para fazer cessar a relação jurídica de pagamentos e fazer nascer uma relação jurídica de propriedade entre o Estado e o bem público. Uma vez a obra pronta e entregue ao Poder Público, a Administração poderá optar pela gestão do equipamento público não mais remunerando nenhum colaborador privado para tal. Porém, pode também decidir por remunerar outro privado para realizar a gestão e administração do ativo público, imediatamente ou quando entender que houve algum tipo de deterioração que o indique.

---

[270] A Lei nº 14.133/21 define serviço de engenharia como toda atividade ou conjunto de atividades destinadas a obter determinada utilidade, intelectual ou material, de interesse para a Administração e que, não enquadradas no conceito de obra a que se refere o inciso XII do caput deste artigo, são estabelecidas, por força de lei, como privativas das profissões de arquiteto e engenheiro ou de técnicos especializados, que compreendem: serviço comum de engenharia: todo serviço de engenharia que tem por objeto ações, objetivamente padronizáveis em termos de desempenho e qualidade, de manutenção, de adequação e de adaptação de bens móveis e imóveis, com preservação das características originais dos bens; serviço especial de engenharia: aquele que, por sua alta heterogeneidade ou complexidade, não pode se enquadrar na definição constante da alínea "a" deste inciso. Ainda, quando se trata de infraestrutura, o enquadramento mais comum é o de obras, serviços e fornecimentos de grande vulto, como aqueles cujo valor estimado supera R$ 200.000.000,00 (duzentos milhões de reais).

Augusto Neves Dal Pozzo[271] entende que, para além da categoria de bem público, a atividade de infraestrutura está alocada numa subcategoria denominada de ativo público, como espécie do gênero bens de uso especial. Para repensar o conceito clássico, ele sugere que não se coloque a ênfase na coisa (no bem material, corpóreo), mas sim nos benefícios corpóreos e incorpóreos de titularidade do Estado que aqueles conjuntos de bens proporcionarão à sociedade, merecendo um tratamento diferenciado em relação ao resultado que se espera. Em suas palavras:

> Assim é possível conceituar ativos públicos como uma espécie de bens de uso especial, afetados à atividade de infraestrutura, de maneira que na sua operação e manutenção ofereçam benefícios concretos à sociedade, qualificados pelo impulso do desenvolvimento econômico e social, bem como para a garantia de materialização de direitos fundamentais ao cidadão. A essência da atividade de infraestrutura é finalística, refere-se a um benefício *uti universi*, ou seja, usufruído por todos na qualidade de membros da coletividade. Ela prevê a promoção de uma série de ações concretas para que seja possível, por exemplo, o oferecimento de um sistema de transportes de qualidade para a população; para que a produção possa circular no país de maneira eficiente, de sorte a elevar sua competitividade externa; a fim de que um ativo portuário seja operado com produtividade para o escoamento eficaz das mercadorias ao mercado internacional; mas também concorrer para o aumento do número de leitos nos hospitais e vagas nas escolas; buscar a diminuição de doentes causados pela manutenção e operação das estações de tratamento de esgoto; enfim, de conquistar o pleno desenvolvimento.

Seja na forma de ativo público ou de bem público, fato é que o investidor estrangeiro não poderá se apropriar deles, motivo pelo qual a natureza jurídica de propriedade não será suficiente para atender a essa necessidade, sendo recomendável que a legislação preveja também a natureza contratual, pois uma vez adjudicado o objeto pelo investidor e assinado o contrato com todas suas formalidades, ele terá direito à continuidade contratual (com exceção de rompimentos oriundos do poder extroverso) e todas as justas repercussões econômicas que daí possam advir, como remuneração, reequilíbrios econômico-financeiros, reajustes e outros mecanismos de manutenção nominal dos preços. Após a entrega da obra e a respectiva remuneração por sua execução,

---

[271] DAL POZZO, Augusto Neves. *O Direito Administrativo da Infraestrutura.* São Paulo: Contracorrente, 2020, p. 76-77.

por mero esgotamento de objeto, não existirá mais obrigação contratual por parte do investidor.

4.3.1 Investimento estrangeiro em infraestrutura e atividades públicas objeto de concessão

Alternativamente a esse modelo, está a realização da obra somada à gestão de infraestruturas. Nesse caso, pode ou não haver prestação de serviço público. No entanto, nada impede que ela seja viabilizada por uma concessão pública ou uma Parceria Pública Privada. A princípio, parece uma contradição em termos, que já, normalmente, o instituto jurídico da concessão está umbilicalmente relacionado à gestão de serviço público, como a mais comum contribuição de particulares no desempenho de funções, que originalmente eram atribuídas ao Poder Público.

A noção jurídica da concessão como forma de delegação de serviço público advém de norma de 1910 da França – país que influenciou sobremaneira a doutrina administrativista brasileira.[272] Oswaldo Aranha Bandeira de Mello admite que as concessões de obra pública precederam às de serviço público, mas pontua que o desenho atual é que a figura da concessão de serviço público liga-se à concessão de obra, observando-se uma relação de consequencialidade e acessoriedade da segunda em relação à primeira, e não o contrário, diante da necessidade de execução de obra para fins de exploração final do serviço público, de modo que a obra passou a ocupar posição de elemento integrante da outorga do serviço público.[273]

Com base nessas premissas, o investimento que se extrai do provimento de infraestruturas não é (pelo menos não em primeiro plano, quando do início da operação) a propriedade, mas o contrato administrativo, previamente submetido a um rito de seleção pública (licitação) e, após o interessado lograr-se exitoso no processo, a adjudicação do objeto lhe dará a possibilidade de prestação do serviço, seja ele a execução da obra, ou concessão ou permissão de uso de bem público

---

[272] MONTEIRO, Vera. *Concessão*. São Paulo: Malheiros, 2010, p 15-16.
[273] MELLO, Oswaldo Aranha Bandeira de. Aspecto jurídico-administrativo da concessão de serviço público. *In: Revista do Direito Administrativo*, n. 26, out-dez, 1951, p. 17. Rio de Janeiro: FGV. Disponível em: http://bibliotecadigital.fgv.br/ojs/index.php/rda/article/view/12144/11064. Acesso em: 11 de jun. 2021.

ou mesmo concessão ou permissão de serviço público, que configuram expressão de direitos previstos contratualmente.

E em tais situações, o objeto de proteção jurídica não recai sobre a propriedade, mas sim sobre direitos, que constituem o núcleo da acepção da concessão como instituto jurídico. Floriano de Azevedo Marques destaca que, dentre os diversos instrumentos de que o Estado lança mão para contar com privados na consecução de atividades, a concessão é a mais antiga e mais frequente.[274] Ele aponta que, em que pese o conceito de concessão trazer diante de si uma ideia original de dádiva, outorga, privilégio, consentimento (sentido que evolve, por exemplo, a figura da concessão real de uso do direito civil),

> a concessão envolve noção de cometimento, atribuição de um plexo de direitos e obrigações de um ente a outro, cabendo ao recebedor a possibilidade de exercer faculdades e prerrogativas que, antes da outorga, não possuía.[275]

Nesse sentido, continua o autor,[276] ao delinear as diferenças entre concessão e autorização:

> concessão é um instrumento jurídico voltado a atribuir a um privado direitos ou poderes próprios da Administração, que confere ao recebedor dessa atribuição (concessionário) uma condição jurídica destacada, desigual, em relação aos demais administrados, pois o pacto concessório confere o exercício privativo de direitos cometidos pelo Poder Público concedente. Essa peculiaridade da concessão – ser o instrumento jurídico pelo qual o Poder Público delega ao particular a efetivação de uma atribuição sua – permite extremar a concessão do instituto da autorização, tema sempre muito debatido na doutrina e jurisprudência. Originalmente, a doutrina traçava a distinção afirmando que a concessão implicava na inauguração de direitos novos na esfera do privado (concessionário), enquanto a autorização apenas retirava restrição ou condição para o exercício de direitos preexistentes do particular, mas sujeitos a um requisito formal para que pudessem ser exercidos.

Diante de tais premissas, o que se extrai é que, em regra, os investimentos estrangeiros diretos no país se corporificam por meio

---

[274] MARQUES NETO, Floriano de Azevedo. *Concessões*. Belo Horizonte: Fórum, 2016, *E-book*, posição 4584.
[275] Idem.
[276] Idem.

de empreendimentos, os quais são autorizados pelo Poder Público, como decorrência da intervenção estatal na economia, no exercício administrativo da função ordenadora. Porém, ao se tratar de investimentos estrangeiros para realizar atividades públicas, a formalização deles se dará, geralmente, por intermédio de concessões. No primeiro exemplo, trata-se do exercício de atividades meramente privadas, que se configuram no campo da liberdade de empreender, ainda que sujeitas a determinadas incidências e restrições (da qual a autorização para funcionamento, com fundamento no artigo 1.134 do Código Civil, é a maior evidência),[277] configurando-se a função ordenadora do Poder de Polícia que limita tal liberdade. O segundo exemplo, no entanto, caracteriza outra natureza jurídica, relacionada ao exercício de uma função pública pelo particular, como mandatário do Poder Público. Nesse sentido, é preciso ainda mais cautela para não acometer de função pública particular estrangeiro em atividades nas quais esse exercício seja vedado ou não recomendável, por questões de soberania nacional.

4.3.2 Investimento estrangeiro, financiamentos e *project finance*

Como verificado ao longo de toda a exposição, a captação de recursos financeiros para suporte material de projetos adquire relevância central nas discussões acerca da estruturação, gestão e manutenção de infraestruturas. Dentre as numerosas fontes, o financiamento afigura-se como um dos mais comuns, já que, geralmente, são volumosos os recursos para atender às necessidades de obras de grande vulto, motivo pelo qual o investimento estrangeiro – seja ele de natureza particular, ou oriundo de partícipes internacionais (como organismos internacionais, agências de cooperação, etc.) – está associado a diversas delas, em formatos e arranjos diversos.

---

[277] BRASIL. *Lei nº 10.406*, de 10 de janeiro de 2002. *Institui o Código Civil*. Disponível em: http://www.planalto.gov.br/ccivil_03/leis/2002/l10406compilada.htm. Acesso em: 11 jun. 21. Nos termos da Lei: "Art. 1.134. A sociedade estrangeira, qualquer que seja o seu objeto, não pode, sem autorização do Poder Executivo, funcionar no País, ainda que por estabelecimentos subordinados, podendo, todavia, ressalvados os casos expressos em lei, ser acionista de sociedade anônima brasileira (...) Art. 1.138. A sociedade estrangeira autorizada a funcionar é obrigada a ter, permanentemente, representante no Brasil, com poderes para resolver quaisquer questões e receber citação judicial pela sociedade".

Parte relevante dos arranjos passa pela melhor formatação da engenharia financeira dos projetos (instituição de fundos, emissão de títulos mobiliários públicos, fontes de recursos orçamentários), que implica consequências nos papéis dos agentes financeiros, políticos e órgãos de controle, até a efetiva prestação aos usuários finais, atingidos diretamente pela observância ou não dos princípios da economicidade da tarifa e universalidade e eficiência dos serviços públicos.[278]

Financiamentos, sejam eles de fontes estrangeiras privadas ou sujeitos de Direito Internacional, representam nada mais do que mútuo econômico, ou, na linguagem mais acessível, empréstimos. Sérgio Carlos Covello, ao tratar sobre o tema explica que "o empréstimo é o contrato bancário que representa, em sua essência, a forma mais pura de dispensação de crédito".[279] Assim, ao considerar que investimentos apresentam necessariamente a expectativa de retorno, e que os empréstimos são remunerados pelo pagamento de juros na devolução dos valores emprestados, não há por que afastar as noções de empréstimos daquelas que consideram os investimentos.

Os empréstimos internacionais podem ser concedidos por bancos múltiplos ou de investimento, fundos de pensão, companhias seguradoras, organismos bilaterais ou multilaterais. São mais comuns, na execução de atividades públicas, aqueles oriundos do Fundo Monetário Internacional, Banco Mundial, Banco Europeu de Investimento, International Development Association, International Finance Corporation,[280] Banco Interamericano de Desenvolvimento, agências de fomento (como a alemã KfW e a norte-americana Eximbank) ou qualquer outra pessoa jurídica que disponha de recursos financeiros para tal.[281]

Muitos modelos de financiamento são possíveis, desde os corporativos, mais amplos, passando pelos projetos de securitização, os que envolvem constituição de sociedades comerciais para conjugar esforços na persecução de um fim comum (colaboração empresarial), de forma explícita (sociedade em comandita simples ou ações, sociedades

---

[278] COÊLHO, Carolina Reis Jatobá; MASSERAN, Jorge Alberto Mamede. A parceria público-privada Interfederativa como instrumento de gestão no Estatuto da Metrópole sob a ótica constitucionalista de repartição de competências. *Revista de Direito da Cidade*, Rio de Janeiro, v. 10, n. 3, 2018, p. 1997-2019.

[279] COVELLO, Sérgio Carlos. *Contratos bancários*. 2. ed. São Paulo: Saraiva, 1991, p. 153.

[280] O IFC é membro do Grupo Banco Mundial. Informações adicionais dispostas no site oficial. Disponível em: https://www.ifc.org/wps/wcm/connect/multilingual_ext_content/ifc_external_corporate_site/home_pt. Acesso em: 21 jun. 2021.

[281] ROCHA, Dinir Salvador Rios da. *Contrato de Empréstimo Internacional*. São Paulo: Saraiva, 2013, p. 23.

anônimas, sociedade de capital e indústria) ou oculta (no caso de sociedades em conta de participação, por exemplo), os que se configuram em consórcios, *joint ventures*, etc.[282]

No caso do *project finance*, no entanto, não se trata de um mútuo comum, mas de uma estruturação de crédito que, em tradução livre significa "financiamento de projetos"; e, conforme Peter K. Nevitt e Frank Fabozzi, é um empréstimo realizado a uma unidade econômica individualizada em que mutuantes aceitam a geração de caixa e lucros como fonte principal de pagamento do empréstimo, e os ativos da unidade produtiva como garantias reais.[283]

O *project finance*, conforme observado por Luiz Gastão Paes de Barros Leães,[284] representa uma ruptura em relação ao financiamento tradicional, pois, ao invés de focar na sociedade empresária ou seus sócios, relaciona-se com o empreendimento que pretende instalar ou expandir e na sua capacidade de gerar renda para amortizar a operação. É um modelo geralmente adotado para sustentar grandes empreendimentos, já que as sociedades empresárias, normalmente, não têm interesse (ou, mais comum, não têm recursos suficientes) para patrocinar, exclusivamente, com capital próprio, projetos que requeiram investimentos vultosos para realização de projetos, em especial no setor de infraestrutura, além da "manutenção de hospitais públicos, presídios, escolas, instalações públicas em geral".[285]

Historicamente, as experiências internacionais em financiamento de projetos apontam "exemplos emblemáticos e de alta repercussão nas comunidades que foram implementados, como o Eurotúnel e o parque temático Euro Disney". O Eurotúnel envolveu 16 bilhões de dólares

---

[282] ENEI, José Virgílio Lopes. *Project Finance*: financiamento com foco em empreendimentos (parcerias público-privadas, *leveraged, buy-outs* e outras figuras afins). São Paulo: Saraiva, 2007, p. 63-87. O autor trata, no trecho destacado de cada uma das modalidades de financiamento citadas, destacando-se os financiamentos corporativos, para depois compará-los com o modelo de *project finance*.

[283] FABOZZI, Frank; NEVITT; Peter K. *Project financing*. 6. ed. EUA: Euromoney Publications PLC, 1995, p. 3. No original "Although the term 'project financing' has been used to describe all types and kinds of financing of projects, both with and without recourse, the term has envolved in recent years to have a more precise definition: A financing of a particular economic unit in which a lender is satisfied to look initially to the cash flows and earnings of that economic unit as a source of funds from which a loan will be repaid and to the assets of the economic unit as collateral for the loan".

[284] LEÃES, Luiz Gastão Paes de Barros. Projeto de financiamento. *In: Pareceres*. São Paulo: Singular, 2004, v. 04, p. 1443-1460.

[285] ENEI, José Virgílio Lopes. *Project Finance*. Financiamento com foco em empreendimentos (parcerias público-privadas, *leveraged, buy-outs* e outras figuras afins). São Paulo: Saraiva, 2007, p. 91.

em investimentos e o financiamento foi constituído por um consórcio de bancos patrocinadores (Banque Indosuez, BNP, Credit Lyonnais, Midland Bank e National Westminster Bank). A SPE contava com 225 bancos credores e 7600 acionistas, que permitiam fazer face à alta captação dos recursos para atender a imensa envergadura e repercussão global dos projetos.[286]

Geralmente, o financiamento vem associado a uma prestação de serviços a ser desenvolvida pela unidade produtiva. Em países em desenvolvimento, como é o caso do Brasil, com enorme carência de infraestrutura de variados tipos (rodoviária, aeroportuária, portuária, saneamento básico, telecomunicações, energia), o objeto social da unidade produtiva (denominado de SPE – Sociedade de Propósito Específico) está relacionado não só à concessão para exploração de recursos naturais ou bens, mas também e, principalmente, à prestação de serviços públicos, concedidos ou permitidos pelo Poder Público mediante licitação, e que implicam diretamente a destinação de recursos tarifários ou outras rendas como receitas do projeto a serem recebidas pelos financiadores.

As naturezas jurídicas dos investimentos estrangeiros que são captados neste contexto são bastante amplas e diversas, já que os contratos são complexos e envolvem várias relações jurídicas envolvendo a SPE, patrocinadores, acionistas, mutuantes e prestadores, a depender do modelo de exploração do empreendimento, que pode contemplar traços distintos, envolvendo elementos como: construção, operação, *leasing* ou transferência da propriedade.[287] Nesse caso, a despeito da imensa variabilidade de operações entre SPE e terceiros que podem implicar enquadramentos relacionados a direitos pela gestão da tecnologia ou bens intangíveis, produtos financeiros, serviços de naturezas diversas, etc., há uma relação prevalecente entre SPE e Poder Público, precedida de licitação e que configura concessão pública.

Assim, os mesmos comentários do item 4.3.1 aplicam-se à natureza jurídica do investimento estrangeiro que está a cargo da SPE. As relações que a SPE mantém com demais agentes é relação subsidiária e complementar. Não se nega a existência de eventuais

---

[286] *Ibidem*, p. 89-91.

[287] Nos casos em que se envolve Construção (*Built*), Propriedade (*Own*), Operação (*Operate*) e Transferência (*Transfer*), estar-se-á diante do modelo internacional de contrato BOOT, com obrigações predeterminadas e padronizadas. Excelentes esquemas gráficos foram disponibilizados por ENEI, José Virgílio Lopes. *Project Finance:* Financiamento com foco em empreendimentos (parcerias público-privadas, *leveraged, buy-outs* e outras figuras afins). São Paulo: Saraiva, 2007, p.47.

investimentos estrangeiros na captação de recursos para a SPE e seus agentes relacionados, mas essa relação tende a ser privada e, a despeito de representar técnicas de financiamento bastante modernas e inovadoras, está fora do escopo deste estudo.

Isolando-se a situação da SPE, que configura concessão pública, sobre instrumentos de financiamentos aos Estados Soberanos ou mesmo a alguns entes federativos, como Estados-Membros e Municípios (ainda que envolvam a técnica de *project finance*), geralmente a natureza jurídica é contratual, mas de mútuo. A conformação jurídica deles varia conforme a entidade concedente e suas diretrizes normativas, geralmente estabelecidas em instrumentos convencionais ou multilaterais.

Citam-se, a título meramente exemplificativo, as contribuições da UNCITRAL – United Nations Commission on International Trade Law, que expediu o Guia Legislativo sobre projetos de infraestrutura financiados pelo setor privado (*Model Legislative Provisions for Privately Financed Infrastructure Projects*),[288] que contém requisitos mínimos a serem considerados pelos países acerca de licitações, concessões, contratações pela Administração Pública, incluindo aspectos das PPPs, especialmente sobre alocação de riscos, mecanismos de resolução de disputas e outras matérias. Com intenção semelhante, o Banco Mundial publicou diretrizes específicas para projetos nos EUA (*User Guidebook on Implementing Public-Private Partnerships for Transportation Infrastructure Projects in the United States*,[289] assim como também o braço executivo (Comissão Europeia) da União Europeia apresenta suas diretrizes para PPPs de sucesso, no seu âmbito de incidência normativa (supranacional).[290] Não se deve também esquecer da Câmara de Comércio Internacional – CCI (International Chamber of Commerce) que editou regras uniformes sobre contratos (INCOTERMS) e cartas de crédito relacionadas ao financiamento de atividades públicas.[291]

---

[288] UNCITRAL. *Model legislative provisions on privately financed infrastructure projects.* New York, 2004: Disponível em: https://uncitral.un.org/sites/uncitral.un.org/files/media-documents/uncitral/en/03-90621_ebook.pdf. Acesso em: 11 jul. 2021.

[289] WORLDBANK. *User guidebook on implementing public-private partnerships for transportation infrastructure projects in the united states.* New York: Disponível em: https://ppp.worldbank.org/public-private-partnership/library/user-guidebook-implementing-public-private-partnerships-transportation-infrastructure-projects-united-states. Acesso em: 11 jul. 21.

[290] EUROPEAN COMMISSION. *Guidelines for successful public – private partnerships.* Brussels: European Commission. Disponível em: https://ec.europa.eu/regional_policy/sources/docgener/guides/ppp_en.pdf. Acesso em: 11 jul. 2021.

[291] CÂMERA INTERNACIONAL DE COMERCIO (ICC). Disponível em: https://iccwbo.org/. Acesso em: 11 jul. 20 21.

4.4 Contribuições dos tratados internacionais sobre natureza jurídica dos investimentos estrangeiros aplicados em atividades públicas

Como verificado até então, há uma lacuna legal acerca do conceito de investimentos estrangeiros. Essa lacuna ocasiona dificuldades para elaborar interpretações acerca da natureza jurídica desses aportes, quando relacionados à execução de função pública, no apoio ou suporte às atividades administrativas. Muitas podem ser as concepções aderentes ao tema, podendo ser aderentes a tipologias bastante diversas no universo jurídico, a exemplo de institutos relacionados ao direito de propriedade, direitos contratuais, seja na mera prestação de serviços ou serviços públicos, concessões, financiamentos, empréstimos etc.

Esse diagnóstico comprova que a legislação atualmente em vigor é insuficiente para lidar com as complexidades do tema. Para auxiliar a compreensão de que realmente se está diante de naturezas jurídicas distintas, este subitem tem como objetivo explorar os padrões de definição nos acordos internacionais. A partir dessa verificação, o legislador terá parâmetros para suplementar a lei com categorias de direitos e interesses ainda não presentes de forma explícita e sistematizada na Lei nº 4.131/62 e também não na Lei nº 14.286/21.

Nessa linha, há acordos que definem cláusulas que incluem, por exemplo, os direitos inerentes à concessão pública, incluindo-se a concessão de uso para exploração de bens públicos. O tratado bilateral entre Alemanha e Malásia, ainda que concluído em 1960, já menciona esse escopo, no inciso VI do artigo 1º:[292]

> Article 1 (...)
> Investment shall comprise every kind of asset, in particular
> I. Movable and immovable property as well as any other rights in rem, such as mortgages, liens and pledges;
> II. Shares of companies and other kinds of interest in companies;
> III. Claims to money which has been used to create an economic value or claims to any performance having an economic value;
> IV. Intellectual property rights, in particular copyrights, patents, utility-model patents, industrial designs, trade-marks, trade-names, trade and business secrets, technical processes, know-how, and good will;

---

[292] MALIK, Mahnaz. *Definition of Investment in International Investment Agreements*. Disponível em: https://www.iisd.org/system/files/publications/best_practices_bulletin_1.pdf. Acesso em: 11 jul. 21.

V. Business concessions under public law, including concessions to search for, extract and exploit natural resources.

Há outros tratados bilaterais que investem em detalhar a cláusula, elencando de forma casuística alguns elementos caracterizadores. Exemplo dessa tendência é o tratado bilateral entre Chile e Argentina[293] assinado em 1991. Ainda que tenha sido formalizado na década de 1990, a cláusula é avançada, pois inclui direitos de crédito, obrigações e concessões públicas. Segue reproduzida abaixo:

> Articulo 1: Definiciones
> Para los fines del presente Tratado:
> Para los fines del presente Tratado:
> (1) El concepto "inversiones" designa, de conformidad con el ordenamiento jurídico del país receptor, todo tipo de bienes que el inversor de una Parte Contratante invierte en el territorio de la otra Parte Contratante de acuerdo con la legislación de ésta, en particular, pero no exclusivamente:
> a) la propiedad de bienes muebles e inmuebles y demás derechos reales, como hipotecas y derechos de prenda;
> b) acciones, derechos de participación en sociedades y otros tipos de participaciones en sociedades, como también la capitalización de utilidades con derecho a ser tranferidas al exterior;
> c) obligaciones o créditos directamente vinculados a una inversión, regularmente contraidos y documentados según las disposiciones vigentes en el país donde esa inversión sea realizada;
> d) derechos de propiedad intelectual como, en especial, derechos de autor, patentes, diseños y modelos industriales y comerciales, procedimientos tecnológicos, know how y valor llave;
> e) concesiones otorgadas por entidades de derecho público, incluidas las concesiones de prospección y explotación.
> Ninguna modificación de la forma jurídica según la cual los activos y capitales hayan sido invertidos o reinvertidos afectará su calificación de inversiones de acuerdo con el presente Tratado.

O modelo de tratado bilateral dos EUA[294] elenca formas que o investimento estrangeiro pode tomar, incluindo-se empréstimos,

---

[293] SICE. *Tratado entre la República Argentina y la República de Chile sobre promoción y protección recíproca de inversiones*. Washington: OEA. Disponível em: http://www.sice.oas.org/bits/argch-1.asp. Acesso em: 11 jul. 2021.
[294] MALIK, Mahnaz. *Definition of Investment in International Investment Agreements*. Disponível em: https://www.iisd.org/system/files/publications/best_practices_bulletin_1.pdf. Acesso em: 11 jul. 2021.

garantias, ações, derivativos, além de concessões, licenças, autorizações, permissões e outros direitos similares. Confira-se:

> "Investment" means every asset that an investor owns or controls, directly or indirectly, that has the characteristics of an investment, including such characteristics as the commitment of capital or other resources, the expectation of gain or profit, or the assumption of risk. Forms that an investment may take include:
> (a) an enterprise;
> (b) shares, stock, and other forms of equity participation in an enterprise;
> (c) bonds, debentures, other debt instruments, and loans;
> (d) futures, options, and other derivatives;
> (e) turnkey, construction, management, production, concession, revenue-sharing, and other similar contracts;
> (f) intellectual property rights;
> (g) licenses, authorizations, permits, and similar rights conferred pursuant to domestic law; 3 4 and (h) other tangible or intangible, movable or immovable property, and related property rights, such as leases, mortgages, liens, and pledges.

A despeito dessas definições casuísticas, para que Estados possam atrair investimentos e incrementar o nível de segurança jurídica aplicável ao tema, deve aprimorar a legislação interna. Essa orientação vai ao encontro, inclusive, do que alguns tratados bilaterais determinam expressamente quanto à intenção de que há delegação para a faculdade legislativa visando elaborar definições nacionais. Em outras situações, as definições nacionais poderão servir de fonte legítima para eventuais conflitos levantados no âmbito de arbitragens internacionais.

Essa é só uma evidência de como a legislação doméstica brasileira pode evoluir. Adiante trataremos sobre restrições setoriais ao acesso do capital estrangeiro. A maioria das disposições encontra-se na Constituição e em leis esparsas, mas o ideal seria que estivessem todas reunidas e sistematizadas, para sua melhor compreensão.

CAPÍTULO 5

REGULAÇÃO NACIONAL: RESTRIÇÕES CONSTITUCIONAIS AO INVESTIMENTO ESTRANGEIRO

Nos últimos capítulos viu-se que, finalizado o trâmite do registro do capital estrangeiro, que permite seu ingresso regular no território nacional, o investimento pode assumir a forma de alguns institutos, como concessões, empreendimentos empresariais, participações societárias, etc., cada qual com sua natureza jurídica e regramentos distintos. A Lei nº 4.131/1962 assegura ao capital estrangeiro tratamento jurídico idêntico ao nacional, vedadas quaisquer discriminações que não aquelas presentes na lei em comento. Essa orientação também foi repetida na Lei nº 14.286/21.

Essa orientação nada mais é do que consequência da adoção do princípio internacional "de não discriminação" entre o capital nacional e o estrangeiro. A extensão nacional desse princípio traduz-se, na maioria dos Estados Democráticos, como o princípio da isonomia, que no âmbito do Direito Administrativo Econômico assume a forma de permitir acesso a empresários com iguais situações, iguais oportunidades ensejadas pelo Poder Público.

Como nenhum princípio é absoluto, permite-se que ele seja flexibilizado, a considerar exceções pontuais (que no Brasil assumem em sua maior parte a forma constitucional), nas quais é possível estabelecer distinções ou preferências que importem em discriminações justificadas e legítimas, entre brasileiros e estrangeiros, especialmente, diante de outros valores do sistema jurídico nacional, que podem ser exteriorizados em extensões do interesse nacional. Nas palavras de Denis Borges Barbosa:[295]

---

[295] BARBOSA, Denis Borges. *Direito de acesso do capital estrangeiro*. Rio de Janeiro: Lumen Juris, 1996, p. 55.

Sem tentar repelir nem uma, nem outra das iluminações ideológicas da doutrina, parece ao autor que a melhor técnica levaria a avaliar o interesse nacional, em face dos fluxos de capital estrangeiro, à luz multicolorida dos vários condicionantes do texto constitucional
a) interesse nacional como expressão da soberania econômica;
b) interesse nacional na tutela do mercado interno nacional;
c) interesse nacional numa concorrência livre e isonômica;
d) direitos e garantias constitucionais;
e) respeito aos compromissos internacionais

O controle de investimentos tem nos pressupostos constitucionais seus limites, ainda que a Lei nº 4.131/62 lhe seja anterior. Porém, para que se interprete conforme a Constituição e seja por ela recepcionada, deve vincular-se às imposições constitucionais, complementadas, ainda, pela regulamentação e legislação setorial. No âmbito internacional, é cediço que a compreensão de eventuais restrições de acesso ao investimento estrangeiro é matéria de legislação doméstica e variável conforme cada um dos Estados, em vista do que se interpreta como conteúdo do princípio da soberania nacional.

A soberania nacional, portanto, não é uma categoria jurídica universal que se aplique igualmente para a maioria dos Estados Nacionais, mas variável a ponto de se encaixar em variados contextos particulares, com uma diversidade de acepções. Como senso comum, sabe-se que a soberania invoca o poder ou autoridade suprema, tanto é verdade que a origem etimológica do termo é controversa, já que alguns autores mencionam a referência ao latim *superamus*,[296] que significa "o que supera" e outros ao latim *super ommia*, "sobre a mais alta autoridade", raízes que incorporaram o vocabulário dos principais idiomas, a exemplo do francês *souveranité*; inglês *sovereignty*; italiano *sovranità* e alemão *souveranitäit*.[297]

Verifica-se que a soberania sempre esteve direta ou indiretamente relacionada com o 'último poder' – aquele acima do qual não existe qualquer outro –, seja ele advindo, na evolução do seu aparecimento histórico, de fontes seculares (império) ou espirituais (igreja), medievais (senhores feudais); reais (absolutismo monárquico) e finalmente de fontes normativas (Estado Moderno). Porém, na perspectiva pós-moderna da contemporaneidade, pensar sobre a soberania implicará fatalmente a necessidade de se enfrentar o tema da influência da globalização, com suas perplexidades e desafios.

---

[296] MALUF, Sahid. *Teoria geral do Estado*. 23. Ed. São Paulo: Saraiva, 1998, p. 77.
[297] LEWANDOWSKI, Enrique, R. *Globalização, regionalização e soberania*. 1. ed. 2004. São Paulo: Juarez de Oliveira, 2004, p. 200.

O espaço destinado tradicionalmente ao Estado de forma exclusiva tem diminuído diante da economia globalizada, na qual as inter-relações entre países, no constante e intenso movimento de interferências recíprocas entre as racionalidades jurídicas nacionais e internacionais aponta para a tendência de se criar respostas semelhantes (internacionalização do Direito)[298] em todo o mundo para problemas globais, utilizando uma fórmula que exclui, na prática, o Estado Nacional das decisões políticas e jurídicas finais.

Este cenário choca-se com a teoria clássica da soberania nacional, que implica a liberdade de organização política, aplicação e implemento das escolhas constitucionais, de modo a gerir pessoas e coisas no domínio territorial, representando a capacidade de autodeterminação do povo, sem lhe submeter a qualquer vontade que lhe sobreponha ou submeta.

Juridicamente, no entanto, o princípio da soberania nacional se destaca como fundamento da República Federativa do Brasil (art. 1º, I, da CRFB) e da Ordem Econômica (art. 170, I, CRFB), além de orientar o desenvolvimento nacional como um dos objetivos da República (art. 3º, II, CRFB), e ser destacado princípio que rege as relações internacionais do Brasil, ao lado da independência nacional, não intervenção e igualdade entre Estados (art. 4º, CRFB).

Para Celso Campilongo, a soberania liga-se a teorias políticas e jurídicas, mas todas encontram equacionamentos sempre hierarquizados e verticais, pois "identificar o soberano foi sinônimo, até recentemente, de desvelamento de um vértice". É de se perguntar: "quem está no topo?", de modo que a teoria da soberania e seu conceito histórico como prática política e jurídica sempre esteve polarizada: inferior/superior; baixo/alto; oposição/governo; povo/autoridade.[299]

Quando se trata de definir o conteúdo da soberania nacional interna, o vértice irradia efeitos para o espaço territorial local, onde cada Estado (igualmente soberanos em seus territórios) exerce jurisdição absoluta e exclusiva sobre bens, pessoas, coisas e fatos,[300] o que lhe confere legitimidade para admitir ou não estrangeiros, controlar atividades de

---

[298] VARELLA, Marcelo, D. *Internacionalização do Direito*: direito internacional, globalização e complexidade UniCEUB, 2013. Disponível em: SSRN: https://ssrn.com/abstract=2263949. Acesso em: 25 maio 2020.

[299] CAMPILONGO, Celso Fernandes. Apresentação. *In:* FERRAJOLI, Luigi. *A soberania no mundo moderno*: nascimento e crise do Estado Nacional. Tradução de Carlo Coccioli e Márcio Lauria Filho. Revisão de Tradução de Karina Jannini. São Paulo: Martins Fontes, 2002, p. 08.

[300] UNITED NATIONS CONFERENCE ON TRADE AND DEVELOPMENT. *International Investment Agreements:* Key Issues. York/Geneva: United Nations, 2004. V. 1, p. 06.

agentes econômicos externos ou mesmo de expropriar, nacionalizar e socializar bens.[301] No plano da independência nacional, trata-se de estabelecer soberania econômica para que não haja dependência externa de recursos naturais estratégicos, como, por exemplo, o petróleo, que, mais do que *commodity*, é insumo econômico básico para todo o processo produtivo, os minérios, os potenciais hidráulicos, etc.

Por ser matéria objeto de delimitações nacionais, há extensa variabilidade de concepções de regulações domésticas. A despeito disso, alguns Estados utilizam critérios mais ou menos próximos, o que ajuda a interpretar o termo de forma equidistante aos extremos de dois polos: o primeiro deles, o que *Warat* chama de "senso comum teórico dos juristas"[302] e o segundo é o que *Dallari* define como "margem à distorções ditadas pela conveniência".[303]

Para analisar as repercussões das autorizações e restrições de acesso ao capital estrangeiro no ordenamento jurídico nacional, é importante que tenhamos uma visão panorâmica das alterações constitucionais que atualmente dão o estado da arte das vedações e restrições atualmente existentes no ordenamento jurídico. Adiante serão tratadas as vedações absolutas ao capital estrangeiro. Além disso, o capítulo irá tratar das mudanças constitucionais que alteraram a concepção jurídica então existente, e que implicavam restrições e não mais se caracterizam como tal, após o movimento neoliberal que teve interregno na década de 1990.

A despeito do progressivo movimento de liberalização do ingresso e da expansão da atuação do investimento estrangeiro, a Constituição de 1988 preservou alguns setores econômicos, a partir da concepção de que eles deveriam ser exclusivos do mercado interno ou de estatais. Para outros setores, há apenas restrições parciais, como se verá adiante.

---

[301] DIAS, Bernadete de Figueiredo. *Investimentos estrangeiros no Brasil e o direito internacional*. Curitiba: Juruá, 2010, p. 51.

[302] WARAT, Luiz, A. *Introdução Geral ao Direito – I: Interpretação da lei: temas para uma reformulação*. Porto Alegre: Sergio Antônio Fabris Editor, 1994, p. 14.

[303] DALLARI, Dalmo de A. *Elementos de teoria geral do Estado*. 21. ed. São Paulo: Saraiva, 2000, p. 74. Para Dallari, o "aparecimento de uma tão farta bibliografia e a formulação de uma tal multiplicidade de teorias" do conceito tornou-lhe "cada vez menos preciso e dado margem a distorções ditadas pela conveniência". Em nossa opinião, a disseminação de várias teorias e de farta bibliografia poderia contribuir para a melhoria do desenvolvimento conceitual e não o contrário, sendo causa para distorção do sentido essencial apenas a má utilização conceitual, fora do escopo da ciência, ou utilizando-se dela para atingir objetivos diversos da expansão do conhecimento.

QUADRO 6
Liberalizações das restrições setoriais do investimento estrangeiro inseridas por emendas constitucionais

(continua)

Referência	Dispositivo	Setor afetado	Conteúdo original	Conteúdo alterado
EC n° 06/95	176, p. 1°	Prospecção e lavra de minérios	§1°. A pesquisa e a lavra de recursos minerais e o aproveitamento dos potenciais a que se refere o *caput* deste artigo somente poderão ser efetuados mediante autorização ou concessão da União, **no interesse nacional, por brasileiros ou empresa brasileira de capital nacional**, na forma da lei, que estabelecerá as condições específicas quando essas atividades se desenvolverem em faixa de fronteira ou terras indígenas.	§1°. A pesquisa e a lavra de recursos minerais e o aproveitamento dos potenciais a que se refere o caput deste artigo somente poderão ser efetuados mediante autorização ou concessão da União, no interesse nacional, por brasileiros ou empresa constituída sob as leis brasileiras e que tenha sua sede e administração no País, na forma da lei, que estabelecerá as condições específicas quando essas atividades se desenvolverem em faixa de fronteira ou terras indígenas.
EC n° 07/95	178	Navegação de cabotagem	Art. 178. A lei disporá sobre: I – a ordenação dos transportes aéreo, aquático e terrestre; II – a predominância dos armadores nacionais e navios de bandeira e registros brasileiros e do país exportador ou importador; III – o transporte de granéis; IV – a utilização de embarcações de pesca e outras. §1° A ordenação do transporte internacional cumprirá os acordos firmados pela União, atendido o princípio da reciprocidade; §2° Serão brasileiros os armadores, os proprietários, os comandantes e dois terços, pelo menos, dos tripulantes de embarcações nacionais; §3° **A navegação de cabotagem e a interior são privativas de embarcações nacionais, salvo caso de necessidade pública, segundo dispuser a lei.**	Art. 178. A lei disporá sobre a ordenação dos transportes aéreo, aquático e terrestre, devendo, quanto à ordenação do transporte internacional, observar os acordos firmados pela União, atendido o princípio da reciprocidade. Parágrafo único. Na ordenação do transporte aquático, a lei estabelecerá as condições em que o transporte de mercadorias na cabotagem e a navegação interior poderão ser feitos por embarcações estrangeiras.
EC n° 08/95	21, XI	Telecomunicações	Art. 21. Compete à União: (...) XI – explorar, diretamente ou mediante concessão a **empresas sob controle acionário estatal**, os serviços telefônicos, telegráficos, de transmissão de dados e demais serviços públicos de telecomunicações, assegurada a prestação de serviços de informações por entidades de direito privado através da rede pública de telecomunicações explorada pela União.	Art. 21. Compete à União: (...) XI – explorar, diretamente ou mediante autorização, concessão ou permissão, os serviços de telecomunicações, nos termos da lei, que disporá sobre a organização dos serviços, a criação de um órgão regulador e outros aspectos institucionais

(conclusão)

Referência	Dispositivo	Setor afetado	Conteúdo original	Conteúdo alterado
EC nº 09/95 e EC 49/06	177, V e p. 1º	Petróleo e gás natural	Art. 177. Constituem monopólio da União: (...) V – a pesquisa, a lavra, o enriquecimento, o reprocessamento, a industrialização e o comércio de minérios e minerais. §1º O monopólio previsto neste artigo inclui os riscos e resultados decorrentes das atividades nele mencionadas, **sendo vedado à União ceder ou conceder qualquer tipo de participação, em espécie ou em valor, na exploração de jazidas de petróleo ou gás natural, ressalvado o disposto no art. 20, §1º.**	Art. 177. Constituem monopólio da União: (...) V – a pesquisa, a lavra, o enriquecimento, o reprocessamento, a industrialização e o comércio de minérios e minerais nucleares e seus derivados, com exceção dos radioisótopos cuja produção, comercialização e utilização poderão ser autorizadas **sob regime de permissão, conforme as alíneas b e c do inciso XXIII do caput do art. 21 desta Constituição Federal.** (EC nº 45/06) §1º A União poderá contratar com empresas estatais ou privadas a realização das atividades previstas nos incisos I a IV deste artigo **observadas as condições estabelecidas em lei.** (EC nº 09/95)
EC nº 32/02	222	Empresas jornalísticas, radiodifusão, som e imagens	Art. 222. A propriedade de empresa jornalística e de radiodifusão sonora e de sons e imagens é privativa de **brasileiros natos ou naturalizados há mais de dez anos**, aos quais caberá a responsabilidade por sua administração e **orientação intelectual**. §1º – É vedada a participação de pessoa jurídica no capital social de empresa jornalística ou de radiodifusão, exceto a de partido político e de sociedades cujo capital pertença exclusiva e nominalmente a brasileiros.	Art. 222. A propriedade de empresa jornalística e de radiodifusão sonora e de sons e imagens é privativa de brasileiros natos ou naturalizados há mais de dez anos, ou de pessoas jurídicas constituídas sob as leis brasileiras e que tenham sede no País. **§1º Em qualquer caso, pelo menos setenta por cento do capital total e do capital votante das empresas jornalísticas e de radiodifusão sonora e de sons e imagens deverá pertencer, direta ou indiretamente, a brasileiros natos ou naturalizados há mais de dez anos, que exercerão obrigatoriamente a gestão das atividades e estabelecerão o conteúdo da programação.**

Fonte: Elaboração da autora a partir da leitura dos dispositivos constitucionais revogados.

5.1 Monopólio da União sobre pesquisa lavra, enriquecimento, reprocessamento, industrialização e comércio de minérios e minerais nucleares e seus derivados

A produção e uso de energia nuclear, conforme dicção do inciso XXIII do artigo 21 e inciso V do artigo 177 da Constituição de 1988 está estabelecida na forma de monopólio da União Federal sobre as atividades de pesquisa, lavra, enriquecimento, reprocessamento, industrialização e comércio de minérios e minerais nucleares e seus derivados. Conforme Bernadete de Figueiredo Dias atesta, a justificativa é a segurança nacional e até mesmo internacional, considerando o alto grau lesivo dos elementos.[304]

5.2 Serviço postal

O art. 21, X, da Constituição afirma que é de competência exclusiva da União a manutenção do serviço postal e do correio aéreo nacional. Diferentemente das situações de participação direta do Estado na economia na forma concorrencial com outros agentes, à luz do artigo 173, trata-se de um setor que atualmente merece tratamento a título de monopólio. Essa leitura decorre da Lei nº 6.538, de 22 de junho de 1978, que o instituiu.

Pelo modelo, são explorados em regime de monopólio, pela União, por intermédio da Empresa Brasileira de Correios e Telégrafos (ECT), as seguintes atividades postais: i) recebimento, transporte e entrega, no território nacional, e a expedição, para o exterior, de carta e cartão-postal; ii) recebimento, transporte e entrega, no território nacional, e a expedição, para o exterior, de correspondência agrupada; iii) – fabricação, emissão de selos e de outras fórmulas de franqueamento postal. Ainda dependem de prévia e expressa autorização da empresa exploradora do serviço postal a venda de selos e outras fórmulas de franqueamento postal, além da fabricação, importação e utilização de máquinas de franquear correspondência, bem como de matrizes para estampagem de selo ou carimbo postal.

---

[304] DIAS, Bernadete de Figueiredo. *Investimentos estrangeiros no Brasil e o direito internacional*. Curitiba: Juruá, 2010, p. 99.

Sobre o tema, o Decreto nº 10.674, editado pela Presidência da República em 13 de abril de 2021, dispõe sobre a inclusão da ECT no Programa Nacional de Desestatização (PND). Segundo artigo 1º, a desestatização observará as seguintes diretrizes: i) alienação de controle societário em conjunto com a concessão dos serviços postais universais; ii) prestação concomitante dos serviços de correspondências e objetos postais e prestação integrada dos serviços de atendimento, tratamento, transportes e distribuição; iii) prestação dos serviços com abrangência nacional e iv) celebração de contrato de concessão, de modo contínuo e com modicidade de preços, dos seguintes serviços postais universais: carta, simples ou registrada; impresso, simples ou registrado; objeto postal sujeito à universalização, com dimensões e peso definidos pelo órgão regulador; e serviço de telegrama, onde houver a infraestrutura de telecomunicações necessária para a sua execução.

O decreto foi objeto da Ação Direta de Inconstitucionalidade (ADI) nº 6.635, proposta pela Associação dos Profissionais dos Correios (Adcap) e recebeu a relatoria da ministra Cármen Lúcia. O objeto de questionamento atinge também a Lei nº 9.491/1997, que alterou procedimentos relativos ao PND, e a Lei nº 13.334/2016, que criou o Programa de Parcerias de Investimentos (PPI), além de normas que qualificam a ECT ao PPI. No mérito, a inconstitucionalidade do decreto confirma-se pela competência de manter o serviço postal, que, na literalidade do texto constitucional, é da União.[305]

Ora, se a manutenção recai sob a União, conforme previsão constitucional, não há como delegar sua execução de forma indireta, sem modificação do texto constitucional, motivo pelo qual há expressa inconstitucionalidade no decreto, posição também defendida pela Procuradoria-Geral da República.

Ainda antes de toda a discussão, o que se defende, enquanto compreensão jurídica é que o regime de monopólio é indispensável para o exercício do mandato da União, impondo-se o regime de aplicação da teoria dos poderes constitucionais implícitos. E, por afetar interesse nacional e atuação nuclear da União, é constitucional e legítima a vedação do ingresso do capital estrangeiro na atividade.[306]

---

[305] BRASIL. Supremo Tribunal Federal. Ministra Cármen Lúcia pede informações ao governo sobre privatização da ECT. Disponível em: http://portal.stf.jus.br/noticias/verNoticia Detalhe.asp?idConteudo=459361&ori=1. Acesso em: 16 jul. 2021.

[306] BARBOSA, Denis Borges. *Direito de acesso do capital estrangeiro*. Rio de Janeiro: Lumen Juris, 1996, p. 93.

Em paralelo à discussão da constitucionalidade da tentativa de inclusão da ECT no PPI, foi apresentado o PL nº 591, de 24 de fevereiro de 2021,[307] que dispõe sobre a organização e a manutenção do Sistema Nacional de Serviços Postais. A proposta legislativa prevê a prestação mediante regime privado, com observâncias aos princípios constitucionais da ordem econômica, leis relativas ao setor e destina-se a garantir a diversidade de serviços; incremento de sua oferta e qualidade; competição justa, ampla e livre; respeito aos direitos dos usuários; desenvolvimento tecnológico e industrial do setor, etc. À União compete manter o serviço postal de forma universal, em todo território nacional, de modo contínuo e mediante modicidade de preços. A União deverá garantir a universalização por meio de empresa estatal e celebração de contratos de concessão comum ou patrocinada.

5.3 Setor de assistência à saúde

Segundo Silvio Guidi,[308] há uma forte preocupação constitucional com a prestação de serviços públicos de saúde, o que justifica que eles estejam no topo da cadeia hierárquica, já que se trata de direito social previsto no rol do artigo 6º da Constituição e o atendimento é dever do Estado, de competência comum a todos os entes federativos, nos termos dos artigos 196 e artigo 23, II, o que assegura ampla garantia da presença estatal na consecução.

O desenho da prestação é estruturado considerando o espaço de exploração privada (art. 199) e a prestação pública do Estado (em todas suas esferas). Assim, o mesmo autor esquematiza o que segue, afirmando que há: i) a saúde pública, executada diretamente pelo Estado para garantir o direito do cidadão à saúde; ii) a saúde pública complementar, executada por particulares em nome do Estado, para também garantir o direito do cidadão e, por fim, iii) saúde privada, executada pelo particular, em paralelo às outras duas formas de prestação, visando à exploração da atividade econômica. Em que pese a supervisão e consecução estatal do serviço, a prestação privada está

---

[307] BRASIL. Congresso. Câmara dos Deputados. *PL nº 591 de 24 de fevereiro de 2021*. Disponível em: https://www.camara.leg.br/proposicoesWeb/prop_mostrarintegra;jsessionid=node09w9 sme491vrr15rzehrqidgm52295405.node0?codteor=1972837&filename=Tramitacao-PL+591/2021. Acesso em: 16 jul. 2021.

[308] GUIDI, Silvio. *Serviços públicos de saúde. credenciamento, permissão e parcerias público-privadas*. São Paulo: Quartier Latin, 2019, p. 57.

ligada às premissas do regime privado, em especial, ao princípio da livre iniciativa.[309]

O parágrafo terceiro do artigo 199 da Constituição de 1988 veda a participação direta ou indireta de empresas ou capitais estrangeiros na assistência à saúde no Brasil, salvo nos casos previstos em lei. Portanto, segundo afirmam Câmara e Sundfeld,[310] a vedação contida no texto constitucional é relativa, pois permite que a legislação ordinária autorize a participação do capital estrangeiro no setor. Segundo eles, o dispositivo é "duramente criticado pelos constitucionalistas", tanto na forma, por flexibilizar supressão da limitação constitucional por deliberação do legislador ordinário, quanto por seu mérito, pois se questiona a conveniência de inibir-se a participação de estrangeiros em setor carente de investimentos.

Por sua vez, a Lei nº 8.080/90, que disciplina as ações do Sistema Único de Saúde (SUS) e regula as ações de saúde executadas pelos particulares, e a redação do seu artigo 23 era bastante semelhante ao texto constitucional e admitia unicamente a participação quando advinda de doações de organismos internacionais vinculados à Organização das Nações Unidas, entidades de cooperação técnica e de financiamento e empréstimos, sendo, em qualquer caso, obrigatória a autorização do órgão de direção nacional do SUS, submetendo-se a seu controle as atividades que forem desenvolvidas e os instrumentos que forem firmados. Outra exceção era os serviços de saúde mantidos, sem finalidade lucrativa, por empresas, para atendimento de seus empregados e dependentes, sem qualquer ônus para a seguridade social.

Com nova redação dada pela Lei nº 13.097/2015, admitiu-se a participação direta ou indireta, inclusive controle, de empresas ou de capital estrangeiro na assistência à saúde nos seguintes casos: i) doações de organismos internacionais vinculados à Organização das Nações Unidas, de entidades de cooperação técnica e de financiamento e empréstimos; ii) pessoas jurídicas destinadas a instalar, operacionalizar ou explorar: hospital geral, inclusive filantrópico, hospital especializado, policlínica, clínica geral e clínica especializada; e ações e pesquisas de planejamento familiar; serviços de saúde mantidos, sem finalidade lucrativa, por empresas, para atendimento de seus empregados e

---

[309] *Ibidem*, p. 57-58.
[310] SUNDFELD, Carlos Ari; CÂMARA, Jacintho Arruda. Participação do capital estrangeiro no setor de saúde. *Revista de Direito Público da Economia – RDPE*, Belo Horizonte, ano 6, n. 24, out./dez. 2008.

dependentes, sem qualquer ônus para a seguridade social e demais casos previstos em legislação específica.

Adicionalmente, a Lei nº 9.656, de 03 de junho de 1998, que trata de planos e seguros privados de assistência à saúde, determina que as pessoas físicas ou jurídicas residentes ou domiciliadas no exterior podem constituir ou participar do capital, ou do aumento do capital, de pessoas jurídicas de direito privado constituídas sob as leis brasileiras para operar planos privados de assistência à saúde.

Portanto, a vedação não é absoluta, sendo admitida nas hipóteses legais já mencionadas. Além disso, até mesmo a proibição constitucional, se interpretada de forma adequada, conforme o fazem Câmara e Sundfeld,[311] apresenta uma particularidade: a vedação à participação de capital estrangeiro no setor de assistência à saúde não impede sua participação minoritária em empresas criadas sob as leis brasileiras, com sede e administração no país, e que sejam controladas, direta ou indiretamente, por pessoas físicas domiciliadas e residentes no país.

5.4 Pesquisa e lavra de recursos minerais

A maioria dos Estados restringe o acesso estrangeiro às fontes de seus recursos minerais. Historicamente, esse é um ativo que representa riquezas do domínio territorial e a autonomia e autoridade em relação a qualquer outra entidade que não parece superior depende de esforços legislativos para exteriorizar essa situação. Tanto é verdade que a práxis internacional admite com bastante razoabilidade como elemento de discriminação razoável. Até mesmo o exemplo dos EUA, que constitui até hoje um dos principais representantes do dogma do liberalismo econômico, consagra direitos sobre recursos naturais como potenciais hídricos e minerais, de forma a estabelecer direitos exclusivos de nacionalidade e exploração.[312]

A Constituição Brasileira fixa, em seu artigo 176, que as jazidas, em lavra ou não, e demais recursos minerais constituem propriedade distinta da do solo, para efeito de exploração ou aproveitamento,

---

[311] SUNDFELD, Carlos Ari; CÂMARA, Jacintho Arruda. Participação do capital estrangeiro no setor de saúde. *Revista de Direito Público da Economia – RDPE*, Belo Horizonte, ano 6, n. 24, out./dez. 2008.

[312] BARBOSA, Denis Borges. *Direito de Acesso do Capital Estrangeiro*. Rio de Janeiro: Lumen Juris, 1996, p. 80.

e pertencem à União, apenas sendo garantido ao concessionário a propriedade do produto da lavra.

Vale destacar os impactos da revogação do artigo 171 da Constituição pela Emenda Constitucional nº 6, de 1995, o que permite considerar não haver mais distinção entre empresa de capital nacional e estrangeira, sendo considerada nacional qualquer uma que se constituir conforme as leis brasileiras, ainda que a totalidade de seu capital seja estrangeiro. Nesse caso, considerando o conceito de investimento estrangeiro como aquele que, independentemente da sua nacionalidade, advém de fontes externas tendo como destino o Brasil, não há, de fato, restrição absoluta ao investimento estrangeiro, sendo apenas assegurada participação ao proprietário do solo nos resultados da lavra, na forma e no valor que dispuser a lei.

Assim, tanto a pesquisa, quanto a lavra de recursos minerais ou mesmo o aproveitamento dos potenciais de energia hidráulica somente poderão ser efetuados mediante autorização ou concessão da União, no interesse nacional, por brasileiros ou empresa constituída sob as leis brasileiras e que tenha sua sede e administração no país, na forma da lei, que estabelecerá as condições específicas quando essas atividades se desenvolverem em faixa de fronteira ou terras indígenas. Nada impede, portanto, atualmente, que multinacionais de capital estrangeiro venham a ser sujeitos de direito de concessão, desde que constituídas como empresa em território nacional, sob regência das leis brasileiras.

A par da consequência quanto à eliminação de diferenças entre empresa nacional e empresa de capital nacional, pela revogação do então artigo 171 constitucional, reputa-se que a propriedade do solo e do subsolo, no entanto, nem sempre foi dissociada. O sistema vigente no Brasil da Constituição de 1891 era o denominado regime de acessão, pelo qual se atribuía ao proprietário do solo também a propriedade do subsolo, de modo que as minas e as jazidas eram consideradas acessórias em relação à propriedade superficial e era contextualizado pela disputa entre União e Estados pelas terras devolutas.[313]

A Constituição de 1891 estabelecia, portanto, a propriedade de minas da União, do Estado e de propriedade(s) particular(es). A União tinha competência para legislar sobre minas de sua propriedade e Estados legislavam sobre o tema quase tão amplamente quanto à União, desde que respeitado o limite estabelecido pelo direito civil (de competência

---

[313] BERCOVICI, Gilberto. *Direito Econômico do Petróleo e dos Recursos Minerais*. São Paulo: Quartier Latin, 2011, p. 70.

da União). O Código Civil de 1916 determinava ser bens imóveis o solo e seus acessórios (art. 43, I, CC/16), incluídos os minerais contidos no subsolo (art. 61, CC/16). E, segundo o artigo 526 do então vigente Código Civil, a propriedade do solo e subsolo abrange a do que lhe está superior e inferior em toda altura e profundidade úteis ao exercício, não podendo o proprietário impedir trabalhos, empreendidos a uma altura ou profundidade tais que não tenha ele interesse em obstá-los.

O regime de acessão não era o sistema predominante na maioria dos países centrais entre os séculos XIX e XX, a exemplo da França, que até hoje mantém monopólio estatal por meio de empresas públicas. Para o Estado Francês, nas palavras de Bercovici, "deveria ser garantida a segurança energética, mediante a utilização, apenas, de capitais públicos estatais".[314] Nos EUA, ao contrário, vige o regime de acessão, sendo o proprietário do solo também do subsolo, mas, nas terras de domínio público, há regência de normas especiais, que permitem, geralmente, a exploração mediante arrendamento das terras públicas, direito obtido apenas após licitação pública que confere *royalties* sobre a produção.

Embora o regime de acessão tenha perdurado até 1934, a Constituição de 1891, que não restringia o mercado ao investimento estrangeiro, foi emendada em 1926 para proibir expressamente a transferência da propriedade de minas e jazidas minerais necessárias à segurança e defesa nacionais.[315] Após, a Constituição de 1934, inspirada na Constituição Alemã de *Weimar*, inseriu-se no texto constitucional a função social da propriedade (até hoje prevista), direito que não poderia ser exercido contra o interesse coletivo ou social e que configurava uma limitação necessária à exploração econômica, que dependia de prévia autorização ou concessão federal, conferidas exclusivamente a brasileiros ou a empresas organizadas no Brasil, ressalvada, ao proprietário, preferência na exploração ou coparticipação nos lucros.

---

[314] *Op. cit.*, p. 72.
[315] BRASIL. [Constituição (1891)]. *Constituição da República Federativa do Brasil de 1891*. Brasília, DF: Presidência da República, Disponível em: http://www.planalto.gov.br/ccivil_03/constituicao/constituicao91.htm. Acesso em: 11 jul. 2021. Confira-se: Art. 72 – A Constituição assegura a brasileiros e a estrangeiros residentes no paiz a inviolabilidade dos direitos concernentes á liberdade, á segurança individual e á propriedade, nos termos seguintes: (...) §17. O direito de propriedade mantém-se em toda a sua plenitude, salvo a desapropriação por necessidade, ou utilidade pública, mediante indemnização prévia (...) a) A minas pertencem ao proprietario do sólo, salvo as limitações estabelecidas por lei, a bem da exploração das mesmas. b) As minas e jazidas mineraes necessárias à segurança e defesa nacionaes e as terras onde existirem não podem ser transferidas estrangeiros".

Acompanhando essa tendência, o parágrafo 4º do artigo 119 do texto constitucional[316] determinava expressamente que lei previsse a nacionalização progressiva das minas e jazidas minerais julgadas básicas ou essenciais à defesa econômica ou militar do país. O artigo 5º do Código de Minas de 1934 (Decreto nº 24.642, de 10 de julho de 1934) separou expressamente a propriedade do solo e subsolo,[317] pondo fim ao regime de acessão e foi fiel à determinação de nacionalização progressiva, prevista em seu artigo 5º.

Só eram consideradas conhecidas, para os efeitos daquele Código, as jazidas que fossem manifestadas ao poder público na forma e prazo prescritos no art. 10[318] (01 ano, a partir da publicação do Código), desde

---

[316] BRASIL. [Constituição (1934)]. *Constituição da República Federativa do Brasil de 1934*. Brasília, DF: Presidência da República, Disponível em: http://www.planalto.gov.br/ccivil_03/constituicao/constituicao34.htm. Acesso em: 11 jul. 2021. Confira-se: "Art. 119 – O aproveitamento industrial das minas e das jazidas minerais, bem como das águas e da energia hidráulica, ainda que de propriedade privada, depende de autorização ou concessão federal, na forma da lei. (...) §4º – A lei regulará a nacionalização progressiva das minas, jazidas minerais e quedas d'água ou outras fontes de energia hidráulica, julgadas básicas ou essenciais à defesa econômica ou militar do País".

[317] BRASIL. *Decreto nº 24.642, de 10 de julho de 1934*. Brasília, DF: Câmara dos Deputados, Disponível em: https://www2.camara.leg.br/legin/fed/decret/1930-1939/decreto-24642-10-julho-1934-526357-publicacaooriginal-79587-pe.html. Acesso em: 11 jul. 2021. Confira-se: "PROPRIEDADE DAS JAZIDAS E MINAS. Art. 4º A jazida é bem immovel e tida como cousa distincta e não integrante do solo em que está encravada. Assim a propriedade da superficie abrangerá a do sub-solo na forma do direito comumm, exceptuadas, porem, as substâncias mineraes ou fosseis uteis á industria. §1º A propriedade mineral, reger-se-ha pelos mesmos principios da propriedade commum, salvo as disposições especiaes deste Codigo. §2º As jazidas de substâncias mineraes proprias para construcção, emquanto na forma deste Codigo estejam fora do seu regime art. 3º §seguem e do direito commum em toda a sua extensão".

[318] BRASIL. *Decreto nº 24.642, de 10 de julho de 1934*. Brasília, DF: Câmara dos Deputados, Disponível em: https://www2.camara.leg.br/legin/fed/decret/1930-1939/decreto-24642-10-julho-1934-526357-publicacaooriginal-79587-pe.html. Acesso em: 11 jul. 2021. Confira-se: "Art. 10. Os proprietarios das jazidas conhecidas e os interessados na pesquiza e lavra delaas por qualquer titulo valido em direito serão obrigados a manifestal-as dentro do prazo de um (1) anno contado da data da publicação deste Codigo e na seguinte forma: I, terão que produzir, cada qual por si, uma justificação no juizo do fôro da situação da jazida, com assistencia do orgão do ministerio publico, consistindo dita justificação, para uns e outros, na prova da existencia, natureza e condições da jazida por testemunhas dignas dé fé, e da existência, natureza e extensão dos seus direitos sôbre a jazida por documentos com efficiencia probatoria, devendo entregar-se á parte os autos independentemente de traslado; II, terão que apresentar ao Governo Federal a justificação judicial de que trata o n. I e mais os dados sôbre existencia, natureza e condições da jazida de que occupam os numeros seguintes. III, em se tratando de mina: a) estado, comarca, municipio, districto e denominação das terras em que está situada a mina; b) breve historico da mina, desde o inicio da exploração, ou, pelo menos, nos ultimos annos; c) breve descripção das instalações e obras de arte, subterraneas e superficiaes, destinadas á extracção e ao tratamento do minerio; d) quantidade e valôr dos minerais ou dos metaes extrahidos s vendidos annualmente, desde o inicio da exploração, ou pelo menos, nos ultimos annos; e) nome da empreza que a explora e a que titulo; f) nome ou nomes dos proprietários do solo; IV, em

que produzissem prova da existência, natureza e condições da jazida. Em se tratando de mina ou jazida, era necessário identificar o Estado, comarca, município, distrito e denominação das terras em que está situada a mina/jazida; seu histórico; descrição das instalações e dados referentes à extração e ao tratamento do minério, além da quantidade e valor dos minerais e metais extraídos e vendidos anualmente desde o início da exploração; nome da empresa exploradora, proprietários do solo, etc. Caso não fossem manifestadas no prazo, com o cumprimento dos requisitos, ou fossem desconhecidas, não permaneceriam ou seriam agregadas ao domínio privado com correspondente possibilidade de concessão, mas seriam expropriadas à União.

Em janeiro de 1940, foi promulgado um novo Código de Minas, que, embora com estrutura similar à do Código de 1934, e, que, portanto, consistia em um aperfeiçoamento do último, era mais nacionalista e determinava, de acordo que as sociedades de mineração, que só poderiam ter brasileiros como sócios, orientação que não foi mencionada na então Constituição de 1967, o que autorizou a participação de empresas estrangeiras na exploração dos recursos e também eliminou a prioridade da exploração do subsolo pelo proprietário. Como compensação pela perda da prioridade, o proprietário passou a ter direito à participação nos resultados da lavra, no percentual de 10% do Imposto Único sobre Minerais, conhecido como "dízimo".[319]

---

se tratando de jazida: a) estado; comarca, municipio, districto e denominação das terras em que está situada a jazida; b) natureza da jazida, descrita em condições de poder ser esta classificada de accôrdo com o art. 2º; c) provas da existencia da jazida, a saber: um caixote com amostras do minerio (em garrafas, si se tratar de substancias liquidas ou gazosas), planta da jazida (embora tosca, mas de preferencia em escala metrica), e, sendo possivel, relatorios, pareceres, photographias e mais esclarecimentos sôbre a existencia da jazida; d) modo de occorrencia da jazida, isto é, descrição (quanto mais minuciosa, melhor) da jazida e seus arredores, e a área, embora approximada, em metros quadrados, occupada pela jazida ou seus aflloramentos, onde quer que o minerio seja notado á simples vista ou por escavações superficiaes; e) situação topographica da jazida, isto é, distancia e obstaculos de communicação a vencer entre a jazida e o caminho mais proximo, natureza desse caminho e sua distancia até encontrar o ponto mais accessivel servido por estrada de ferro ou de rodagem ou por porto de embarque em rio ou mar, e sendo possivel, uma planta (embora tosca, de preferencia em escala metrica) que represente o que acaba de ser dito; f) nome ou nomes dos proprietarios do solo e dos interessados na jazida a outro titulo que não o de propriedade, e a que titulo o são. Art. 11. O proprietario ou interessado que não satisfizer as exigencias do art. 10 perdera ipso facto todos os seus direitos sôbre a jazida, que será considerada desconhecida na forma do §2º do art. 5º. Art. 12. O proprietario ou interessado que satisfizer, dentro do prazo legal, as exigencias do art. 10, terá direito á Concessão de lavra da jazida pertinente ao seu caso, precedida da autorização de pesquisa, se houver necessidade".

[319] BERCOVICI, Gilberto. *Direito Econômico Aplicado:* estudos e pareceres. São Paulo: Contracorrente, 2016, p. 167.

A Constituição de 1988 determinou que a propriedade do subsolo e dos bens minerais é da União (artigo 20, IX, e 176, CRFB), com uma tendência de nacionalização do subsolo, movimento já iniciado em 1934, conforme assegura Bercovici, que afirma que a exploração de recursos naturais torna claro que a atividade é de interesse público, motivo pelo qual os atos de concessão estão concentrados na União, com o objetivo de atender a segurança nacional.[320]

No entanto, com a superveniência da Emenda Constitucional nº 06/1995, essa orientação de nacionalização claramente não é mais possível, tendo havido uma consolidada modificação, que aponta os seguintes regimes de aproveitamento: i) concessão; ii) autorização; iii) licenciamento; iv) permissão ou v) regime de monopolização. Em que pese a Constituição e a legislação ordinária não preverem hipóteses de nacionalização de forma expressa, é possível a monopolização pela execução direta ou indireta do Governo Federal, prevista por lei especial, conforme artigo 2º da Lei nº 9.314, de 17 de janeiro de 1997, que alterou o Decreto nº 227, de 28 de fevereiro de 1967, o ainda vigente Código de Minas.

Outra discussão relevante sobre o tema é a interpretação das condições de exploração da atividade de mineração em faixa de fronteira. O artigo 176 prevê que a lei estabelecerá as condições específicas quando essas atividades se desenvolverem em faixa de fronteira ou terras indígenas. A lei que trata do tema é a de nº 6.634, de 2 de maio de 1979, que a define como a faixa interna de 150 km (cento e cinquenta quilômetros) de largura, paralela à linha divisória terrestre do território nacional, conceito legal idêntico ao reproduzido pelo parágrafo segundo do artigo 20 da Constituição de 1988, que consigna no próprio texto constitucional a sua importância "fundamental para a para defesa do território nacional, de modo que sua ocupação e utilização serão reguladas em lei".

A Lei nº 6.634/1979,[321] ainda vigente, prevê algumas práticas vedadas nas faixas de fronteira, salvo o assentimento prévio do Conselho de Segurança Nacional (órgão extinto pela Constituição de 1988 e hoje substituído pelo Conselho de Defesa, que apenas opina), incluindo-se a instalação de empresas que se dedicarem à pesquisa, lavra, exploração e ao aproveitamento de recursos minerais, salvo

---

[320] Ibidem, p. 168-170.
[321] BRASIL. Lei nº 6.634 de 2 de maio de 1979. Dispõe sobre a Faixa de Fronteira, altera o Decreto-lei nº 1.135, de 3 de dezembro de 1970, e dá outras providências. Disponível em: http://www.planalto.gov.br/ccivil_03/leis/l6634.htm. Acesso em: 27 de jul. 2021.

aqueles de imediata aplicação na construção civil, assim classificados no Código de Mineração.

Além dessa vedação expressa, que apenas seria autorizada pontualmente, pode-se dizer que, ainda que houvesse assentimento para a exploração de mineradoras, as empresas deveriam satisfazer algumas condições cumulativas: i) pelo menos 51% (cinquenta e um por cento) do capital pertencer a brasileiros; ii) pelo menos 2/3 (dois terços) de trabalhadores serem brasileiros; e iii) caber a administração ou gerência à maioria de brasileiros, assegurados a estes os poderes predominantes.

Ao interpretar o parágrafo segundo do artigo 20 da Constituição, em conjunto com as condições previstas na referência legal, é possível compreender que houve recepção do seu conteúdo pela Constituição de 1988. Expressa exatamente esse entendimento o Parecer nº AGU/JD-1/2004, que tem como premissas: i) as exigências constantes do art. 3º da Lei nº 6.634, de 2 de maio de 1979, foram recepcionadas pela Constituição de 1988, permanecendo aplicáveis às empresas que se dedicarem à pesquisa, lavra, exploração e ao aproveitamento de recursos minerais na faixa de fronteira; ii) a exigência do inciso I do art. 3º da Lei nº 6.634, de 1979, de maioria de capital pertencente a brasileiros indica que estes detenham não só a maioria do capital social, como a maioria do capital votante; iii) a manifestação do Conselho de Defesa Nacional nos casos de pedidos de autorização para pesquisa, lavra, exploração e aproveitamento de recursos minerais na faixa de fronteira é indispensável, antecede o ato de outorga do título minerário e, quando contrária ao deferimento do pleito, impeditiva dessa outorga.

Não é o que defendem Câmara a Sundfeld, que se opõem à tese da AGU. Segundo eles, a Lei nº 6.634/1979, no trecho que trata sobre as condições impostas às mineradoras, não foi recepcionada expressamente pela Constituição, que disciplinou a matéria de forma absolutamente incompatível, já que i) não exigia, para a atividade, as mesmas condições previstas na lei, mas outras mais flexíveis, sem adentrar a composição societária específica prevista legalmente; ii) com a eliminação da diferença entre empresa nacional e de capital nacional, as exigências da lei ordinária não mais subsistiam para a lei e porque estão estatuídas na Constituição são regime novo, diverso e oposto ao legal, anterior à publicação da norma constitucional.[322]

---

[322] CÂMARA, Jacintho Arruda; SUNDFELD, Carlos Ari. A participação do Capital Estrangeiro na Atividade de Mineração. *Interesse Público*, Belo Horizonte, ano 9, n. 41, jan./fev. 2007.

Entende-se em conformidade com a AGU, pois o regime jurídico referente à faixa de fronteira é especial em relação ao tratamento constitucional amplo dado à matéria no artigo 176. Nesse caso, mineradoras estrangeiras que eventualmente tiverem êxito para a exploração (que a princípio é vedada expressamente) devem atender as condições legais previstas legalmente. Esse regime é diferenciado em relação ao regime geral de exploração da mineração.

Conclui-se, portanto, que o investimento direto (IED) deverá ocorrer mediante a instalação de empresa nacional constituída pelas leis brasileiras. Também será possível o aporte de recursos em investimentos indiretos, ou de portfólio, considerando a possibilidade de estrangeiro figurar como acionista de sociedade anônima brasileira. No plano da lei ordinária, as determinações dadas pela Lei nº 8.901/94 e pelo Decreto nº 227/67 acompanham as orientações constitucionais, portanto, não se exige disposição que determine nenhum outro requisito de controle ou propriedade de capital. O que é proibido é a exploração mediante sociedade estrangeira, ainda que possua autorização para funcionar no Brasil, nos termos do artigo 1.134 do Código Civil.

Acerca de operação de instalações nucleares, ela continua exclusiva da União ou de empresa sob controle do Estado. A legislação ordinária foi recepcionada pela Constituição e se se centrava na Lei nº 4.118, de 27 de agosto de 1962, alterada pela Lei nº 6.189, de 16 de dezembro de 1974, pela Lei nº 6.571, de 30 de setembro de 1978 e, recentemente, pela Lei nº 14.286, de 29 de dezembro de 2021. Os dispositivos configuram o monopólio assegurando que as minas e jazidas de substâncias de interesse para produção de energia atômica constituem reservas nacionais e são consideradas essenciais para a segurança do país. O artigo 46 da Lei nº 4.118, de 27 de agosto de 1962, esclarece que serão considerados elementos nucleares o urânio, o tório, e, de interesse para a energia nuclear, o lítio, o berílio, zircônio e nióbio, de modo que suas jazidas constituem reservas nacionais e devem ser consideradas para fins de segurança do país, mantidas estritamente sob o domínio da União como bens imprescritíveis e inalienáveis.

5.5 Exploração de petróleo

A atenção com recursos naturais minerais com potencial energético, especialmente carvão, aço e combustíveis fósseis é incrementada com a Primeira Guerra Mundial, que elevou os preços dos insumos relevantes para toda a cadeia de produção industrial e base para o exercício de qualquer atividade econômica. Além disso, o petróleo tem um peso na pauta de importações e exportação tão relevante que é capaz de impactar no equilíbrio da balança comercial.[323]

Não à toa, o Decreto-Lei nº 395, de 29 de abril de 1938, declarou de utilidade pública o abastecimento nacional de petróleo, delegou à União competência exclusiva para atuar no setor e criou órgão vinculado à Presidência da República, o Conselho Nacional do Petróleo (CNP). O regime legal do petróleo está sistematizado de forma apartada do Código de Minas e foi criada uma empresa estatal para explorar a atividade de forma monopolística, no governo Vargas.

A redação atual dos incisos I a IV do artigo 177 da Constituição de 1988 determina o monopólio da União no tema de exploração de petróleo: a pesquisa e a lavra de jazidas de petróleo e de gás natural e os hidrocarbonetos fluidos; a refinação do petróleo nacional ou estrangeiro; a importação e a exportação dos produtos e derivados básicos resultantes das atividades previstas nos itens anteriores e o transporte marítimo do petróleo bruto de origem nacional ou de derivados básicos de petróleo produzidos no país, assim como o transporte, por meio de conduto, de petróleo bruto, e seus derivados, e gás natural de qualquer origem. O parágrafo primeiro do mesmo artigo dispõe que tais atividades podem ser exercidas por empresas estatais ou privadas, contratadas pela União.

O monopólio estatal é uma forma de atuação no domínio econômico por absorção, na classificação de Eros Grau,[324] visando a um fim público, dada a relevância para a economia e função pública, ainda que a forma de exercício empresarial recaia sob empresas estatais que apresentem natureza de direito privado. Segundo Bercovici,[325] subtrai-se da esfera da iniciativa privada a legitimação para o exercício de determinada atividade, motivo pelo qual sua principal característica é a exclusão de outros competidores daquela atividade econômica, em virtude do interesse público.

A redação original do parágrafo 1º do artigo 177 da Constituição de 1988 proibia expressamente a União de ceder ou conceder qualquer tipo de participação, na exploração de petróleo e gás natural, à exceção

---

[323] BERCOVICI, Gilberto. *Direito Econômico Aplicado*: estudos e pareceres. São Paulo: Contracorrente, 2016, p. 197.
[324] GRAU, Eros. *A Ordem Econômica na Constituição de 1988*. 7. ed. Malheiros: São Paulo, 2002, p. 128.
[325] BERCOVICI, Gilberto. *Direito Econômico Aplicado*: estudos e pareceres. São Paulo: Contracorrente, 2016, p. 197.

da participação pontual de Estados e Municípios, prevista no artigo 20. A quebra da reserva – assim considerada a possibilidade de delegação a terceiros de atividades monopolizadas pelo Estado – veio após a Emenda Constitucional nº 95.

Assim, antes da alteração constitucional, as atividades de exploração, pesquisa e lavra de petróleo constituíam monopólio exclusivo da Petrobras. Com a modificação no texto constitucional, permitiu-se expressamente sua execução por empresas privadas estrangeiras ou brasileiras, independentemente da origem do capital, desde que sejam devidamente contratadas pela União, conforme Bernadete de Figueiredo Dias.[326]

5.6 Participação estrangeira em empresa jornalística, radiodifusão, som e imagem

Também no âmbito do Direito Comparado, é uma das áreas em que é mais comum a reserva ao capital local, dado o caráter estratégico da comunicação social. Inicialmente bastante restrito, o tema foi tratado pelo artigo 222 da Constituição de 1988, que, em sua redação original, "não tolerava qualquer participação de estrangeiros, mesmo minoritária, em empresas atuantes nesse setor".[327]

A restrição recaía sob a titularidade das empresas, que apenas poderia ser, direta ou indiretamente, de cidadãos brasileiros, sejam eles natos ou naturalizados há mais de dez anos, salvo o caso dos partidos políticos e de sociedades cujo capital pertencesse exclusiva e nominalmente a brasileiros. A interpretação da redação original, portanto, não poderia ser extensiva. Não só o controle da sociedade deveria ser de brasileiro, mas a totalidade das ações deveria pertencer exclusivamente a brasileiros (sem fazer a distinção presente quando a exploração era por pessoa física, situação em que a nacionalidade apenas poderia ser de brasileiros natos ou naturalizados há mais de 10 anos).

A flexibilização da alteração constitucional veio com a possibilidade de exploração pelas pessoas jurídicas constituídas sob as leis brasileiras e que tenham sede no país, com composição societária um

---

[326] DIAS, Bernadete de Figueiredo. *Investimentos estrangeiros no Brasil e o direito internacional*. Curitiba: Juruá, 2010, p. 99.

[327] SUNDFELD, Carlos Ari; CÂMARA, Jacintho Arruda. Participação do capital estrangeiro no setor de saúde. *Revista de Direito Público da Economia – RDPE*, Belo Horizonte, ano 6, n. 24, out./dez. 2008.

pouco menos rígida, qual seja: pelo menos setenta por cento do capital total e do capital votante das empresas jornalísticas e de radiodifusão sonora e de sons e imagens deverá pertencer, direta ou indiretamente, a brasileiros natos ou naturalizados há mais de dez anos, que exercerão obrigatoriamente a gestão das atividades e estabelecerão o conteúdo da programação.

Infraconstitucionalmente, a Lei nº 5.250/67 (Lei de Imprensa), modificada pela Lei nº 7.300/85, também tratava do assunto com bastante rigidez. Em outras palavras, repisava o conteúdo constitucional, no artigo 3º, que vedava a propriedade de empresas jornalísticas, sejam políticas ou simplesmente noticiosas, a estrangeiros e a sociedade por ações ao portador, de forma que nem estrangeiros nem pessoas jurídicas, excetuados os partidos políticos nacionais, poderão ser sócios ou particular de sociedades proprietárias de empresas jornalísticas, nem exercer sobre elas qualquer tipo de controle direto ou indireto.

Com o julgamento da ADPF nº 130, a Lei de Imprensa foi inteiramente extirpada do ordenamento jurídico, porque considerada, pelo Supremo Tribunal Federal, totalmente incompatível com o regime do Estado Democrático de Direito. Segundo o ministro relator, Ayres Britto, haveria "inapartabilidade" do conteúdo da lei, considerando os fins e o viés semântico do texto. Na decisão, quase unânime, apenas o ministro Marco Aurélio defendeu a dissidência, pela continuidade do vigor de alguns dispositivos. Com esse posicionamento, desde o dia 30 de abril de 2009, os 7 capítulos e os 77 artigos da lei de imprensa se tornaram, 42 anos depois, inconstitucionais, motivo pelo qual a regulação da matéria passa apenas pela Constituição, que estabelece as restrições setoriais.

Atualmente, o acesso às notícias de todo o mundo é facilitado pela expansão da comunicação em rede, podendo qualquer nacional ter acesso a notícias do mundo que comentem fatos locais, mediante acesso à internet. Segundo Luis Nassif,[328] os grupos de mídia não imaginavam que os novos adversários seriam empresas de telefonia provedoras da infraestrutura e empresas de TI, que administram redes sociais. Porém, parece que se quer evitar é a cartelização do mercado de opinião brasileiro por grupos estrangeiros,[329] com mais razão do que outros

---

[328] NASSIF, Luis. Os grandes negócios que nascem da cartelização da mídia. *In*: SOUZA, Jessé; VALIM, Rafael (coord.). *Resgatar o Brasil*. São Paulo: Contracorrente/Boitempo, 2018, p. 107.

[329] Um fato curioso é o oferecimento de jornais em formato estrangeiro, como no caso da CNN, que começou a ofertar notícias no Brasil a partir de 2020. No caso da sua instalação no Brasil, houve apenas licenciamento da marca por um grupo de mídia brasileiro, constituído no Brasil, para garantir que não seja descumprida a restrição de

mercados de consumo, considerando que "a informação e opinião são peças essenciais na construção da democracia e na defesa de direitos, ao permitir o confronto de ideias e a igualdade de oportunidades para a apresentação de argumentos",[330] motivo pelo qual a responsabilidade editorial e as atividades de seleção e direção de programação veiculada deverão ser privativas de brasileiros (natos ou naturalizados).

Com as concorrências de mídia não tradicionais, o setor preocupa-se com investimentos, para capitalizarem-se nesse cenário onde a produção de conteúdo na internet é livre e não precisa ser realizada por jornalistas. Nesse sentido, o setor tem se organizado para orientar uma proposta de emenda constitucional que contemple uma maior abertura, defendendo-se 49% (para que se mantenha o controle em solo nacional). A liberalização total não tem sido aventada ainda, mas é um dos pontos de atenção da OCDE, quando considerada a recomendação pela promoção da competição dos mercados de comunicações e radiodifusão.[331]

---

[329] 30% de participação de estrangeiros em empresa jornalística. A operação foi liderada pelo jornalista brasileiro Douglas Tavolaro, ex-Vice-Presidente da Record, que atua como presidente-executivo da CNN Brasil, além de Rubens Menin, fundador da MRV Engenharia, do ramo de construção civil, que é presidente do conselho de administração da empresa. FOLHA DE SÃO PAULO. *Rede de notícias CNN licencia marca e terá canal no Brasil*. Disponível em: https://www1.folha.uol.com.br/mercado/2019/01/rede-de-noticias-cnn-licencia-marca-e-tera-canal-no-brasil.shtml. Acesso em: 17 jul. 2021.

[330] NASSIF, Luis. Os grandes negócios que nascem da cartelização da mídia. *In*: SOUZA, Jessé; VALIM, Rafael (coord.). *Resgatar o Brasil*. São Paulo: Contracorrente/Boitempo, 2018, p. 104.

[331] OCDE. *Avaliação da OCDE sobre telecomunicações e radiodifusão no Brasil*. Paris: 2020, p. 41. Disponível em: https://www.oecd-ilibrary.org/docserver/924e24bb-pt.pdf?expires=1626690565&id=id&accname=guest&checksum=B3D A4F54C683115267F9EA68A7855ABD. Acesso em: 18 jul. 2021. Segundo a OCDE, "a eliminação de restrições em investimentos estrangeiros diretos (IED) reduziria as barreiras à entrada no mercado e, assim, incentivar-se-iam investimentos e o progresso substancial no setor de radiodifusão. Apesar de essa mudança exigir uma reforma constitucional, isso permitiria que novos participantes entrassem no mercado, impulsionando a competição. Ao mesmo tempo, a mudança também incentivaria maior disponibilidade de tecnologias avançadas e de conhecimento especializado de empresas estrangeiras e nacionais, o que beneficiaria os usuários finais. Medidas para manter a identidade nacional, promover o conteúdo local ou apoiar outros objetivos frequentemente associados com a radiodifusão, se desejadas, podem ser implementadas de maneira que promovam a neutralidade competitiva, ao mesmo tempo que garantam os benefícios dos IED. Em outras palavras, as empresas devem competir com base nos seus méritos, e não receber vantagens indevidas devido à sua propriedade ou nacionalidade. Dar celeridade e simplificar o processo de licenciamento para a radiodifusão são medidas que devem promover a pluralidade e a possibilidade de escolha no mercado. Facilitar a entrada de novos provedores de serviços de radiodifusão no mercado pode ser crucial para desafiar grandes atores já estabelecidos. Remover as barreiras aos IED pode ajudar a atingir esses objetivos de políticas para a radiodifusão mediante aumento nos investimentos, nos empregos, na competição e na pluralidade dos meios de comunicação".

PARTE III

A PERSPECTIVA INTERNACIONAL DA REGULAÇÃO DOS INVESTIMENTOS ESTRANGEIROS

Na Parte I desta obra foram compreendidas as premissas constantes sobre as dificuldades acerca da temática dos investimentos nos Capítulos 1 e 2, que expuseram desafios relacionados à: i) a terminologia dos investimentos, que remete à incompletude de suas características diante da variabilidade do fenômeno econômico; ii) multiplicidade dos planos jurídicos atualmente existentes, que gera insegurança jurídica, orientando-se a adoção de uma legislação nacional na forma de um marco regulatório; iii) as difíceis relações entre investimento público e privado, mesmo a despeito da historiografia brasileira de grande participação de investimentos privados estrangeiros em diversas atividades públicas no Brasil.

Na Parte II, os Capítulos 3, 4 e 5 pretenderam desenhar o regime jurídico nacional aplicável aos investimentos estrangeiros, passando pelas discussões sobre as limitações e restrições previstas na Ordem Econômica Constitucional; as críticas às incompletudes da legislação atualmente vigente, que aponta para a necessidade de inserir aspectos relacionados aos investimentos privados estrangeiros conforme natureza jurídica das concessões administrativas e atualização de temas do financiamento privado e de aspectos setoriais que, esparsos, acabam por dificultar a unidade e sistematicidade do regime jurídico do tema, que deveria apresentar um marco jurídico organizado. Agora cumpre adentrar a terceira parte do trabalho, que se compõe dos Capítulos 6 e 7.

Nesta Parte III, portanto, a intenção é permitir um exercício comparativo entre o cenário nacionalmente existente e as perspectivas de padronização acerca do tema, tendo por experiências orientações da OCDE e da OMC. Os dois organismos internacionais não foram escolhidos aleatoriamente. Sobre a OCDE, vale ressaltar que atualmente o Brasil manifestou interesse em ser membro efetivo da organização internacional, a qual possui uma estrutura normativa abrangente sobre investimentos estrangeiros. Sobre a OMC, em que pese a relevância influência e nível de pertencimento do Brasil à organização, da qual é membro desde 1995, interessa-nos a candidatura do Brasil para aderir o GPA, Acordo de Compras Governamentais, que poderá dar efetividade ao princípio do tratamento isonômico entre licitantes nacionais e estrangeiros.

Portanto, após verificado o estado da arte tal como existente na legislação nacional, serão conhecidos os *standards* que se propõem a alterá-lo. Considerando que as orientações de tais organizações internacionais é ampla, de natureza fluida, e nem sempre são diretas, caracterizando-se como *soft law*, o exercício não é identificar regras, mas sim princípios, premissas, diretrizes orientadoras. A ideia é avaliar se há óbices expressos à adoção de alguns dos parâmetros de tais organizações e identificar eventuais limitações valorativas do ordenamento jurídico nacional, conforme se verá adiante.

CAPÍTULO 6

REGULAÇÃO INTERNACIONAL: CONTRIBUIÇÕES DA OCDE

É natural que as Constituições estivessem aptas a tratar de abordagens jurídicas nacionais, já que historicamente foram criadas para serem delimitadas por esse espaço de conexão de poder, entre direito e política, a soberania. Porém, no mundo complexo, pós-moderno e globalizado, a interligação e interdependência nas relações jurídicas é inevitável, motivo pelo qual Diogo de Figueiredo Moreira Neto conclui pela "insuficiência das Constituições nacionais para estabelecer parâmetros de uma ordem jurídica cada vez mais transnacional".[332]

Ainda que as Constituições, tradicionalmente, se destinem a regular o direito nacional, a realidade impele concertações de centros de poder para além do território nacional, em diversos aspectos regulatórios que se proliferam para além dos Estados-Nações. Cassese propõe que a globalização econômica acaba por ser acompanhada de uma globalização jurídica, já que a primeira não poderia se desenvolver fora do direito,[333] motivo pelo qual não deve o direito se furtar de conhecer essa realidade e estudá-la.

Carlos Ari Sundfeld afirma que o conteúdo jurídico do direito doméstico não foge à influência externa, afinal ideias e interesses econômicos jamais foram contidos pelos mapas, por serem basicamente construídos em função das necessidades de organização da vida econômica, social e política, que muitas vezes extrapola largamente as

---
[332] MOREIRA NETO, Diogo de Figueiredo. *Poder, Direito e Estado:* o Direito Administrativo em tempos de globalização. Belo Horizonte: Fórum, 2011, p. 133.
[333] CASSESE, Sabino. *La crisi dello stato*. Roma: Laterza, 2002, p. 3

fronteiras.[334] Evidentemente, não se está diante de um novo fenômeno, mas sim da sua intensificação, dado que é cada vez mais comum a internacionalização da vida e das atividades humanas.

Neste cenário, ao lado da regulação estatal, limitada aos lindes territoriais e às negociações de tratados que pontualmente podem alterar formalmente o conteúdo do ordenamento jurídico doméstico quando a ele incorporados, há também uma regulação que combina fontes diversas, como, por exemplo, aquela que decorre da autorregulação privada, mas, sobretudo, passando pela regulação transnacional, aquela que decorre da cooperação e da troca de experiências em vários níveis estratégicos, inserindo-se diálogos entre Estados (representados por seus chefes de Estado ou diplomatas creditados), Governos (em estrutura Ministerial, por exemplo) e Administração (envolvendo demais agentes públicos).

Esse modelo pode ser difícil de compreensão à luz do direito contemporâneo, mas é vivenciado e fácil de perceber na prática, pois se estende em setores os mais diversos, muitos por nós conhecidos, como defesa da moeda, transporte aéreo, saúde, dados, internet, comércio, investimentos, doenças epidêmicas (como atualmente foi vivenciada a centralização de orientações de saúde, na Organização Mundial de Saúde), esportes (inclusive olímpicos, conforme orientações que se percebem constantemente), de modo que há uma amplíssima administração global existente sobre numerosos assuntos sem que necessariamente haja um movimento de negociações de tratados nessa linha.

Este capítulo tem como fundamento buscar as premissas acerca do tema "investimento estrangeiro" no âmbito das orientações da OCDE, principalmente diante da atual candidatura do Brasil. Considerando que o Brasil não é membro ainda da OCDE e que não aderiu a todos os instrumentos convencionais sobre o tema, muitas das recomendações que orientam a mudança legislativa ou de padrão administrativo ainda não foram formalizadas e não se constituem de natureza vinculativa.

Assim, ao passo que existem propostas de adesão a determinados tratados, em ritos formais que constituem a concepção clássica do Direito Internacional, envolvendo a negociação, discussão, aprovação e internalização do tratado, até que ele possa ser considerado norma ordinária doméstica, há outras que se constituem apenas como orientações ou

---

[334] SUNDFELD, Carlos Ari. *Direito Administrativo para céticos*. 2. ed. São Paulo: Malheiros, 2014, p. 281-282.

recomendações de natureza *soft law*, dada a amplitude difusa e caráter não vinculativo que representam uma nova abordagem, que não afasta o modelo formal ou a concepção clássica, nem o substitui ou afronta, mas o complementa.

Para conseguir captar esses fenômenos que decorrem de uma percepção mais contemporânea das relações do Direito Internacional, originalmente formal e rigoroso, e do Direito Administrativo, de cunho tradicionalmente nacional,[335] já que emerge do poder estatal, que é a expressão da soberania na limitação de direitos individuais, têm-se empacotadas essas iniciativas todas em um grande rótulo: o Direito Administrativo Global.

Independentemente da lente epistemológica[336] que se considerem tais recomendações, que serão exatamente objeto de discussão desta

---

[335] DUARTE, Francisco de Abreu. À descoberta do fundamento constitucional do Direito Administrativo Global. *Revista Eletrônica de Direito Público*, Lisboa, v. 1 n. 1. jan. 2014. Segundo o autor: "quando falamos em Direito Administrativo Global é imediata a reação do jurista: se o Direito Administrativo se funda numa normatização da actuação da Administração Pública, tida esta como entidade nacional, falar-se em Direito Administrativo Global é em si mesmo um paradoxo. Não haverá Direito Administrativo sem que haja, pois, uma Administração Pública (...) Primeiro que tudo, é de facto verdadeira a concepção do Direito Administrativo Global como um Direito multifacetado, fruto da conjugação de várias ordens normativas distintas. Basta pensarmos no caso do Direito do Mar: Se estiver em causa a captura de uma determinada espécie, por exemplo a captura de bacalhau, esta será regulada por um regime especial relativo às pescas do bacalhau, mas também perante um regime mais abrangente relativo ao Direito do Mar Geral, mormente relativo às fronteiras e zonas económicas dos países em questão. Raramente uma questão administrativa internacional se vê solucionada com recurso a uma ordem jurídica unívoca e singular, como seria de esperar se estivermos a falar de um caso de Direito Administrativo Interno, regido exclusivamente pelo Direito Administrativo na sua unidade. Segundo, parece também correta a visão das relações horizontais que se estabelecem entre as entidades administrativas globais, numa lógica de cooperação e de auto-regulação. Quem legisla é muitas vezes o objecto da própria legislação, convidando terceiros a participar e a submeter-se à legislação aprovada. Ora tudo isto é distinto da lógica interna de um Direito Administrativo Clássico, *onde predomina a ideia do acto administrativo como acto de subordinação*".

[336] A defesa do Direito Administrativo Global como verdadeira disciplina autônoma ou ramo do Direito é apregoada por representantes norte-americanos da Escola de Manhattan, capitaneadas por Kingsbury. Na Europa, o movimento tem sido conduzido por Sabino Cassese. Ambos recebem variadas críticas, advindas tanto do Direito Administrativo, quanto do Direito Internacional. Essa discussão não será conduzida neste trabalho. Independentemente de se apresentar como uma metodologia ou Escola autônoma, assume-se aqui a importância da concepção do Direito Administrativo Global como tentativa de explicação do que se tem denominado de governança global para temas que merecem regulação para além das fronteiras jurídicas nacionais. (KINGSBURY, Benedict. The Concept of Law in Global Administrative Law, IILJ 2009/1. KINGSBURY, Benedict; KRISCH, Nico; STEWART, Richard. *The emergence of global administrative Law*. New York: Institute for International Law and Justice/New York University School of Law. Working papers 2004/I, p. 02-47. BORIES, Clément. *Un droit administratif global?*: A Global Administrative Law? Paris: Pedone, 2012. BERMAN, A. *The Role of Domestic*

tese, faz-se importante compreender a lógica de tais produções normativas, que envolvem sua origem, natureza e grau de coercibilidade e vinculação, que passa necessariamente pelas formas de adesão por meios cooperativos e trocas de experiências entre Estados, Governos e Administração, motivo pelo qual, para se compreender a dinâmica de tais regulações na forma cooperativa, uma abordagem institucional prévia se faz necessariamente imperiosa, e é o que se verá adiante no próximo tópico.

6.1 Modo de funcionamento e estrutura da OCDE: regulação cooperativa em níveis de governança envolvendo Estados, Governos e Administração

A Organização para Cooperação e Desenvolvimento Econômico (OCDE) é uma organização internacional intergovernamental, que difere da abordagem das organizações internacionais que tradicionalmente possuem órgãos como tribunais ou conselhos que podem impor sanções.[337] A OCDE, ao contrário, tem como foco a governança cooperativa, de modo que ela é estruturada na forma de uma rede de autoridades representadas por Chefes de Estado, Ministros de Estado ou agentes públicos diversos, que podem pertencer ou não aos países-membros e que se reúnem periodicamente, visando discutir medidas de governo e práticas administrativas, a fim de contribuírem,

---

Administrative Law in the Accountability of Transnational Regulatory Networks: The Case of the ICH. IRPA GAL Working Paper 2012/1. CASSESE, Sabino. *Lo spazio giuridico globale*. Bari: Laterza, 2003. CASSESE, Sabino.*Global Administrative Law:* An introduction. Institute for International Law and Justice. New York: New York University of Law, 2005.)

[337] As organizações internacionais tiveram sua personalidade jurídica de Direito Internacional Público consideradas ao longo do século XX e se tornam sujeitos de Direito Internacional, o que lhe permitiram, juntamente com os Estados Soberanos, titularizar a capacidade não só de participar de relações jurídicas internacionais, nelas assumindo obrigações e direitos, mas produzindo norma jurídica, posteriormente aplicando-as e as cobrando por intermédio de seus órgãos, para fins de reconfigurar comportamentos na sociedade internacional. Para tal, em algumas situações, no âmbito de seus tratados de constituição, recebem possibilidade de impor sanções para aplicar pressões aos participantes. Um clássico exemplo é o Conselho de Segurança da ONU. Difere, por exemplo, do modo de agir de outros organismos internacionais que usam sistemas sancionatórios para descumprimento de decisões. As características da OCDE, em regra, são dessemelhantes ao modo de agir de organismos internacionais tradicionais que apresentam estruturas com tribunais ou conselhos que podem impor sanções, por exemplo. A dinâmica de alteração de comportamentos obedece a uma lógica mais flexível, de incentivos e desincentivos implementação de controles etc.

mutuamente, para o desenvolvimento de temas econômicos e desafios em comum, a partir de inter-relações políticas.

Sua influência é marcante nas sugestões que fazem aos participantes no que toca ao desenho de políticas públicas, às ações de governo e, principalmente, às propostas de alteração ou inclusão legislativa dos Estados-membros que se relacionam com o organismo internacional. A atuação da OCDE tem sido bastante relevante em temáticas diversificadas como: educação, tributos, meio ambiente, economia, política etc., e atualmente abrange temáticas outras, para além dos elementos originalmente mencionados em seu tratado constitutivo, que se relacionavam mais intimamente com o desenvolvimento do comércio internacional em bases multilaterais e não discriminatórias.

Assim, seu escopo de trabalho tem sido dilatado na tentativa de responder com mais amplitude às demandas do mundo pós-moderno e, ainda, nesta lógica, a despeito de ainda ser denominada de "clube dos países ricos",[338] a OCDE alargou consideravelmente seu espectro de membros e aderentes (incluindo os *key partners*, posição que ocupa o Brasil atualmente), de modo a amplificar os territórios abrangidos pelas suas atuações, cuja forma de trabalho indica a adoção de uma rede eficaz de cooperação internacional para pautar as regras e tomadas de decisão em grande parte do mundo.

A lógica da atuação da OCDE, diferentemente de outros organismos internacionais, guarda relação aos propósitos cooperativos nos quais se baseiam as relações de reciprocidade fundadas em interesses comuns. Assim, ainda que se pense em relações assimétricas entre membros e não membros, ou entre países de diferentes níveis de desenvolvimento (econômico ou social) ou com forças geopolíticas claramente desiguais, se as partes apresentam interesses e finalidades em comum, ao final do debate, expedem-se normas para orientação conjunta e há a criação de um sistema de controle respectivo entre pares, perpetuando uma relação de colaboração mútua que garante eficácia das decisões aderidas.

Criada nos moldes mais modernos em 1961, a OCDE foi precedida da criação da OCEE (Organization for European Economic Cooperation), estabelecida em 1947, a partir da chamada Conferece of Sexteen, que visava administrar a ajuda norte-americana e canadense no Plano

---

[338] Originalmente, a sua constituição deu-se por intermédio de países desenvolvidos, mas atualmente vários países então emergentes ascenderam à organização com o caráter de membro. j exemplo do Chile, México, Coréia do Sul e Turquia.

Marshall[339] para reconstrução do continente europeu, após o fim da Segunda Guerra Mundial. Seus propósitos originais eram: (i) promover a cooperação entre países participantes e seus programas nacionais para a reconstrução da Europa; (ii) desenvolver o comércio intraeuropeu por meio de redução de tarifas e outras barreiras ao comércio; (iii) estudar a viabilidade da criação de uma união aduaneira ou uma área de livre comércio.[340]

Com o encerramento do Plano Marshall em 1952 e sua transferência para a OTAN, a entidade perde sua importância, ainda que, em 1950, tenha colocado em proposição um elaborado plano para integração da Europa, mediante especialização de atividades, divisão do trabalho, criação de um único mercado europeu e idealização do protótipo do Banco Europeu de Investimentos (European Investment Bank), que se materializou depois, com a criação do então Mercado Comum Europeu.[341]

Portanto, com base na sua origem histórica, vê-se que a produtividade e a análise econômica guiaram as atuações da OCDE desde sua origem institucional. Em 1951, criou-se um comitê especial para estudar a questão do desenvolvimento econômico dos países-membros da OTAN em relação às possibilidades econômicas de cada um deles, e se decidiu que a OCEE lidaria com as questões europeias, enquanto as novas agências a serem criadas lidariam com as demais questões econômicas.[342]

Sob os auspícios da OCEE, ainda em 1952, foi criada a Agência de Produtividade Europeia (APE), que reproduziu diretrizes do "culto à produtividade" de empresas, premissas já incorporadas pela OCEE desde a execução do Plano Marshall. Em 1957, a Agência Europeia de Energia Nuclear (EURATOM) foi criada, por impulso da OCEE e, por convenções, foram estabelecidos controles e diretrizes para a energia nuclear. Foram notabilizadas também as negociações a cargo da OCDE para tratar das questões econômicas, como a criação de uma Área de

---

[339] Explica-se o batismo do Plano: o então Secretário de Estado dos Estados Unidos, George C. Marshall, em discurso proferido em junho de 1947 na Universidade de Harvard, ressaltou a importância da união de líderes europeus, visando a recuperação da Europa no pós-guerra e ofereceu ajuda econômica dos EUA para tal. O famoso discurso pode ser encontrado adiante: OCDE. The "Marshall Plan" speech at Harvard University, 5 June 1947. Disponível em: https://www.oecd.org/fr/general/themarshallplanspeechatharvarduniversity5june1947.htm. Acesso em: 04 fev. 2021.

[340] CRETELLA NETO, José. Curso de Direito Internacional Econômico. São Paulo: Saraiva, 2012, p. 694.

[341] Ibidem, p. 697.

[342] Idem.

Livre Comércio Europeia, unindo Mercado Comum dos Seis e outros membros da OCEE em bases multilaterais e, em 1958, a assinatura dos Tratados de Roma, que deram impulso primeiro à Comunidade e depois à União Europeia.

Diante desse breve apanhado institucional, veem-se os desafios da trajetória da Organização – que exigiu competências transversais relacionadas à Economia e ao Desenvolvimento (a exemplo da produção, inflação, alocação de matérias-primas, etc., no caso do Plano Marshall) –, motivo pelo qual é possível compreender por que a OCDE é uma organização *sui generis*, que reúne, igualmente, características de *think tank*, foro de cooperação, aconselhamento e padronização de boas práticas, com abrangente influência não só na prática administrativa dos países, mas também sua modelagem de políticas e legislação.[343]

A Convenção assinada em 1961, conhecida como Carta Constitutiva da OCDE, estabelece como seus principais objetivos: (i) o desenvolvimento econômico sustentável, emprego e melhoria nos padrões de vida dos cidadãos dos países membros, bem como manutenção da estabilidade financeira; (ii) contribuir para o crescimento econômico dos membros e não membros; (iii) contribuir para a expansão do comércio mundial de forma multilateral, não discriminatória e de acordo com os princípios que regem as obrigações internacionais.[344]

Para implementar seus objetivos, a OCDE conta com três órgãos principais: i) *Conselho*, o órgão executivo e decisório da organização, que reúne todos os representantes dos países membros, cuja competência principal é editar os instrumentos legais obrigatórios (decisões, acordos internacionais) e não obrigatórios (recomendações, declarações, entendimentos); ii) *Comitês*, assim considerados os grupos de trabalho temáticos e especializados, que desenvolvem estudos sobre diversos temas, multidisciplinares[345] de relevância global; iii) *Secretariado*, que acompanha o desenvolvimento das atividades dos Comitês.

---

[343] GODINHO, Rodrigo de Oliveira. *A OCDE em rota de adaptação ao cenário internacional*: perspectivas para o relacionamento do Brasil com a organização. Brasília: Fundação Alexandre de Gusmão, 2018, p. 14. Disponível em: http://funag.gov.br/loja/download/A-OCDE-EM-ROTA-DE-ADAPTACAO-AO-CENARIO.pdf. Acesso em: 04 fev. 2021.

[344] THORSTENSEN, Vera; NOGUEIRA, Thiago Rodrigues São Marcos (coord.). *O Brasil a caminho da OCDE*: explorando novos desafios. São Paulo: VT Consultoria e Treinamento Ltda., 2020, p. 77 Disponível em: https://ccgi.fgv.br/sites/ccgi.fgv.br/files/u5/2020_OCDE_acessao_BR_FinalTN_pb.pdf. Acesso em: 11 jul. 2021.

[345] Geralmente as abordagens desenvolvimentistas são multidisciplinares, por natureza. Porém, a OCDE, para orientar a melhor compreensão dos temas, catalogou e dividiu os temas mais tratados em 17 áreas: (i) agricultura e alimentação; (ii) desenvolvimento; (iii) economia; (iv) educação; (v) emprego; (vi) energia; (vii) meio ambiente; (viii) finanças e investimentos; (ix) governança; (x) indústria e serviços; (xi) energia nuclear; (xii) ciência

Dentre os comitês, destaca-se, para os propósitos deste estudo, o Comitê de Investimentos (*Investment Committee*), cujos trabalhos são assistidos pelo Secretariado, especificamente pela Diretoria de Assuntos Financeiros e Empresariais, a qual é também responsável por coordenar o Comitê de Seguros e Pensões Privadas, o Comitê sobre Mercados Financeiros, o Comitê de Concorrência, e o Grupo de Trabalho sobre Suborno em Transações Comerciais Internacionais. Comitês relacionados à Diretoria de Assuntos Financeiros e Empresariais do Secretariado.[346]

Acerca da forma de trabalho adotada, tem-se como metodologia um primeiro e robusto levantamento de dados, análises, seguidos da elaboração de estatísticas e diretrizes de boas práticas, para então ser submetidas à discussão pelo Conselho, conforme indica a representação gráfica adiante:

FIGURA 2
Metodologia de tomada de decisões OCDE

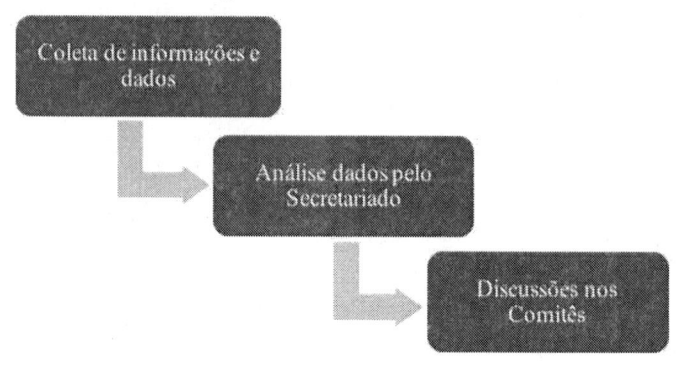

Coleta de informações e dados
↓
Análise dados pelo Secretariado
↓
Discussões nos Comitês

Fonte: Elaborado pela autora, conforme dados extraídos da NR nº 347.

Após aprovação, as tomadas de decisão pelo Conselho podem eventualmente ser transformadas em instrumentos legais (vinculativos ou não), publicadas e submetidas à implementação nos países, que terão

---

tecnologia; (xiii) assuntos sociais, migração, saúde; (xiv) tributação; (xv) comércio; (xvi) transporte; (xvii) desenvolvimento urbano, rural e regional. (THORSTENSEN, Vera; NOGUEIRA, Thiago Rodrigues São Marcos (coord.). *O Brasil a caminho da OCDE:* explorando novos desafios. São Paulo: VT Consultoria e Treinamento Ltda., 2020, p. 77 Disponível em: https://ccgi.fgv.br/sites/ccgi.fgv.br/files/u5/2020_OCDE_acessao_BR_FinalTN_pb.pdf. Acesso em: 11 jul. 2021.)

[346] THORSTENSEN, Vera; NOGUEIRA, Thiago Rodrigues São Marcos (coord.). *O Brasil a caminho da OCDE:* explorando novos desafios. São Paulo: VT Consultoria e Treinamento Ltda., 2020, p. 239. Disponível em: https://ccgi.fgv.br/sites/ccgi.fgv.br/files/u5/2020_OCDE_acessao_BR_FinalTN_pb.pdf. Acesso em: 11 jul. 2021.

ações monitoradas por seus pares, de forma horizontal e não hierárquica. As revisões ocorrem por meio da realização de consultas entre os países, o que envolve discussões, exames e avaliações. Há formação de relatórios e recomendações aos avaliados, sem previsão de sanção de qualquer natureza para os casos de descumprimento. Para evitar a recalcitrância, há um sistema de vigilância mútua concretizada pelas referidas revisões por pares, organizadas por cada Comitê responsável. Ao invés de aplicação de sanção, há uma pressão moral ou pressão pelos pares (*peer pressure*).[347]

FIGURA 3
Metodologia de tomada de decisões OCDE após discussões com países

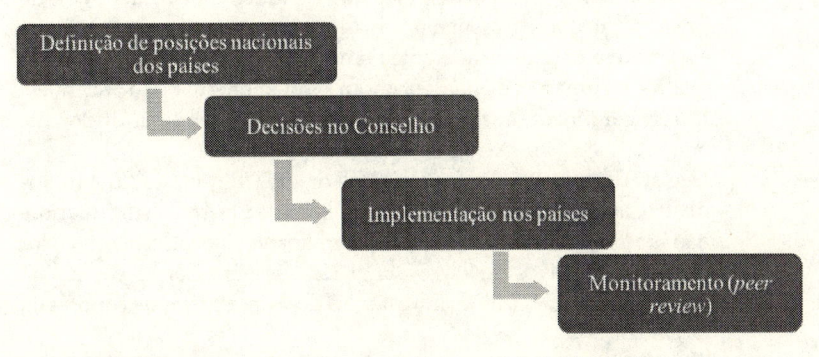

- Definição de posições nacionais dos países
- Decisões no Conselho
- Implementação nos países
- Monitoramento (*peer review*)

Fonte: Elaborado pela autora, conforme dados extraídos da NR nº 347.

6.2 Instrumentos normativos da OCDE e orientações sobre investimentos estrangeiros e atividades públicas

Desde a criação da OCDE, diversos instrumentos jurídicos foram desenvolvidos na ordem de mais de duzentos e quarenta.[348] Eles

---

[347] THORSTENSEN, Vera; NOGUEIRA, Thiago Rodrigues São Marcos (coord.). *O Brasil a caminho da OCDE*: explorando novos desafios. São Paulo: VT Consultoria e Treinamento Ltda., 2020, p. 53. Disponível em: https://ccgi.fgv.br/sites/ccgi.fgv.br/files/u5/2020_OCDE_acessao_BR_FinalTN_pb.pdf. Acesso em: 11 jul. 21.

[348] Até fev. de 2021, eram 245 políticas públicas que faziam parte do acervo normativo da OCDE. O Brasil aderiu a 99 instrumentos. (OCDE: Brasil recebe aprovação em mais um instrumento legal para aderir ao grupo. Brasília: Casa Civil. Disponível em: https://www.gov.br/casacivil/pt-br/assuntos/noticias/2021/fevereiro/ocde-brasil-recebe-aprovacao-em-mais-um-instrumento-legal-para-aderir-ao-grupo. Acesso em: 11 jul. 20 21.

se subdividem em dois principais grupos: (i) atos da OCDE – assim consideradas as decisões e recomendações, cuja elaboração é exclusiva do Conselho, conforme sua Convenção de Constituição – e (ii) outros instrumentos jurídicos desenvolvidos a cargo de outros órgãos da OCDE. A taxinomia normativa completa segue resumida abaixo:

- Decisões: instrumentos jurídicos da OCDE que são juridicamente vinculativos para todos os Membros, exceto aqueles que se abstêm no momento da adoção. Embora não sejam tratados internacionais, eles acarretam o mesmo tipo de obrigações legais para os Membros. Os aderentes são obrigados a implementar as decisões e devem tomar as medidas necessárias para tal.
- Recomendações: instrumentos jurídicos da OCDE que não são juridicamente vinculativos, mas que a prática lhes confere grande força moral, por representar a vontade política dos aderentes. Há uma expectativa de que os aderentes farão o possível para implementar totalmente uma recomendação. Assim, os Membros que não pretendem fazê-lo geralmente se abstêm quando uma Recomendação é adotada, embora isso não seja exigido nos termos legais.
- Declarações: instrumentos jurídicos da OCDE que são preparados dentro da Organização, geralmente dentro de um órgão subsidiário, e não são juridicamente vinculativos. Geralmente estabelecem princípios gerais ou objetivos de longo prazo, têm caráter solene e costumam ser adotados em reuniões ministeriais do Conselho ou de comitês da Organização.
- Acordos Internacionais: instrumentos jurídicos da OCDE negociados e celebrados no âmbito da Organização. Eles são juridicamente vinculativos para as partes.
- Acordo, Entendimento e Outros: vários instrumentos jurídicos substantivos *ad hoc* foram desenvolvidos dentro da estrutura da OCDE ao longo do tempo, como o Acordo sobre Créditos de Exportação com Apoio Oficial, o Entendimento Internacional sobre Princípios de Transporte Marítimo e as Recomendações do Comitê de Assistência ao Desenvolvimento (CAD).

Antes de adentrar o tema da adesão do Brasil na condição de membro, vale destacar as posições de não membros. Em regra, a parceria que decorre da posição de não membro ocorre na qualidade de: i) convidado; ii) participante e iii) associado. Independentemente da modalidade, o Comitê que desejar envolver parceiros deve desenvolver um Plano de Participação conforme estratégias de Relações Globais e submeter o nome à aprovação do Conselho. A OCDE pode, também, por alguns de seus comitês, convidar participantes na condição de parceiros-chave, sem necessidade de submeter o pleito ao Conselho. Em 2007, o Brasil foi considerado um dos *key partners* da OCDE, figurando ao lado da China, Índia, África do Sul e Indonésia.[349]

---

[349] OCDE. 2020. C (2012)100/FINAL. *Resolution of the Council on Partnerships in OECD Bodies*. 2012. Disponível em: https://www.oecd.org/global-relations/partnershipsinoecdbodies/C(2012)100-REV1-FINAL-En.pdf. Acesso em: 02 nov. 2020. "THE COUNCIL (...) DECIDES: (...) General Principles (...) a) Substantive committees shall develop Global Relations Strategies providing frameworks for the participation of non-Members in their work and that of their subsidiary bodies, with a C(2012)100/REV1/FINAL 3 view to enhancing the quality, relevance and impact of the Organisation's work and hence its capacity to fulfil its mandate as defined in the OECD Convention. b) Non-Members participating in the work of one or more subsidiary bodies of the Organisation shall be referred to as Partners. They may be invited to participate in the work of these bodies as Invitee, Participant or Associate in accordance with the bodies' Global Relations Strategies and the provisions of this Resolution. c) A substantive committee wishing to involve one or more Partners in its work shall develop a Participation Plan, based on its Global Relations Strategy. It shall submit this Participation Plan to the Council, via the External Relations Committee, for approval by mutual agreement. d) A subsidiary body of the Organisation may invite as Invitee or Participant any of the Partners that the Council has designated as Key Partners. These invitations shall be mentioned in the Participation Plan for information. e) Participation as Participant or Associate is subject to the payment of a fee. f) When justified by circumstances, a written procedure may be followed for the processes for which this Resolution provides. The time limit shall be 15 days, unless a Member requests an extension. It may be shortened by the Chair of the body concerned for reasons of urgency, unless a Member objects. g) The Annex, which forms an integral part of this Resolution, contains guidelines of general application for substantive committees and their subsidiary bodies regarding the development of their Global Relations Strategies and associated Participation Plans, the participation of Partners in their work and the method for determining the fees. The Council may provide different guidance in specific cases. h) This Resolution provides the legal and institutional framework for participation in all bodies of the Organisation, with the exception of the Council, Standing Committees as defined in Rule 1 b) of the Rules of Procedures and of special bodies created by the Council, and subject to any specific conditions decided by the Council, including in decisions establishing Part II programmes. Forms of Partnership 2. a) Invitees may be invited, at the body's discretion, to participate in individual meetings of subsidiary bodies, subject to their inclusion in the Participation Plan. They are expected to contribute to the fulfilment of the body's mandate and programme of work by attending the meetings to which they are invited and by contributing to the discussion. b) Participants are invited to attend all meetings of a subsidiary body for an open-ended period, unless provided otherwise, subject to a biennial review by the body. Subject to the conditions set in the Rules of Procedure, in this Resolution and in the invitation, they are required to be able and willing to contribute substantially to the fulfilment of the body's mandate and programme of work through their active participation in its meetings and its work, including by providing the information which the body may require. c) Associates are invited to attend all meetings of a subsidiary body for an open-ended period, unless provided otherwise. *In:* addition to the requirements for Participants, they are required to demonstrate their commitment to the body's goals and practices by fulfilling the criteria C(2012)100/REV1/FINAL 4 mentioned in paragraph 5 a) of the Annex, and to provide any statistical information that may be required for the body's databases. d) Whenever Council decides to open discussions for the accession of a country to the Organisation as a Member, this country would be expected to participate actively in meetings of bodies of the Organisation, according to the terms and conditions, including the form of Partnership, defined by the Organisation, unless provided otherwise. Invitations

Nessas circunstâncias, em que as relações do Brasil com a OCDE têm se estreitado, o país acaba por usufruir de um ambiente de melhor engajamento ampliado (*enhanced engagement*),[350] o que lhe permite ter mais acessos para atuação nas atividades diversas, incluindo grupos de trabalho, órgãos e comitês temáticos, além de participar de informes estatísticos e revisões por pares, atuando diretamente em cerca de 80 órgãos, projetos e atividades relacionadas da OCDE, além de que, em razão de ser membro do G-20, trabalhar em parceria com a OCDE no desenvolvimento de projetos comuns entre G-20 e OCDE em iniciativas como o projeto BEPS (Action Plan on Base Erosion and Profit Shifting) para combate à erosão fiscal internacional.[351]

Interessado em ingressar na organização na condição de membro, o Brasil formalizou pedido de abertura de processo de acesso ao organismo. Desde então, há um esforço para se adaptar aos requisitos de atendimento. Uma vez preenchidas as exigências, confirmadas pelo Conselho da OCDE – órgão interno que delibera definitivamente a entrada –, é possível que o Brasil negocie os termos de ratificação da entrada, processo que pode levar de 03 a 04 anos.

É matéria da política internacional a decisão soberana de ingresso ou não na organização, diante das numerosas vantagens e desvantagens da adesão[352] do Brasil como membro da OCDE. Como desvantagem, tem

---

3. a) Partners may be invited to participate in subsidiary bodies: i. On the initiative of the Council, after consultation with the relevant body and the External Relations Committee; or ii. On the initiative of a substantive committee by including the Partner in its Participation Plan; or iii. On their own initiative by addressing an application to the relevant substantive committee, via the Secretariat. *In:* such a case, the committee may propose to the Council to approve the inclusion of the applicant in its Participation Plan. *In:* the absence of such a proposal the committee shall consider the application in the context of the review of its Global Relations Strategy referred to in paragraph 1 b) of the Annex and report its conclusions to the External Relations Committee. b) The Secretariat shall notify the External Relations Committee of the applications referred to in paragraph a, iii). If a Member objects within 15 days following such a notification, the application shall be deemed to have been rejected and the applicant shall be informed accordingly.

[350] OCDE. *OECD Council Resolution on Enlargement and Enhanced Engagement*. Disponível em: https://www.oecd.org/brazil/oecdcouncilresolutiononenlargementandenhancedengagement.htm. Acesso em: 04 fev. 2021.

[351] THORSTENSEN, Vera; NOGUEIRA, Thiago Rodrigues São Marcos (coord.). *Brasil a caminho da OCDE*: explorando novos desafios. Centro de Estudos do Comércio Global e Investimento – CCGI-EESP/FGV. São Paulo: VT Assessoria, Consultoria e Treinamento Ltda. 2020, p. 12. Disponível em: https://ccgi.fgv.br/sites/ccgi.fgv.br/files/u5/2020_OCDE_acessao_BR_FinalTN_pb.pdf. Acesso em: 11 de jul. 2021.

[352] Estudo recente da FGV elencou, com propriedade, os argumentos favoráveis e desfavoráveis à adesão do Brasil, que, por serem tão específicos, e, por estarem tão bem explicitados, seguem integralmente reproduzidos adiante: "Dentre os argumentos contra já levantados, estão as alegações de: perda de soberania do país, perda da sua posição de líder do G-77 (grupo de países em desenvolvimento), custos da acessão à Organização,

se destacado a eventual perda de soberania que decorreria da adesão. Neste caso, ainda que traduzido em decisão política, o tema dialoga e interpenetra a esfera jurídica. Explica-se: o ingresso definitivo, uma vez ocorrido, limita, com efeito, a plena autodeterminação soberana, impondo-se limites ao Poder Legislativo.

Efetivamente, os Estados, de forma voluntária, renunciam parte de sua soberania, ao assinalar aderência a determinado ato no âmbito internacional. No entanto, é essencial observar o fato sob a perspectiva da interdependência,[353] premissa do Direito Internacional que norteia as reuniões de organizações internacionais e os fóruns intergovernamentais e, que, inevitavelmente, traz para o debate a ideia de avaliação de custo recíproco para os atores envolvidos.

---

bem como de que seria mais vantajoso ao Brasil só participar nos comitês em que teria interesse. Algumas respostas são imediatas: – Segundo o site do MRE, o Brasil hoje possui 5.098 acordos internacionais assinados e em vigor. Segundo o site da ONU, na sua Coleção de Tratados, o Brasil já assinou 351 tratados multilaterais. Segundo o World Facts Book do Governo dos EUA, o Brasil é membro de 74 instituições internacionais. Partindo-se do pressuposto de que a participação em organizações internacionais implica na negociação e aceitação de regras e alteração de políticas internas do Brasil que estejam em desacordo com essas regras, a perda de soberania é um custo inerente às vantagens de se fazer parte de qualquer instituição internacional ou negociar acordos. – Com relação aos custos de participação, estimativas dos gastos com outras organizações como FMI e OMC, estão entre US$10 milhões a US$ 20 milhões, o que pode dar uma ideia dos futuros custos. – A escolha entre as opções de "ser o líder dos países pobres" ou apenas "o último dentre os países ricos" não mais se justifica. A posição do Brasil na economia internacional torna cada vez mais difícil sustentar sua classificação como país em desenvolvimento para obter flexibilidades dos tratados internacionais. Vários países de renda média já são membros da OCDE. Dentre os argumentos a favor da acessão do País à Organização, alguns argumentos podem ser levantados: – No momento presente, em que a liderança dos EUA paralisa o principal foro de negociação do comércio internacional que é a Organização Mundial do Comércio – OMC, e coloca em cheque seu Órgão de Solução de Controvérsias, a OCDE, com forte ênfase na regulação do comércio e investimentos, passa a desempenhar papel de destaque. – A OCDE vem assumindo de forma cada vez mais atuante o papel de Secretariado do G-20, o mais importante foro da governança do Mundo atual. – A internacionalização cada vez mais profunda da economia do Brasil e sua dependência das cadeias de valor e do desempenho das transnacionais, demandam cada vez 12 maior interligação do País à negociação e participação de entidades globais que formulam regras nas mais diferentes atividades econômicas. Em síntese, a acessão do Brasil como membro da OCDE obrigará o País a realizar profundo reexame de suas políticas regulatórias e assim fazer parte como membro pleno do foro central da governança global. A OCDE é, atualmente, foco privilegiado da discussão dos grandes temas de interesses mundiais, bem como de boas práticas governamentais. Tal participação obrigará o Brasil a dar um largo passo na modernidade para reformar políticas públicas. O Brasil não pode mais ser apenas um mero espectador!"(THORSTENSEN, Vera; NOGUEIRA, Thiago Rodrigues São Marcos (coord.). *Brasil a caminho da OCDE*: explorando novos desafios. Centro de Estudos do Comércio Global e Investimento – CCGI-EESP/FGV. São Paulo: VT Assessoria, Consultoria e Treinamento Ltda. 2020, p. 12)

[353] Sobre interdependência, conferir: KEOHANE, Robert; NYE, Joseph. *Power and Interdependence*: World Politics in Transition. Boston: Little, Brown and Company, 1977.

Ainda que a relação de interdependência seja assimétrica entre países desenvolvidos e em desenvolvimento, o que se percebe é que os países buscam alinhar suas políticas às orientações da OCDE para que possam oferecer para os demais uma imagem de maior confiabilidade, visando expandir seu comércio e atrair investimentos. Relacionando-se como integrante de um grupo, de forma voluntária, o Estado recebe apoio, participa de diálogos internacionais, acessa informações de qualidade e se engaja em processos e experiências de trocas.[354] Segundo Godinho, "os esforços de adaptação institucional da OCDE ao cenário internacional refletem objetivos primários de legitimidade em sua atuação na governança econômica mundial".[355]

Para fins de incentivos ao recebimento de investimentos estrangeiros, a adesão à OCDE é um importante sinal de avanço do país. Isso porque a análise de requisitos para ingresso não implica só a adequação de legislação e de práticas administrativas dos países candidatos, mas também na confirmação de que haverá uma consolidação de posturas estruturais semelhantes à maioria dos demais membros, como: a adoção de uma economia de mercado, atendimento a princípios democráticos, respeito a direitos humanos, Estado de Direito, boa governança política etc., todos considerados fundamentais para o conceito de desenvolvimento.[356] É a obtenção de uma espécie de "selo de qualidade", conforme afirmado pelo Itamaraty.[357]

---

[354] Desde 2007, o Brasil vem se aproximando da OCDE, a partir do Engajamento Ampliado e as trocas vem sendo realizadas. Alguns marcos são importantes: Em 2015, Brasil e OCDE firmaram o Acordo Marco de Cooperação e a Declaração Conjunta sobre o Programa de Trabalho Brasil-OCDE 2016-17. O Acordo Marco de Cooperação entre Brasil e a OCDE foi promulgado em 07 de novembro de 2019, por intermédio do Decreto nº 10.109. BRASIL. *Decreto nº 10.109, de 7 de novembro de 2019*. Promulga o Acordo de Cooperação entre a República Federativa do Brasil e a Organização para a Cooperação e Desenvolvimento Econômico, firmada em Paris, em 3 de junho de 2015. Disponível em: http://www.planalto.gov.br/ccivil_03/_ato2019-2022/2019/decreto/D10109.htm. Acesso em: 02 mar 2021.

[355] GODINHO, Rodrigo de Oliveira. *A OCDE em rota de adaptação ao cenário internacional*: perspectivas para o relacionamento do Brasil com a Organização. Brasília: Fundação Alexandre de Gusmão, 2018, p. 15. Disponível em: http://funag.gov.br/loja/download/A-OCDE-EM-ROTA-DE-ADAPTACAO-AO-CENARIO.pdf. Acesso em: 02 mar 21.

[356] THORSTENSEN, Vera; NOGUEIRA, Thiago Rodrigues São Marcos (coord.). *Brasil a caminho da OCDE*: explorando novos desafios. Centro de Estudos do Comércio Global e Investimento – CCGI-EESP/FGV. São Paulo: VT Assessoria, Consultoria e Treinamento Ltda. 2020, p. 12.

[357] BRASIL. Ministério das Relações Exteriores. *O Brasil e a OCDE*. Disponível em: http://antigo.itamaraty.gov.br/pt-BR/politica-externa/diplomacia-economica-comercial-e-financeira/15584-o-brasil-e-a-ocde. Acesso em: 11 de jul. 2021. "A OCDE busca coordenar definições, medidas e conceitos, o que contribuiria para a comparação entre países que enfrentam problemas similares. Ademais de fomentar a formação de enfoques comuns para políticas públicas, essas características permitem à OCDE tratar de temas

CAPÍTULO 6
REGULAÇÃO INTERNACIONAL: CONTRIBUIÇÕES DA OCDE | 199

Para que o Brasil se torne membro efetivo da OCDE, portanto, terá não só que aderir ao maior número possível de instrumentos, mas também melhorar seu ambiente de desenvolvimento social e econômico para se aproximar dos demais países-membros, visando contribuir, de forma recíproca, efetivamente com discussões de impacto nas políticas orientadas pela OCDE. Os critérios foram assim resumidos, por estudo conduzido pelo Centro de Estudos do Comércio Global e Investimento – CCGI-EESP/FGV:

> No *Framework for the Consideration of Prospective Members*, aprovado em 2017, a OCDE manteve os critérios de 2004 e acrescentou novos critérios específicos para análise do país candidato a membro, dividindo-os em cinco categorias: 1) *state of readiness*, ou estado de preparação, em que se verifica o estado em que o país se encontra para entrar na OCDE, considerando: a) sua governança pública e econômica com base em sua adesão a alguns instrumentos específicos da OCDE; b) habilidade, capacidade e compromisso nas atividades dos comitês da OCDE, c) alcance e impacto, regional ou global, do país na economia mundial; 2) compromisso do país com os valores da OCDE e obrigações de seus membros, 3) quadro institucional do país, 4) indicadores econômicos, e 5) relações do país com a OCDE, como participação nos órgãos da OCDE, adesão aos instrumentos legais, e participação em programas.[358]

Atualmente, o Brasil já aderiu a 94 do total de 245 instrumentos legais da OCDE. Desses, os relacionados aos investimentos estrangeiros somam 24, dos quais o Brasil já aderiu a 16, os quais seguem indicados:

---

controversos, de definição difícil em organismos de vocação universal, como as Nações Unidas e na OMC. Diversos países em desenvolvimento têm buscado aderir à OCDE. Para esses países, o ingresso na organização equivaleria à obtenção de um 'selo de qualidade', que poderia estimular investimentos e a consolidação de reformas econômicas".

[358] THORSTENSEN, Vera; NOGUEIRA, Thiago Rodrigues São Marcos (coord.). *Brasil a caminho da OCDE*: explorando novos desafios. Centro de Estudos do Comércio Global e Investimento – CCGI-EESP/FGV. São Paulo: VT Assessoria, Consultoria e Treinamento Ltda. 2020, p.244.

QUADRO 7
Instrumentos legais de investimento aderidos pelo Brasil

Instrumento legal	Data adesão
Decision of the Council on International Investment Incentives and Disincentives	13/11/1997
Declaration on International Investment and Multinational Enterprises	13/11/1997
Third Revised Decision of the Council concerning National Treatment	13/11/1997
Decision of the Council on the OECD Guidelines for Multinational Enterprises	13/11/1997
Decision of the Council on Conflicting Requirements being imposed on Multinational Enterprises	13/11/1997
Decision of the Council on International Investment Incentives	13/11/1997
Recommendation of the Council on Member Country Exceptions to National Treatment and National Treatment related Measures concerning the Services Sector	13/11/1997
Recommendation of the Council concerning Member Country Exceptions to National Treatment and National Treatment related Measures concerning Investment by Established Foreign-Controlled Enterprises	13/11/1997
Recommendation of the Council on the Due Diligence Guidance for Meaningful Stakeholder Engagement in the Extractive Sector	13/11/1997
Recommendation of the Council on Member Country Measures concerning National Treatment of Foreign-Controlled Enterprises in OECD Member Countries and Based on Considerations of Public Order and Essential Security Interest	13/11/1997
Recommendation of the Council on Member Country Exceptions to National Treatment and National Treatment related Measures concerning the Services Sector: adesão em 13/11/1997;	13/11/1997
Recommendation of the Council on the OECD Due Diligence Guidance for Responsible Supply Chains in the Garment and Footwear Sector	24/05/2011
Recommendation of the Council on Due Diligence Guidance for Responsible Supply Chains of Minerals from Conflict-Affected and High-Risk Areas	15/11/2017
Recommendation of the Council on the OECD Due Diligence Guidance for Responsible Business Conduct:	29/05/2018
Recommendation of the Council on Member Country Exceptions to National Treatment and Related Measures concerning Access to Local Bank Credit and the	18/09/2019
Recommendation of the Council on the OECD-FAO Guidance for Responsible Agricultural Supply Chains	02/10/2019

Fonte: Elaboração pela autora, conforme interpretação de dados coletados junto à Divisão de Organizações Econômicas do Departamento de Organismos Econômicos Multilaterais, Secretaria de Comércio Exterior e Assuntos Econômicos do Ministério das Relações Exteriores. Atualizado até 13.10.2021.

6.3 Impactos da adesão de instrumentos legais da OCDE sobre investimentos estrangeiros pelo Brasil

São 08 os instrumentos que o Brasil ainda não aderiu em matéria de investimento estrangeiro:

QUADRO 8
Instrumentos não aderidos pelo Brasil

Instrumento legal
Decision of the Council adopting the Code of Liberalisation of Capital Movements.
Decision of the Council adopting the Code of Liberalisation of Current Invisible Operations.
Recommendation of the Council on the Policy Framework for Investment.
Recommendation of the Council on Guidelines for Recipient Country Investment Policies relating to National Security.
Recommendation of the Council on the OECD Benchmark Definition of Foreign Direct Investment.
Recommendation of the Council on Principles for Private Sector Participation in Infrastructure.
Recommendation of the Council concerning the Conclusion of Bilateral Agreements for the Co-Production of Films.
Resolution of the Council on the Draft Convention on the Protection of Foreign Property.
Declaration on Sovereign Wealth Funds and Recipient Country Policies

Fonte: Elaboração pela autora, conforme interpretação de dados coletados junto à Divisão de Organizações Econômicas do Departamento de Organismos Econômicos Multilaterais, Secretaria de Comércio Exterior e Assuntos Econômicos do Ministério das Relações Exteriores. Atualização até 13.10.2021.

Por se relacionar diretamente com a temática da infraestrutura, destaca-se, além desses instrumentos, a adesão, em 2000, da Convenção sobre o Combate da Corrupção de Funcionários Públicos Estrangeiros em Transações Comerciais Internacionais,[359] que juntamente com a Convenção Interamericana Contra a Corrupção[360] e a Convenção das Nações Unidas Contra a Corrupção[361] foram precursoras da alteração

---
[359] Promulgada pelo Decreto nº 3.678, de 30 de novembro de 2000.
[360] Convenção Interamericana Contra a Corrupção e a Convenção das Nações Unidas Contra a Corrupção Decreto nº 4.410, de 7 de outubro de 2002.
[361] Promulgada pelo Decreto nº 5.687, de 31 de janeiro de 2006.

da legislação doméstica, a Lei Anticorrupção (Lei nº 12.846/13), que responsabiliza administrativa e civilmente pessoas jurídicas pela prática de atos contra a Administração Pública, nacional ou estrangeira.[362]

Para fins desta obra, serão consideradas as análises quanto aos impactos de adesão dos seguintes instrumentos legais da OCDE, que se relacionam com os investimentos em infraestrutura e atividades públicas:

QUADRO 9
Instrumentos que se relacionam com investimentos em infraestrutura e atividades públicas

Instrumento legal
Decision of the Council adopting the Code of Liberalisation of Capital Movements.
Decision of the Council adopting the Code of Liberalisation of Current Invisible Operations.
Recommendation of the Council on the Policy Framework for Investment.
Recommendation of the Council on Guidelines for Recipient Country Investment Policies relating to National Security.
Recommendation of the Council on the OECD Benchmark Definition of Foreign Direct Investment.
Recommendation of the Council on Principles for Private Sector Participation in Infrastructure.

Fonte: Elaboração pela autora, conforme interpretação de dados coletados junto à Divisão de Organizações Econômicas do Departamento de Organismos Econômicos Multilaterais, Secretaria de Comércio Exterior e Assuntos Econômicos do Ministério das Relações Exteriores. Atualização até 13.10.2021.

---

[362] Desde a assinatura de tais tratados, a partir de 2000, o Brasil aperfeiçoou seus instrumentos de combate à corrupção. Em 2003, foi criada a CGU – Controladoria Geral da União, típica agência anticorrupção do país. Em 2006, nova reestruturação no órgão deu origem à Secretaria de Prevenção da Corrupção e Informações Estratégicas (SPCI), responsável por desenvolver mecanismos de prevenção à corrupção. Várias operações policiais foram conduzidas desde então, culminando na Operação Lava Jato, que, após duração de 06 anos e cumprimento de mais de 1000 mandados de prisão, incluindo empresários e políticos, foi encerrada em 2021. Desde 2019, a OCDE tem divulgado alertas públicos ao governo para tentar reverter ações que entende de desmonte ao combate à corrupção; dentre os temas estão a aprovação da Lei de Abuso de Autoridade, o uso de relatórios de inteligência financeira e últimos desdobramentos da Lava Jato. Em 18/03/2021, a OCDE resolveu acirrar a fiscalização sobre os procedimentos adotados no país e criar um grupo de trabalho específico para monitorar situação do Brasil. O grupo de monitoramento é formado por Estados Unidos, Itália e Noruega e teve sua primeira reunião em na segunda semana de março de 2021, em Paris.

6.3.1 Códigos de Liberação de Capitais (Decision of the Council adopting the Code of Liberalisation of Capital Movements e Decision of the Council adopting the Code of Liberalisation of Current Invisible Operation)

Inicia-se pela análise dos Códigos de Liberação de Capitais, que são considerados instrumentos centrais pela organização no tocante à temática de investimentos estrangeiros. O ponto focal do Brasil junto à OCDE é o Banco Central, que acompanha a convergência do Brasil ao conteúdo dos códigos, tendo realizado reuniões para discutir o processo de adesão. Os Códigos de Capitais são aplicáveis aos fluxos internacionais que envolvem emissão, compra de ações, títulos e fundos mútuos, operações do mercado financeiro, serviços bancários; serviços de seguros e pensões privadas; serviços de profissionais liberais; transportes marítimos e rodoviários; viagens e turismo.

Os Códigos de Liberação de Capitais – que têm natureza de Decisão, na escala normativa da Organização e por isso ostentam caráter vinculativo para os membros – consistem em um conjunto padronizado de cláusulas em que os membros aderem à intenção de eliminar, progressivamente, as restrições aos movimentos de capitais e às operações intangíveis entre si; sem discriminação de nenhum setor e nenhum investidor. É possível formular reservas, destacando a autonomia do aderente especialmente sobre ordem e de segurança pública, dificuldades econômicas temporárias e definição sobre políticas monetárias visando preservar a flexibilidade na restrição de fluxos de operações consideradas de natureza desestabilizadora. Nessas situações excepcionais, os aderentes podem introduzir, reintroduzir ou manter restrições não cobertas sem que isso afete o *status* de progressiva liberação.[363] Alguns princípios se aplicam aos Códigos:

> i) Princípio *Standstill*: uma vez que as reservas sejam incluídas, não se pode estabelecer novas, apenas aquelas já existentes podem ser ampliadas ou reduzidas, o que permite que a regulação pela liberalização apenas avance e não retroceda (evita o efeito catraca). O princípio é excepcionalizado por reservas relacionadas à ordem e segurança pública, políticas monetárias e situações econômicas circunstanciais;

---

[363] OECD. OECD *Codes of Liberalisation* USER'S GUIDE 2008. Disponível em: http://www.oecd.org/daf/inv/investment-policy/38072327.pdf. Acesso 02 mar 21.

ii) Princípio *Rollback*: orienta que a liberalização seja gradual, com um processo de acompanhamento periódico acerca das restrições, que devem ser examinadas pelos pares;

iii) Princípio da Liberalização Unilateral: o princípio parte do pressuposto de que há liberalização unilateral, ou seja, os países assumem um compromisso comum, mas independente de concessões mútuas e particulares, como contrapartida, de forma casuística;

iv) Princípio da Não-Discriminação: diz respeito ao tratamento equânime de investidores na mesma situação, recomendando-se não haver discriminação entre eles em setores idênticos;

v) Princípio da Transparência: as informações sobre barreiras de movimentos de capitais devem ser transmitidas de forma completa, atualizada, compreensível e acessível a todos. Para dar efetividade à premissa, solicita-se notificação de eventuais modificações no prazo de 60 dias, refletindo tais medidas em listas de reservas que seriam compartilhadas entre países.[364]

Os Códigos estão mais sujeitos a influenciar investimentos de portfólio e atingem pessoas físicas e jurídicas. A maioria das orientações atinge a aquisição de papéis relacionados ao mercado financeiro brasileiro, mas não é impensável que o setor de infraestrutura seja alcançado pelas propostas de alteração. Um dos exemplos mais claros dessa possibilidade é a utilização, pelas Sociedades de Propósito Específico, dos instrumentos de emissões de papéis financeiros para captação de recursos visando implementar projetos de investimento em infraestrutura.

Nessa situação, pouco importa se a SPE foi constituída de pessoa jurídica nacional ou estrangeira ou é oriunda da participação em licitação de consórcio com empresas nacionais ou estrangeiras ou, ainda, se o controle é brasileiro ou estrangeiro. Ainda que se trate de SPE puramente nacional, ela poderá emitir debêntures, certificados de recebíveis imobiliários e de cotas de emissão de fundo de investimento em direitos creditórios visando ao mercado internacional, para além do mercado brasileiro (como hoje é possível), o que implica maior concorrência de financiadores e possível menor custo de financiamento, em razão da amplitude da disputa. Além disso, comumente, o custo de captação de recursos fora do país costuma ser mais baixo do que no mercado brasileiro.

---

[364] *Op. cit.*, p. 10-13.

Com a implantação dos Códigos, os investidores estrangeiros terão liberdade para buscar livremente empreendimentos no Brasil com características atrativas. Esse ponto, além de viabilizar novas fontes de financiamento, atrai concorrência na busca do melhor custo do recurso financeiro e permite desoneração de investimentos públicos. Essa situação é fomentada pela Lei nº 12.431/2011,[365] que estipula regime diferenciado de alíquotas de IRPJ para SPE que tenham lançado ao mercado debêntures, objetos de distribuição pública emitidas por concessionária, permissionária, autorizatária ou arrendatária, constituídas sob a forma de sociedade por ações, para captar recursos com vistas a implementar projetos de investimento na área de infraestrutura.

Embora haja controvérsias sobre a natureza jurídica do instrumento tratado pela lei, se benefício fiscal (de natureza tributária geral) ou fomento (intervenção na economia especial, individual),[366] a questão

---

[365] BRASIL. Lei nº 12.431 de 24 de junho de 2011. Disponível em: http://www.planalto.gov.br/ccivil_03/_ato2011-2014/2011/lei/L12431compilado.htm. Acesso em: 11 mar. 2021. "Art. 2º No caso de debêntures emitidas por sociedade de propósito específico, constituída sob a forma de sociedade por ações, dos certificados de recebíveis imobiliários e de cotas de emissão de fundo de investimento em direitos creditórios, constituídos sob a forma de condomínio fechado, relacionados à captação de recursos com vistas em implementar projetos de investimento na área de infraestrutura, ou de produção econômica intensiva em pesquisa, desenvolvimento e inovação, considerados como prioritários na forma regulamentada pelo Poder Executivo federal, os rendimentos auferidos por pessoas físicas ou jurídicas residentes ou domiciliadas no País sujeitam-se à incidência do imposto sobre a renda, exclusivamente na fonte, às seguintes alíquotas: I – 0% (zero por cento), quando auferidos por pessoa física; e II – 15% (quinze por cento), quando auferidos por pessoa jurídica tributada com base no lucro real, presumido ou arbitrado, pessoa jurídica isenta ou optante pelo Regime Especial Unificado de Arrecadação de Tributos e Contribuições devidos pelas Microempresas e Empresas de Pequeno Porte (Simples Nacional).§1º O disposto neste artigo aplica-se somente aos ativos que atendam ao disposto nos §§1º, 1º-A, 1º-B, 1º-C e 2º do art. 1º, emitidos entre a data da publicação da regulamentação mencionada no §2º do art. 1º e 31 de dezembro de 2030. §1º-A. As debêntures objeto de distribuição pública, emitidas por concessionária, permissionária, autorizatária ou arrendatária, constituídas sob a forma de sociedade por ações, para captar recursos com vistas em implementar projetos de investimento na área de infraestrutura ou de produção econômica intensiva em pesquisa, desenvolvimento e inovação, considerados como prioritários na forma regulamentada pelo Poder Executivo federal também fazem jus aos benefícios dispostos no caput, respeitado o disposto no §1º. §1º-B. As debêntures mencionadas no caput e no §1º-A poderão ser emitidas por sociedades controladoras das pessoas jurídicas mencionadas neste artigo, desde que constituídas sob a forma de sociedade por ações.

[366] Luciana Najan Silva da Cruz, em artigo sobre debêntures e infraestrutura, entende que a Lei nº 12.431/2011 é espécie de fomento, instrumento de intervenção do Estado na Economia que ela traduz como "uma das faces da atuação da Administração Pública no seio do Estado Regulador. É a atividade destinada a estimular, a incitar, a induzir o particular a praticar determinada atividade que atenda ao interesse coletivo". No entanto, admite que Vicente de Mendonça adota corrente no sentido de que os meios fiscais se caracterizam por serem uma política econômica e não medida de fomento. (CRUZ, Luciana Najan Silva da. Debêntures de infraestrutura: uma análise sob a ótica

é que os efeitos da medida ainda são tímidos e incompletos, pelo que não aconteceria a ampliação do mercado de capitais ao estrangeiro, por adesão dos Códigos OCDE. Visivelmente, isso sinalizaria ao mercado os empreendimentos de infraestrutura disponíveis, oportunizando a adoção de outras fontes de financiamentos.

A exposição de motivos da Medida Provisória nº 517/2010, que se converteu na Lei nº 12.431/2011, infirma, em seu artigo 2º, que a providência é necessária para viabilizar a construção de um mercado privado de financiamento de longo prazo, pois, embora seja louvável afirmar que o Brasil apresenta perspectivas de crescimento econômico, a convalidação das perspectivas demanda a construção de novas bases de financiamento, o que perpassa maior participação da iniciativa privada como fonte complementar de *funding*.[367]

No mesmo documento, foram enfatizados aspectos quanto à adoção de *funding* público, principalmente oriundos do BNDES e dos bancos públicos,[368] como promotores quase que exclusivos de tais recursos destinados à infraestrutura, o que alerta para o risco de minar a capacidade de sustentação do crescimento econômico. Da mesma forma, faz-se necessário prover o desenvolvimento do mercado secundário de ativos.

Por mais que o modelo de intervenção econômica do Estado brasileiro esteja fincado em bases estatais, especialmente quando se trata da participação do governo no mercado bancário – altamente concentrado –, a indução, o fomento e a regulação do próprio mercado financeiro não podem figurar em um segundo plano.

Não se nega a importância ímpar da participação estatal na economia bancária. Ao contrário. Os bancos públicos e de desenvolvimento cumprem relevantes pautas de política econômica ao

---

do fomento no Estado Regulador. *Revista da Procuradoria Geral do Banco Central*, v. 14, n. 1, jun. 2020. p. 99). Por sua vez, para José Vicente Santos de Mendonça, o fomento público é o resultado de uma ponderação, entendida em sentido amplo, entre os impulsos planejadores do Estado e a proteção ao espaço privado de atuação empreendedora. O resultado é uma técnica de atuação em que o Poder Público indica, sugere ou recomenda – oferecendo, para isso, algum tipo de estímulo palpável, até porque estaríamos no terreno do não Direito se todo o seu conteúdo se resumisse a sugestões – determinada atuação ao particular, sem, contudo, torná-la obrigatória. (MENDONÇA, José Vicente Santos de. *Direito Constitucional Econômico*. 2. ed. Belo Horizonte: Fórum, 2018, p. 310).

[367] BRASIL. *EM Interministerial nº 194/2010-MF-/MDIC/MC/MCT/MEC/MME/MP*. Disponível em: http://www.planalto.gov.br/ccivil_03/_Ato2007-2010/2010/Exm/EMI-194-MF-MDIC-MC-MCT-MEC-MME-MP-MPV-517-10.htm. Acesso em: 11 de jul. 2021.

[368] Segundo a EM Interministerial nº 194/2010-MF-/MDIC/MC/MCT/MEC/MME/MP, "atualmente, quase noventa por cento da carteira de crédito com vencimento superior a cinco anos tem como lastro linhas oriundas de bancos públicos, sendo que só o BNDES é responsável por quase sessenta e dois por cento dessa carteira". *Idem.*

atuar de forma especial no mercado, com claros propósitos sociais, vinculados, por exemplo, ao financiamento de projetos portadores de menor lucratividade, e à universalização da captação bancária, atuando geralmente nos ambientes em que o setor privado, ao ver-se dissociado de retornos aceitáveis de participação bancária privada, não tem interesses na exploração da atividade.[369]

Não se pode, portanto, afastar a intervenção (na via da participação direta) de bancos estatais. Para o CEPAL, os países em desenvolvimento precisam de uma organização financeira capaz de aumentar o volume de recursos disponíveis, alocá-los em atividades estratégicas e colmatar eventuais carências de recursos privados, papel que seria bem desempenhado pelos bancos estatais. Como já explorado neste estudo, a ordem econômica do século XX implica a intervenção estatal para além da garantia de um ótimo funcionamento neutro da economia.[370]

O que se propõe, portanto, não é uma substituição de modelos, mas que o mercado de capitais pudesse atuar como fonte de *funding* complementar ao financiamento de tais projetos, agregando outras formas de financiamento, que, se somadas aos recursos públicos, complementariam o rol de possibilidades via mercado de capitais. A adesão aos Códigos de Liberalização dos Movimentos de Capital da OCDE ampliaria o mercado investidor, possibilitando que pessoas físicas e jurídicas estrangeiras pudessem aportar recursos na infraestrutura brasileira.

Essa probabilidade advém da própria lógica da emissão de títulos ao mercado, como obrigações autônomas e emitidos em massa. As debêntures, por exemplo – a despeito da doutrina divergir quanto à natureza de título de crédito ou de valor mobiliário – muito se assemelham a um contrato de financiamento, no qual a companhia emissora assume a obrigação de pagar remuneração para os debenturistas. Porém essa obrigação de pagar não é, necessariamente, assumida perante um único investidor, de modo que o título pode ser pulverizado no mercado, com ofertas amplas.[371]

---

[369] SCHAPIRO, Mario Gomes. *Novos parâmetros para a Intervenção do Estado na Economia*: persistência e dinâmica na atuação do BNDES em uma economia baseada no conhecimento. Tese de doutorado apresentada ao Departamento de Direito Econômico e Financeiro da Universidade de São Paulo, 2009, p. 80

[370] *Idem.*

[371] Luciana Najan Silva da Cruz, ao analisar as debêntures emitidas no setor de infraestrutura, lembra que "a doutrina apresenta entendimentos divergentes: um primeiro e majoritário defende que se trata de um título de crédito e um entendimento minoritário de que

No entanto, a vantagem acima destacada apenas seria eficaz para os efeitos a que se propõe diante da solidez dos ativos relacionados ao financiamento de infraestrutura, lançados ao mercado. Segundo José Virgílio Lopes Enei, as sociedades empresárias contemporâneas contam com equipes e departamentos multidisciplinares especializados em novos projetos, os quais irão avaliar as oportunidades minimamente promissoras e referendar as oportunidades de investimentos, a partir de critérios objetivos, técnicos embasados em estudos de viabilidade econômico-financeira.[372]

Tratando-se de projetos de grande porte, cuja disponibilidade financeira é vultosa, geralmente as sociedades empresárias não têm condições para implementar o empreendimento apenas com capital próprio ou, ainda que tenham, podem não ter interesse. Explica-se: muitas sociedades empresárias não querem comprometer parte relevante de seus recursos em um só empreendimento, de modo a não comprometer parcela relevante de sua capacidade financeira, preferindo fazer alocações específicas em vários deles, de forma a diversificar ou limitar o risco da operação.[373]

Neste caso, as sociedades empresárias podem contratar diretamente empréstimos junto ao mercado financeiro, oferecendo garantias da própria sociedade, que serão avaliadas pelo seu exclusivo risco de crédito (medido, dentre outros fatores, pela capacidade de pagamento, comprometimento de garantias, solidez da empresa no mercado,

---

teriam as debêntures natureza jurídica de valor mobiliário. (...) Dentre as principais características das debêntures pode-se citar: (i) a emissão pela sociedade empresária por meio de divulgação para o mercado da escritura de emissão que contém a remuneração, as garantias e os demais direitos e obrigações; (ii) cada emissão feita pode conter uma única série ou mais de uma série de debêntures. A Lei 6404/76 prevê em seu artigo 53 que os títulos de uma mesma série devem ser iguais, possuindo, por conseguinte, as mesmas garantias, remuneração e demais direitos e obrigações; (iii) a cada debênture é conferido um valor nominal. Esse é o valor unitário e corresponde ao montante total da série, dividido pelo número de debêntures; (iv) têm um preço de colocação que reflete a inclusão da correção monetária e dos juros devidos entre a data da emissão e a data da colocação do título para o mercado, haja vista que é comum que essas datas não sejam coincidentes; (v) a colocação no mercado se dá pelo procedimento de Bookbuilding, pelo qual o banco coordenador responsável pela colocação das debêntures no mercado prospecta os investidores e, após o recebimento das ordens, define os limites de taxas de remuneração do título; e (vi) contam com a figura do agente fiduciário, o qual representa a comunhão de debenturistas" (CRUZ, Luciana Najan Silva da. Debêntures de infraestrutura: uma análise sob a ótica do fomento no Estado Regulador. *Revista da Procuradoria Geral do Banco Central*, v. 14, n.1, jun. 2020. p. 98).

[372] ENEI, José Virgílio Lopes. *Project Finance*: financiamento com foco em empreendimentos (parcerias público-privadas, *leveraged*, *buy-outs* e outras figuras afins). São Paulo: Saraiva, 2007, p. 17.

[373] *Ibidem*, p. 18.

pontualidade de pagamento de obrigações, etc.), podem inserir-se em uma engenharia financeira (*project finance*), com riscos pulverizados entre vários partícipes financeiros (sindicato de bancos, etc.) ou emitir títulos para captar recursos no mercado, que podem ser objeto de investimento por pessoas físicas ou jurídicas.

Ora, as SPE até podem emitir títulos visando captação de recursos, mas a confiabilidade dessas operações financeiras lançadas ao mercado estará inevitavelmente ligada ao fluxo de caixa empresarial. É da exploração da atividade que se configura resultado financeiro. Nesse caso, trata-se de prestação de serviços públicos, titularizados pelo concessor e, caso haja contraprestação financeira da Administração ou remuneração pelo contrato de concessão, a Administração deve honrar os pagamentos, sob pena de dificultar os próprios financiamentos privados que exonerariam os gastos do Poder Público.

Portanto, nenhuma ação isolada será suficiente para melhorar o ambiente de captação financeira de empreendimentos ligados ao desenvolvimento da infraestrutura brasileira se não vier acompanhada do compromisso do Poder Público na honra dos pagamentos, das contrapartidas e da remuneração dos particulares, bem como do reconhecimento de eventuais reequilíbrios econômico-financeiros devidos. Como dito, a ação é relevante, mas é necessário que ela seja conjugada com o aumento da confiança no sistema jurídico. Aliás, juntamente com a conjuntura política e econômica, item determinante para o ingresso de capital estrangeiro no país.

6.3.2 Política de Investimentos (Recommendation of the Council on the Policy Framework for Investment)

Comumente chamado de Policy Framework of Investment (PFI), esse instrumento legal é uma Recomendação – e, portanto, de natureza não vinculativa – pelo Conselho, sob proposta do Comitê de Investimentos, com a anuência do Comitê de Desenvolvimento e Comitê de Assistência. A recomendação foi desenvolvida no contexto de atualização da PFI então vigente desde 2006 e visa parametrizar as ações dos membros em todos os níveis de governo para uma melhor formulação de políticas de investimento, bem como implementar ferramentas de autoavaliação e revisão por pares. A atualização, solicitada pelo Conselho em 2012, melhorou o desenvolvimento do PFI, incluindo dimensões relacionadas a um tratamento mais aprofundado de temas como: Micro e Pequenas Empresas (MPE), setor informal, governança corporativa, atenção às cadeias globais de valor e questões de gênero. No que diz respeito à infraestrutura, destaca-se principalmente a promoção do investimento verde.

Nesse caso, também tem relevância a Declaração sobre a Política de Coerência para o Desenvolvimento, Ministerial Declaration on Policy Coherence for Development (PCD), no qual há um expresso compromisso dos Estados (representados por seus ministros nesse documento) visando fortalecer o diálogo entre os países da OCDE e os países parceiros no compartilhamento de experiências sobre os efeitos das políticas nos países em desenvolvimento. Busca-se a coordenação entre vários arranjos e instituições internacionais, a fim de ajudar a garantir que os desafios da globalização sejam compartilhados, bem como maximizados seus benefícios entre países desenvolvidos e em desenvolvimento.[374]

A abordagem cepalina do *Big Push* (grande impulso) para a sustentabilidade dialoga com os dois instrumentos da OCDE. A analogia *Big Push* advém da necessidade de alavancagem de investimentos nacionais e estrangeiros, públicos e privados para constituir um novo ciclo virtuoso de crescimento sustentável (além da promoção da sustentabilidade, com geração de renda, redução das desigualdades e brechas estruturais), de modo que haja transição para um modelo econômico resiliente, de baixo carbono e sustentável (no tripé econômico, social e ambiental).[375]

Os delineamentos conceituais básicos do *Big Push* para a Sustentabilidade foram desenvolvidos pela CEPAL e podem ser resumidos assim:

> (...) o *Big Push* Ambiental pode ser definido como um conjunto de investimentos que produzam um ciclo virtuoso de crescimento econômico, geração de empregos, desenvolvimento de cadeias produtivas, diminuição da pegada ambiental e dos impactos ambientais, ao mesmo tempo em que recupera a capacidade produtiva do capital natural, tudo isso junto e ao mesmo tempo. O *Big Push* Ambiental está sendo construído dentro do arcabouço do pensamento cepalino e, dessa

---

[374] OCDE. *Meeting of the Council at Ministerial Level*, 4-5 June 2008. Disponível em: https://one.oecd.org/document/C/MIN(2008)2/FINAL/en/pdf. Acesso em: 11 de jul. 2021.

[375] GRAMKOW, Camila. O *big push* ambiental no Brasil: investimentos coordenados para um estilo de desenvolvimento sustentável. *Perspectivas*, nº 20. São Paulo: Friedrich Ebert Stiftung, 2019, p. 13. Disponível em: https://www.cepal.org/pt-br/publicaciones/44506-o-big-push-ambiental-brasil-investimentos-coordenados-estilo-desenvolvimento. Acesso em: 17 out 20.

forma, é explicitamente voltado para os problemas estruturais em particular relevantes para a região, tais como heterogeneidade estrutural, incorporação de progresso técnico e seus benefícios, especialização externa, altos níveis de desigualdades (social, de gênero etc.), dentre outras brechas estruturais do desenvolvimento.

A ideia cepalina está basicamente fundamentada nos investimentos. Segundo Camila Gramkow, "os investimentos de hoje explicam a estrutura produtiva de amanhã, que por sua vez determina a competitividade, a produtividade e o tipo de inserção no comércio internacional".[376] Gramkow explica que para atingir a abordagem *Big Push* devem ser reunidas três eficiências. Com a correta combinação entre as três eficiências.

A primeira é schumpeteriana, apresentando externalidades positivas para toda cadeia de valor, gerando economias inovadoras e mais preparadas para se inserir competitivamente em mercados que remuneram melhor os bens e serviços produzidos; a segunda é keynesiana, com ganhos de eficiência decorrente da especialização produtiva, com efeitos multiplicadores e impactos positivos na economia e empregos. As duas juntas geram condições de uma inserção competitiva favorável, mas não são completas sem a terceira eficiência, que é a sustentabilidade, que se relaciona com o tripé econômico, social e ambiental.[377]

---

[376] *Idem.*

[377] "Na abordagem do Big Push para a Sustentabilidade, os investimentos devem ser orientados por uma tripla eficiência, para que sejam compatíveis com a construção de estilos de desenvolvimento sustentáveis. A primeira, é a eficiência schumpeteriana, segundo a qual uma matriz produtiva mais integrada, complexa e intensiva em conhecimento gera externalidades positivas de aprendizagem e inovação que se irradiam para toda a cadeia de valor. Estruturas produtivas que permitem acelerar o fluxo de informações e de conhecimentos tendem a ser economias mais eficientes, mais inovadoras e mais preparadas para se inserir competitivamente em mercados que remuneram melhor os bens e serviços produzidos. Essa é uma eficiência muito associada ao lado da oferta, ou seja, das capacidades produtivas e tecnológicas instaladas. A segunda eficiência é a keynesiana, que destaca que há ganhos de eficiência da especialização produtiva em bens cuja demanda cresce relativamente mais, gerando efeitos multiplicadores e impactos positivos na economia e nos empregos. Economias que conseguem acessar mercados em expansão podem aumentar sua produção em uma velocidade maior do que aumentam seus custos (economias de escala) e, quando opera negócios diversos simultaneamente, pode aumentar a eficiência conjunta da produção, com consequente redução de custos e aumento da qualidade (economia de escopo). Essa segunda eficiência destaca elementos do lado da demanda que se reforçam, criando um círculo virtuoso de competitividade, inovação e produtividade. A eficiência keynesiana está muito relacionada com a eficiência schumpeteriana, uma vez que os mercados que mais crescem tendem a ser aqueles com maior dinamismo tecnológico e de inovação. Somadas, as eficiências schumpeteriana e keynesiana criam as condições para uma inserção competitiva favorável. Contudo,

Segundo Relatório do International Finance Corporation – IFC,[378] o potencial total de investimento inteligente e verde para a região que inclui Argentina, Brasil, Colômbia e México é de mais de US$2,6 trilhões até 2030. Apenas considerando o Brasil, o documento cita que o potencial de investimentos verdes chega a US$1,3 trilhão, no período de 2016-2030, ainda que a economia tenha contraído 3,8% em 2015, configurando PIB de volta aos níveis de 2011. Explicita que, apesar dessas dificuldades, o Brasil é uma grande economia (9ª maior do mundo) e vasta classe média, o que continua a fazer do país um destino importante para os investimentos de longo prazo.[379]

No Brasil, diante de tantas oportunidades, alguns projetos já foram escalados e enquadrados como *Big Push* e estão reunidos em publicação

---

é necessária a terceira eficiência para garantir a sustentabilidade de longo prazo, que é a eficiência da sustentabilidade, a qual se relaciona com a clássica eficiência no tripé econômico, social e ambiental. Essa eficiência destaca que os investimentos devem ser economicamente viáveis, o que requer pensar sobre fontes de financiamento e origem dos recursos. No âmbito social, além de justiça social e promoção da igualdade, na abordagem do Big Push para a Sustentabilidade, também é necessário um sistema seguro e justo de arbitragem de conflitos, que não deixe ninguém para trás. O eixo ambiental da eficiência da sustentabilidade reforça que os investimentos sustentáveis devem diminuir a pegada ambiental e os impactos ambientais, ao mesmo tempo em que recupera a capacidade produtiva do capital natural. Juntas, as eficiências schumpeteriana, keynesiana e da sustentabilidade tornam-se pilares para a construção de estilos de desenvolvimento sustentáveis. Na abordagem do Big Push para a Sustentabilidade, a coordenação de políticas em torno da tripla eficiência é chave para destravar investimentos nacionais e estrangeiros, não apenas em práticas, tecnologias, cadeias de valor e infraestrutura sustentáveis, mas também em capacidades tecnológicas e educação para equipar a força de trabalho com as habilidades necessárias para o futuro. (GRAMKOW, Camila. *O Big Push* ambiental no Brasil: investimentos coordenados para um estilo de desenvolvimento sustentável. *Perspectivas, nº 20*. São Paulo: Friedrich Ebert Stiftung, 2019, p. 13. Disponível em: https://www.cepal.org/pt-br/publicaciones/44506-o-big-push-ambiental-brasil-investimentos-coordenados-estilo-desenvolvimento. Acesso em: 17 out. 2020).

[378] O IFC é um braço do Banco Mundial destinado a promover o desenvolvimento econômico nos países através do setor privado. (Confira-se: IFC. About IFC. Disponível em: https://www.ifc.org/wps/wcm/connect/corp_ext_content/ifc_external_corporate_site/about+ifc_new. Acesso em: 17 out. 2020. "IFC, a member of the World Bank Group, advances economic development and improves the lives of people by encouraging the growth of the private sector in developing countries. We achieve this by creating new markets, mobilizing other investors, and sharing expertise. *In:* doing so, we create jobs and raise living standards, especially for the poor and vulnerable. Our work supports the World Bank Group's twin goals of ending extreme poverty and boosting shared prosperity. Our mission: advance economic development by encouraging the growth of private enterprise in developing coutries".

[379] IFC. Climate Investment Opportunities in *Emerging Markets*: An IFC Analysis. Washington, 2016, p. 33-35. Disponível em: https://www.ifc.org/wps/wcm/connect/59260145-ec2e-40de-97e6-3aa78b82b3c9/3503-IFC-Climate_Investment_Opportunity-Report-Dec-FINAL.pdf?MOD=AJPERES&CVID=lBLd6Xq. Acesso em: 11 de jul. 2021.

da CEPAL.[380] Além disso, segundo o Requerimento da Comissão de Meio Ambiente nº 53, de 2019, de autoria do Senador Jaques Wagner (PT/BA), foi criada Subcomissão Temporária do Grande Impulso para a Sustentabilidade (intitulada *Brasil Século XXI*), para propor políticas públicas de reformas estruturais e de desenvolvimento econômico e social, que representem um arranjo verde para o desenvolvimento sustentável e envolvam investimentos nacionais e estrangeiros.[381]

O documento da OCDE, não dispõe de um modelo único de arranjo de colaboração entre setores públicos e privados. Sua intenção é mencionar diretrizes gerais para que os Estados possam melhorar sua capacidade de receber investimentos. Alguns itens citados são imprescindíveis para a criação e manutenção do ambiente seguro, do ponto de vista do Estado de Direito.

O primeiro eixo diz respeito aos governos eficientes e envolve subitens como Estado de Direito, qualidade das instituições públicas e sistema de governança adequado. Vejamos:

> i) Estado de Direito: observância ao postulado da segurança jurídica; as leis devem ser acessíveis, compreensíveis, previsíveis e cumpridas pelo Poder Público; a lei deve proteger igualmente os direitos fundamentais e os de propriedade; devem ser observados os direitos do investidor presentes no ordenamento jurídico e nos tratados;
> ii) Qualidade das instituições públicas: os procedimentos judiciais não devem ser dispendiosos (a custo proibitivo) e se dilatarem excessivamente no tempo; os agentes públicos devem agir de boa-fé, de maneira equitativa e de forma razoável e proporcional ao alcance de suas atividades, estritamente dentro dos fins para os quais lhe foram conferidos poderes;
> iii) Sistema de governança adequado: é reconhecido o direito de regulação baseado no interesse público e com intenção de alcançar os objetivos de política estabelecidos, mas a carga administrativa não deve

---

[380] GRAMKOW, Camila. (org.). *Investimentos transformadores para um estilo de desenvolvimento sustentável*: estudos de casos de grande impulso (Big Push) para a sustentabilidade no Brasil. Documentos de Projetos (LC/TS.2020/37; LC/BRS/TS.2020/1). Santiago: Comissão Econômica para a América Latina e o Caribe (CEPAL), 2020. Cita-se alguns dos exemplos: Companhia Siderúrgica do Pecém/CE apoiada por sinergia entre Coreia do Sul e Brasil; Sistemas agroflorestais e ações de combate aos efeitos da seca na Paraíba (Procase e FIDA); contribuição dos Tûkûna do Médio Rio Juruá (AM); Polímeros Verdes/Braskem; assentamentos sustentáveis na Amazônia; tecnologia de tratamento de esgoto na produção de água para reúso agrícola no semiárido Brasileiro; desenvolvimento de tecnologias de saneamento básico rural de custo acessível no Semiárido Brasileiro; Sistema Agroflorestal Cambona.

[381] BRASIL. Senado Federal. Atividade Legislativa. *Projetos e Matérias. Requerimento da Comissão do Meio Ambiente.* Disponível em: https://www25.senado.leg.br/web/atividade/materias/-/materia/138160. Acesso em: 15 mar. 2021.

ser excessivamente elevada para o investidor; a regulação deve ser bem desenhada, o que não significa falta de regulamentação/regulamentação deficiente; em caso de direitos previstos em tratados, deve-se sensibilizar a Administração Pública de seu conteúdo e adaptar as regras para os editais de licitação e minutas de contrato.

O *rule of law*, ou Estado de Direito é o principal mote para investimentos. A segurança jurídica é a finalidade última do Direito e, no ordenamento jurídico, adquire *status* de postulado ou metanorma, pois estrutura, viabiliza e organiza a aplicação de todas as demais espécies normativas – sejam princípios ou regras –, de forma que sua essencialidade permeia a análise e compreensão de qualquer objeto jurídico.[382]

Com mais razão deve nortear as decisões administrativas tomadas pela Administração Pública, a quem compete de modo prioritário dar efetividade e concretude ao Estado Democrático de Direito, motivo pelo qual os atos administrativos devem ser afinados com princípios, subprincípios e regras que decorrem desse consectário, como afirmação da lealdade do Poder Público à boa-fé e à expectativa legítima dos administrados, inclusive no que concerne à intangibilidade patrimonial.[383]

Quanto ao sistema de governança adequada, é importante destacar o princípio da proporcionalidade que, segundo Jorge Miranda, é conatural às relações entre pessoas,[384] o que traz a reflexão acerca da idade da proporcionalidade (não como princípio jurídico, mas orientação política), que remete à exigência de temperança dos governantes, desde Aristóteles.[385] Embora tratado por numerosos juristas com várias abordagens[386] baseadas na teoria alemã, o princípio da proporcionalidade

---

[382] ÁVILA, Humberto. *Segurança jurídica*: entre permanência, mudança e realização no direito tributário, São Paulo: Malheiros, 2011, p. 146.

[383] MELLO, Celso Antônio Bandeira de. *Parecer à ANOREG*. Disponível em: https://www.anoregsp.org.br/pdf/Parecer_Prof_CelsoABdeMello.pdf. Acesso em: 23 fev. 2021.

[384] MIRANDA, Jorge. *Manual de Direito* Constitucional. 6. ed. Coimbra: Coimbra Editora, 2010, p. 302.

[385] ARISTÓTELES. *Política*. Disponível em: http://www.dhnet.org.br/direitos/anthist/marcos/hdh_aristoteles_a_politica.pdf. Acesso em: 23 fev. 2021. Segundo ele, "o Estado precisa de temperança, mas ainda mais de coragem e de paciência. 'Não há repouso para os escravos', diz o provérbio. Ora, os que não têm coragem para se expor aos perigos tornam-se escravos de seus agressores. É preciso, portanto, coragem e constância para os negócios, filosofia para o lazer, temperança e justiça em ambos os tempos, mas sobretudo em tempo de paz e de repouso. Pois a guerra nos força a ser justos e temperantes. Pelo contrário, na paz e no repouso, é comum que a prosperidade nos torne indolentes".

[386] Dentre elas, muitas abordagens sem um direcionamento objetivo, como a melhor medida possível, a única resposta correta, o ponto de otimização, a teoria do peso etc. Sem prejuízo da enorme contribuição de juristas do escol de Robert Alexy ou Ronald Dworkin,

tem como pilares a (i) proibição do excesso (*Übermassverbot*) e a (ii) proibição da proteção deficiente (*Untermassverbot*), e tem sido utilizado de forma enviesada no Brasil. Dentre as muitas abordagens utilizadas sem aplicação de uma lógica crítica, eis a importação das melhores doutrinas constitucionalistas, mas apropriadas em solo brasileiro de forma descontextualizada e fragmentária, indicando-se aplicação de pequenas parcelas teóricas sem conhecimento do todo, assistematicamente, pela mera indicação da "melhor medida possível", da "única resposta correta", do "ponto de otimização", da "aplicação da fórmula do peso".

Sem prejuízo da enorme contribuição de juristas do escol de Robert Alexy ou Ronald Dworkin[387] à teoria do Direito, o que se reconhece, tais orientações, no Brasil, não produziram uma resposta administrativa ou judicial ao que se prestavam inicialmente seus defensores. Ao contrário, a aplicação, principalmente pelo Poder Judiciário, da teoria dos princípios aplicada aos direitos fundamentais, tendo como elemento de solução de conflitos a utilização do metaprincípio da proporcionalidade, levou a decisões divergentes e muitas vezes dissociadas do corolário de segurança jurídica.

Neste sentido, é a postura de Lênio Streck,[388] que, depois de alguns anos estudando o neoconstitucionalismo, enquanto movimento

---

tais orientações, no Brasil, não produziram uma boa resposta administrativa ou judicial. Ao contrário, a aplicação, principalmente pelo Poder Judiciário, da teoria dos princípios aplicada aos direitos fundamentais, tendo como elemento de solução de conflitos a utilização do metaprincípio da proporcionalidade, levou a decisões divergentes e muitas vezes dissociadas do corolário de segurança jurídica. Neste sentido, é a postura de Lênio Streck, que, depois de alguns anos estudando o neoconstitucionalismo, resolveu abandonar o uso do termo para caracterizar seu pensamento, em especial porque percebeu uma constante leitura acrítica por parte da doutrina brasileira e também do Poder Judiciário, principalmente diante do avanço do ativismo judicial e da equivocada forma de ponderação de princípios supostamente fundamentada em Alexy, transformada em mero exercício de arbítrio, de vontade de poder, tanto pelos cientistas/juristas quanto pelos aplicadores.

[387] A teoria dos princípios é apresentada pela primeira vez por Dworkin, conforme: DWORKIN, Ronald. *Levando os direitos a sério*. Tradução de Nelson Boeira. São Paulo: Martins Fontes, 2002, p. 23-73

[388] STRECK, Lênio. *Senso Comum*. CONJUR. Eis porque abandonei o neoconstitucionalismo. Disponível em: https://www.conjur.com.br/2014-mar-13/senso-incomum-eis-porque-abandonei-neoconstitucionalismo. Acesso em: 03 jul. 2020. A despeito da crítica acerca da utilização de materiais informais em teses, a escolha do texto é justificada pelo fato de que a coluna é uma síntese do posicionamento assumido nas edições atuais de suas obras. A esse título, cita-se: "(...) falando-se em Alexy, por sinal, cabem algumas considerações aos desavisados que querem importar uma teoria, mas esquecem sua origem. E, não raro, sem sequer conhecer, também, seus fundamentos, ocasionando um reducionismo simplista que desrespeita inclusive a tese de Alexy. Digo isso porque sob o pretexto da ponderação de princípios também tem havido mero exercício de arbítrio, de vontade de

que festeja a teoria da ponderação pela utilização do princípio da proporcionalidade, resolveu abandonar o uso do termo para caracterizar seu pensamento, em especial porque percebeu uma constante leitura acrítica por parte da doutrina brasileira e também do Poder Judiciário, principalmente diante do avanço do ativismo judicial e da equivocada forma de ponderação de princípios supostamente fundamentada em Alexy, transformada em mero exercício de arbítrio, de vontade de poder, tanto pelos cientistas/juristas quanto pelos aplicadores, com inevitável déficit de segurança jurídica e de democracia. Vitalino Canas, que empreendeu um estudo de mais de 1000 laudas sobre o princípio da proporcionalidade, afirma que tudo que o princípio impede é que,

> o legislador adote uma norma (i) que só produza efeitos negativos e não positivos; (ii) cujos efeitos negativos sejam mais extensos do que aquilo que é necessário tendo em conta os efeitos positivos que o legislador espera alcançar; (iii) cujo saldo entre efeitos negativos e efeitos positivos seja deficitário ou (em alguns casos) não seja superavitário (...) Respeitados aqueles indicadores (e indutores) de racionalidade da decisão legislativa, a medida respeita o princípio da proibição do excesso, mesmo que não integre a hipótese mais otimizadora eventualmente concebível. O que antecede não obsta a que a otimização possa ser tomada pelo legislador como uma orientação autorregulava. Este pode fixar para si próprio objetivo de produzir uma norma que satisfaça o máximo possível o bem, o interesse ou valor prosseguido, ao mesmo tempo que interfere noutros bens, interesses ou valores o mínimo possível compatível com a obtenção daquele máximo.[389]

---

poder. Um ex-orientando meu, inclusive, citou um caso ilustrativo. Ao travar um diálogo com um amigo magistrado acerca da concessão ou não do direito de apelar em liberdade, o colega lhe explicou que quando-queria-soltar-ou-prender fazia sempre uma ponderação de princípios, elegendo aqueles em "conflito" (sic) e os sopesando (sic), de modo a dar maior peso ao que achava ser o mais adequado ao seu "pensar", pois, segundo ele, o que importaria seria fazer "justiça". Ah, a Justiça — esse significante tão vago a ponto de ter sido utilizado trinta e sete vezes por Hitler no seu Mein Kampf. Pois é para os "fazedores" de "justiça" que a ponderação serve. E os princípios ponderados são vistos, comumente, como se valores fossem, o que nem Alexy autoriza porque os princípios são deontológicos. Cabe destacar que Alexy fala a partir de uma matriz teórica alicerçada no racionalismo discursivo e analítico. Sua obra é repleta de fórmulas matemáticas. Que tal essa? GPi-nC = IPiC * GPiA/ WPjC * GPjA+ ...WPnC * GPnA. Mas o que comumente faz o neoconstitucionalista? Desvirtua a ponderação alexyana (advertindo que ela também não consegue resolver a questão da vontade de poder), simplesmente escolhendo o "valor" que lhe interessa, relegando o outro, ou outros. Ora, um juiz não pode impor aos jurisdicionados os seus próprios valores, não pode construir sua decisão com base em argumentos de política. Isso não é ser democrático. O campo de atuação do juiz deve ser o normativo".

[389] CANAS, Vitalino. *O princípio da proibição do excesso na conformação e no controlo dos atos legislativos*. Coimbra: Almedina, 2017, p. 1156-1157.

Assim, a orientação da OCDE é exatamente neste sentido: evitar uma regulamentação excessiva e ao mesmo tempo deficiente. Obviamente, a medida "ótima" pode não ser atingida, como colocado por Vitalino Canas, mas deve haver um equilíbrio positivo entre os efeitos negativos e positivos ao que o legislador espera alcançar (sem que seja deficitário ou superavitário).

O segundo eixo trata da gestão de riscos e custos associados à atividade empresarial, e parte do princípio de que todo investimento supõe o comprometimento de recursos com o presente para obter retorno no futuro. O risco comercial aumenta demasiadamente se há alguma alteração na política que leva à alteração significativa no projeto. Nesse sentido, de forma a estabelecer algum parâmetro de previsibilidade, se sugere que os governos possam oferecer transparência prévia e, em sendo impossível (ou seja: se exigindo a mudança da regulamentação ao longo do curso contratual), que se diminua o impacto com a garantia de que as alterações sejam objeto de consultas públicas durante a fase de redação.

No ordenamento jurídico brasileiro, essa preocupação está endereçada pelas recentes modificações da redação da Lei de Introdução às Normas do Direito Brasileiro (LINDB), no tocante aos aspectos das relações de Direito Público. O artigo 24 da LINDB assegura que a revisão, nas esferas administrativa, controladora ou judicial, quanto à validade de ato, contrato, ajuste, processo ou norma administrativa cuja produção já houver completado levará em conta as orientações gerais da época, sendo vedado que, com base em mudança posterior de orientação geral, se declarem inválidas situações plenamente constituídas. Consideram-se orientações gerais as interpretações e especificações contidas em atos públicos de caráter geral ou jurisprudência judicial ou administrativa majoritária; e, ainda, as adotadas por prática administrativa reiterada e de amplo conhecimento público.[390]

No caso de necessidade de eliminação de irregularidade, incerteza jurídica ou situação contenciosa na aplicação de direito público, a autoridade administrativa poderá ouvir o órgão público e realizar consulta pública, visando celebrar compromisso com os interessados, observada legislação aplicável. A solução jurídica proposta deve ser proporcional, equânime, eficiente e compatível com os interesses gerais, sem que haja desoneração do dever ou condicionamento de

---

[390] BRASIL. *Decreto-lei nº 4.657, de 4 de setembro de 1942*. Lei de Introdução às normas do Direito Brasileiro. Disponível em: http://www.planalto.gov.br/ccivil_03/decreto-lei/del4657compilado.htm. Acesso em: 20 mar 2021.

direito reconhecido por orientação geral, além de prever, com clareza, as obrigações das partes, o prazo para seu cumprimento e as sanções aplicáveis em caso de descumprimento.

Quanto aos custos associados à atividade empresarial, que incluem aspectos relacionados ao capital, mão de obra, insumos, infraestruturas, fiscalidade, corrupção, custos de informação, o Direito talvez não consiga assegurar, quanto a insumos, capital e mão de obra, seu acesso adequado ou seu preço ótimo, ou sua melhor qualidade (por exemplo, o capital humano, que depende da cultura profissional e educacional do local). Porém, alguns custos operacionais, como fiscalidade, corrupção, infraestruturas, podem ser maiores ou menores a depender de políticas estatais (como subvenção, fomento, indução, etc.).

O terceiro eixo trata do princípio da não discriminação e da diversidade do setor privado. Ambos os conceitos estão inter-relacionados e interligados. Em verdade, a extensão de um é decorrência do outro. Nesse caso, apenas tratam-se igualmente as empresas que sejam idênticas e tenham a mesma natureza, de modo que o Estado pode submetê-las à mesma regulação, princípio que encontra fundamento no Direito Internacional dos Investimentos como um dos princípios-chave.

O Direito Internacional dos Investimentos nasceu da conjunção de dois fenômenos: i) a conclusão de um número crescente de tratados bilaterais de investimento (BITs), e ii) a criação de um foro neutro para a resolução dos conflitos entre investidores e Estados anfitriões (sendo o mais comum o *International Centre for Settlement of Investment Disputes* – ICSID), órgão arbitral do Banco Mundial.[391] No âmbito dos Tratados Bilaterais de Investimento, é comum a inserção de uma cláusula padronizada, que apenas repete costume consolidado no Direito Internacional: a Cláusula da Nação Mais Favorecida.

Embora a orientação geral seja essa, o fato não implica não considerar diferenças de tratamento jurídico entre empresas de naturezas distintas, como as públicas, privadas, pequenas e médias (MPE), grandes, ou, as que tratam de determinados setores da economia, com tratamentos especificados ou restrições ligadas a questões de ordem pública ou segurança nacional. As orientações contidas na Política da OCDE infirmam que os investimentos em setores primários são os que enfrentam menos obstáculos em termos de aplicação de regras.

---

[391] BOM, Mariana. Cláusulas da nação mais favorecida em tratados bilaterais de investimentos e sua aplicabilidade a disposições de solução de controvérsias: análise empírica dos critérios interpretativos aplicados polo ICSD. In: MOROSINI, Fábio. *Regulação do comércio internacional e do investimento estrangeiro*. São Paulo: Saraiva, 2017

É natural que atividades vinculadas às pequenas empresas também, recomendando-se um arcabouço jurídico mais flexível, até porque há empresas desse porte que se enquadram nas denominadas *fintechs* que levam inovação tecnológica e um sistema produtivo mais simples, embora com produto não menos sofisticado: a tecnologia.[392]

Não há dúvidas de que essa orientação de política pública tem sido considerada pelo Brasil nas recentes legislações, mas é necessário um aculturamento da Administração para aplicá-la devidamente e efetivá-la para os beneficiários. Sobre as MPE, há um claro arcabouço jurídico que as privilegia nas contratações públicas, mas, a despeito disso, não é comum ver empresas com tais características contratando com o Poder Público com frequência. Quanto à questão da tecnologia, além da Lei nº 13.243/2016 (Marco Legal de Ciência, Tecnologia e Inovação), recentemente, em 1º de junho de 2021, foi aprovada a Lei Complementar nº 182 (Marco Legal das *Startups*).

No caso do Marco Legal da Ciência e Tecnologia, há expressa previsão de contratar diretamente Institutos de Ciência e Tecnologia (ICT). O Decreto nº 9.283/2018, que regulamenta o Marco Legal de Ciência, Tecnologia e Inovação, explicita outros instrumentos atrelados às encomendas e às compras governamentais. O Marco Legal das Startups promove a inovação no setor produtivo por meio também do poder de compra do Estado.

O quarto eixo é a promoção dos investimentos responsáveis. Nesse caso, além das empresas esperarem observância ao Estado de Direito dos governos, exige-se igualmente das mesmas que atuem de maneira responsável. A responsabilidade atinge não só o *compliance*, que diz respeito à obediência a regras de todos os níveis (governança corporativa, setoriais), mas também constitucionais, legais, internacionais. Portanto, exige-se não só a orientação, por exemplo, por intermédio da Responsabilidade Empresarial Ambiental, até a observância do rigor normativo de todo o ordenamento jurídico.

Por fim, o último eixo diz respeito a canalizar o investimento para o local onde realmente se necessita, para garantir um desenvolvimento inclusivo e sustentável, indicando e orientando recursos para setores concretos. Por exemplo, em países em desenvolvimento, é comum a aplicação de recursos em setores da infraestrutura.

---

[392] Para mais detalhes, confira-se: MELSOHN, Maria Cláudia Mazzaferro. *O processo de internacionalização de pequenas e médias empresas brasileiras*. Dissertação. Escola de Administração de Empresas de São Paulo, 2006, p. 6.

6.3.3 Diretrizes para Políticas de Investimento em Relação à Segurança Nacional (Recommendation of the Council on Guidelines for Recipient Country Investment Policies relating to National Security)

Trata-se de recomendação do Conselho acerca das políticas de investimento para salvaguardar a segurança nacional de países receptores de investimentos estrangeiros. Diante da natureza do instrumento legal, trata-se de ato normativo não vinculante, ao que o Conselho apenas recomenda membros a aderirem às orientações e convida não membros a participarem em termos de igualdade com membros. O documento tem como finalidade auxiliar a modelar e implementar políticas de modo que os signatários alcancem objetivos de segurança nacional, com menor impacto possível sobre fluxos de investimentos, baseados em princípios de não discriminação, transparência das políticas, previsibilidade dos resultados, proporcionalidade das medidas e responsabilidades das autoridades.

Investidores em situações semelhantes devem ser tratados de forma igual. Porém, a segurança nacional é uma exceção. Em outras palavras, quando investimentos implicarem condições inadequadas para proteger a segurança nacional, como no caso de suas circunstâncias específicas representarem um risco. A segurança e o interesse nacional estão tratados no Capítulo 5, conforme restrições setoriais que indicam restrição do acesso ao investimento estrangeiro.

6.3.4 Recomendação sobre a Definição de Referência da OCDE de Investimento Estrangeiro Direto (Recommendation of the Council on the OECD Benchmark Definition of Foreign Direct Investment)

Trata-se de recomendação do Conselho da OCDE, e, portanto, de caráter não vinculante que foi adotada pelo órgão em maio de 2008 sob proposta do Comitê de Investimentos, substituindo a Recomendação de 1995. Buscando-se ainda a padronização, a proposição orienta pela adoção de definição global de Investimento Estrangeiro Direto e recomenda que os Estados possam destinar uma legislação específica para tal.

A importância do tema justifica-se por si só, pois, assim como demonstrado ao longo de tudo que já foi escrito em defesa de uma legislação específica nesta obra, os conceitos de investimentos não são unânimes nem unívocos e sua uniformização é uma medida que implicaria maior segurança jurídica para todos os envolvidos no comércio internacional, reduzindo por tabela também as arbitragens que poderiam incidir em decisões contrárias.

A organização internacional confirma essa premissa e orienta a necessidade de edição de um marco jurídico sobre os investimentos estrangeiros diretos, explicando que eles são os principais motores da integração econômica internacional, para que permita proporcionar a estabilidade financeira, promover o desenvolvimento econômico e melhorar o bem-estar das sociedades, considerando que é um importante veículo para o desenvolvimento empresarial, ajuda na melhoria competitiva da economia investida.[393]

A primeira definição de referência do Investimento Estrangeiro Direto foi formatada em 1983. Além do conceito econômico, a recomendação orienta a adoção de aspectos estatísticos e metodológicos em comum e faz recomendações para compilar resultados, controlar a avaliação de fluxos e estoques e questões relacionadas às transações, de modo que unifica aspectos macroeconômicos. O Anexo 13[394] do documento define critérios para a implementação dos conceitos e recomendações de Investimento Estrangeiro Direto (IED) e eles são bastante parecidos com os critérios levantados pela doutrina para sua caracterização (conforme Capítulo 4), embora não idênticos.

O primeiro fator apontado pela OCDE é o território econômico, que nada mais é do que a noção de residência e não residência dos fluxos. O Investimento Estrangeiro Direto inclui transações entre uma unidade institucional residente e não residente, mas exclui transações entre unidades residentes na mesma economia. A residência de uma entidade econômica (ou unidade institucional) é atribuída ao território econômico com o qual tem a ligação mais forte, ou seja, seu centro de interesse econômico predominante. Portanto, assim como na legislação brasileira e no posicionamento doutrinário, não incide o critério da nacionalidade.

---

[393] OECD. *Recommendation of the Council on the OECD Benchmark Definition of Foreign Direct Investment*. OECD/LEGAL/0363. Disponível em: https://legalinstruments.oecd.org/public/doc/240/240.en.pdf. Acesso em: 11 jul. 2021.

[394] Idem.

Definido o critério de centro de interesse econômico relevante, que implica o fluxo de movimentos que considere extraterritorialidade da relação, o documento menciona o objetivo de estabelecer interesse duradouro. O documento detalha o critério, ao explicitar que é considerado interesse duradouro não apenas aquele que disser respeito ao fator temporal (longo prazo), mas adicionalmente que envolva grau significativo de influência na gestão da empresa, caracterizando-se como tal o que atender ao limite de 10% e todas subsequentes transações financeiras e posições entre o investidor e Estado investido. Sobre o objeto, o investimento direto não se limita apenas ao investimento de capital, mas também se relaciona com lucros reinvestidos e dívida entre empresas.

O documento também menciona os agentes econômicos envolvidos, podendo eles ser de qualquer setor econômico, incluindo-se: (i) uma pessoa física; (ii) um grupo de indivíduos relacionados; (iii) uma empresa incorporada ou não incorporada; (iv) uma empresa pública ou privada; (v) um grupo de empresas relacionadas; (vi) um órgão governamental; (vii) uma propriedade, *trust* ou outra organização social; ou (viii) qualquer combinação dos itens acima.

Chama atenção o documento citar empresas públicas ou órgãos governamentais ao lado de investidores privados. Com efeito, como já mencionado, o Estado pode fazer investimentos do tipo privado e não só isso, mas aferir com eles lucro, embora essa não seja sua finalidade precípua. Na classificação de investimentos, há menção a terrenos, estruturas e outros objetos imóveis, recursos naturais.

Geralmente, a propriedade imóvel situa-se no território estrangeiro e por ele regida (*lex rei sitae*), pois para qualificar os bens e regular as relações a eles concernentes, aplicar-se-á a lei do país em que estiverem situados, nos termos do artigo 8º da LINDB. Já bens móveis, assim considerados equipamentos, veículos e penhores incidentes sobre tais, regulam-se pela lei do domicílio do proprietário ou da lei do domicílio que tiver a pessoa em cuja posse se encontre a coisa apenhada.

A exceção é a propriedade de terrenos e edifícios por estrangeiros para atender necessidades de governos na forma de embaixadas, consulados, bases militares, estações científicas, informações, agências de ajuda, escritórios de imigração.

6.3.5 Recomendação sobre Princípios de Governança Pública em Parcerias Público-Privadas (Recommendation on Principles for Public Governance of Public-Private Partnerships)

A Recomendação sobre Princípios de Governança Pública em Parcerias Público-Privadas foi adotada pelo Conselho da OCDE em 4 de maio de 2012 sob proposta do Comitê de Governança Pública. A tônica da Recomendação é a incorporação de princípios de governança pública para as Parcerias Público-Privadas, que servem de orientação para formuladores de políticas públicas.

Segundo o documento, as PPP podem fornecer serviços públicos tanto no que diz respeito aos ativos de infraestrutura (como pontes, estradas) e bens sociais (como hospitais, serviços públicos, prisões). Em outras palavras, pode-se pensar no provimento de infraestrutura a partir da classificação de infraestrutura social ou econômica. Dentre as ações a serem observadas pelos gestores, destacam-se alguns eixos: i) estabelecer uma estrutura institucional clara; legítima e previsível sobre custos, benefícios e riscos de se adotar PPP ou contratações convencionais (incluindo-se obras, por exemplo); ii) fundamentar a seleção de parcerias no critério de relação custo-benefício; iii) usar o processo orçamentário de forma transparente para minimizar os riscos fiscais e garantir a integridade do processo de aquisição.

No primeiro eixo de ação, que trata sobre a estrutura institucional, custos, benefícios e riscos, as ações se desdobram em: i) engajamento da sociedade civil e envolvimento de usuários na concepção do projeto e no monitoramento do serviço; ii) manutenção de funções e responsabilidades, mandatos claros, recursos financeiros suficientes de órgãos licitantes, bem como de órgãos de controle (como Tribunais de Contas), que garantam um processo neutro, prudente, com linhas claras de responsabilidade; iii) regulamentação clara, transparente e efetiva, que possa ser cumprida de forma coercitiva; iv) burocracia minimizada e estritamente necessária.

O segundo eixo recomenda: i) a priorização de projetos estratégicos na esfera política central (no original, literalmente fala-se em "priorizada no nível político sênior") e a coordenação entre os vários níveis de governo; ii) condução de estudos sobre a alocação de riscos e transferência de riscos para o agente que melhor o gerencie e para quem custa menos; iii) análise sobre quais métodos de investimento podem render mais valor, sem viés institucional, processual ou contábil; iv) uma vez decidido levar adiante o projeto, o agente público pode fazer um "teste de opção de compra", que orienta o governo na seleção de qual aquisição ou arranjo de contratação oferece melhor relação custo x benefício e define se há suficientes competidores; v) a autoridade pública deve se preparar para a fase operacional e pós-operacional das PPP (o que em nossa legislação refere-se ao controle e fiscalização contratual).

No terceiro eixo, as ações se desdobram nas seguintes: i) o orçamento público deve garantir que o projeto seja acessível e que é sustentável do ponto de vista financeiro; ii) o projeto deve ser tratado de forma transparente e com informações a toda sociedade; iii) deve haver orientações contra desperdícios e corrupções.

Ao fim de todo o capítulo, percebe-se que a maioria das orientações estão contempladas na legislação brasileira, que apresenta amplo arcabouço legislativo para contratação pública, fomento, controle, acompanhamento e fiscalização administrativas. É possível confirmar que o setor público tem a opção de utilizar uma caixa de ferramentas úteis, por ser um ramo especialmente suscetível à estratégia instrumentalista, enfoque utilizado pela OCDE na maioria de seus documentos. Conclui-se, portanto, pela possibilidade de adesão da maioria dos instrumentos propostos, o que seria positivo para que haja um monitoramento das implementações de melhores práticas administrativas.

O panorama regulatório previsto pela OCDE para o tema dos investimentos estrangeiros e para a formalização de parcerias visando prover suporte material para infraestruturas públicas indica referências importantes e a maioria delas é prevista na legislação. Sua observância, no entanto, pode ser objeto de aprimoramentos constantes, e a participação do Brasil nesse fórum da OCDE pode parecer bastante interessante para fins de trocas de experiências e estabelecimentos de boas práticas.

Para além das questões regulatórias aqui expostas, há uma temática relevantíssima a ser também considerada quando o objeto é avaliar acessos do investimento estrangeiro para prover financeiramente atividades públicas: o processo de contratação pública, que geralmente é composto por três fases principais: i) fase interna/planejamento; ii) processo licitatório e contratação; iii) gestão contratual (fiscalização e acompanhamento).

Quando o investimento estrangeiro se apresentar na forma de concessão ou contrato administrativo, é comum que o seu acesso se dê por participação em processo licitatório, o que sugere reflexão sobre a ampliação de estrangeiros no processo, garantindo-lhes, assim como a todos os demais participantes, transparência, isonomia, eficiência e celeridade. Por esse motivo, tanto a OCDE quanto a OMC têm procurado analisar práticas licitatórias dos seus países-membros, contrastando métodos e resultados. No entanto, por trás de todo processo de contratação pública, há uma política de Estado definida para não só atender a necessidade de aquisição de bens e serviços, mas também intervir na economia, por exemplo, por intermédio de ações que promovam o desenvolvimento econômico, social, tecnológico, ambiental etc. A partir da tensão entre o protecionismo nacional e a ampla participação estrangeira, é a reflexão do próximo capítulo.

CAPÍTULO 7

OS IMPACTOS DA ADESÃO AO ACORDO DE COMPRAS PÚBLICAS DA ORGANIZAÇÃO MUNDIAL DO COMÉRCIO NO REGIME LICITATÓRIO BRASILEIRO

Este capítulo visa compreender os impactos da adesão do Brasil ao Acordo de Compras Públicas da Organização Mundial do Comércio (OMC). Foram mapeados e descritos adiante os principais pontos de atenção da proposta em relação à estrutura legislativa do regime licitatório já existente no país, de forma a demonstrar qual é o nível de compatibilidade dele em face da padronização ofertada pela organização internacional.

O tema se insere na discussão acerca da abertura recíproca do mercado público aos signatários. Em outras palavras, por meio dele, tanto o Brasil permitirá que empresas estrangeiras possam competir igualmente com as nacionais nas licitações realizadas em solo brasileiro, como as empresas brasileiras poderão ter igual acesso aos processos seletivos estrangeiros para aquisições de bens e serviços conduzidos por Estados Soberanos signatários no exterior.

Portanto, o principal destaque do instrumento é clara intenção de conferir isonomia entre empresas nacionais e estrangeiras nas licitações ocorridas no solo nacional, sem discriminações de nacionalidade, que representam, em verdade, a extensão do princípio de não discriminação do Direito Internacional dos Investimentos Estrangeiros, que se desenvolveu nas discussões e acordos internacionais conduzidos pela OMC e que se desdobra em duas regras, a da nação mais favorecida e do tratamento nacional.

A partir da premissa de sinalização da adesão do Brasil, demonstrada adiante, serão discutidos os desdobramentos da tomada de decisão política na legislação infraconstitucional, bem como seus impactos nos atos administrativos relacionados à contratação pública, alguns determinados por legislação infralegal, bem como o posicionamento acerca de políticas públicas destinadas à proteção do empresariado nacional.

7.1 A formalização de acordos internacionais de compras públicas e as premissas gerais da adesão ao Acordo de Compras da Organização Mundial do Comércio

Os instrumentos internacionais (sejam eles na forma de convenções, acordos, tratados e outros)[395] relativos às compras públicas formalizam o compromisso, entre Estados Soberanos, de estabelecer a adoção de legislação isonômica entre licitantes nacionais e estrangeiros e a implementação de boas práticas em comum, no tocante aos procedimentos licitatórios. Ao longo dos últimos anos, percebe-se o engajamento do Brasil nas negociações de acordos internacionais de compras públicas, tanto individualmente, como em conjunto com demais países ou na condição de membro de bloco.

Nessa linha, três acordos de compras governamentais (Mercosul, Chile e Peru) foram assinados recentemente e aguardam o processo de incorporação/internalização pelo Congresso Nacional.[396] Também foram

---

[395] Para Francisco Rezek, em que pese a adoção de numerosas terminologias, não há diferença substancial entre os instrumentos em sua natureza e essência. "O uso constante a que se entregou o legislador brasileiro – a começar pelo constituinte – da fórmula tratados e convenções, induz o leitor à ideia de que os dois termos se prestem a designar coisas diversas. Muitas são as dúvidas que surgem, a todo momento, na trilha da pesquisa terminológica (...) A análise de experiência convencional brasileira ilustra, quase que à exaustão, as variantes terminológicas de tratado concebíveis em português: acordo, ajuste, arranjo, ata, ato, carta, código, compromisso, constituição, contrato, convenção, convênio, declaração, estatuto, memorando, pacto, protocolo e regulamento. Esses termos são de uso livre e aleatório, não obstante certas preferências denunciadas pela análise estatística: as mais das vezes, por exemplo, carta e constituição vem a ser os nomes preferidos para tratados constitutivos de organizações internacionais, enquanto ajuste, arranjo e memorando têm largo trânsito na denominação de tratados bilaterais de importância reduzida. Apenas o termo concordata possui, em direito das gentes, significação singular: esse nome é estritamente reservado ao tratado bilateral em que uma das partes é a Santa Sé, e que tem por objeto a organização do culto, disciplina eclesiástica, missões apostólicas, relações com a Igreja católica local e Estado copactuante. (REZEK, Francisco. *Direito Internacional Público*. 14. ed. São Paulo: Saraiva, 2013, p. 38-40.)

[396] Os tratados apenas passam a vigorar no ordenamento jurídico dos seus respectivos signatários, incorporando-se ao direito interno, após o processo de internalização normativa, que consiste no atendimento de algumas fases/requisitos, a saber: (a)

concluídas negociações com a União Europeia (EU) e a Associação Europeia de Livre Comércio (EFTA) para futuras assinaturas de acordos de compras governamentais. Estão em andamento negociações com Canadá, Coreia do Sul, Cingapura, em acordos de comércio que contemplam capítulos de contratações públicas.[397]

Sobre os valores envolvidos, estima-se que o acordo entre Brasil e Chile movimentará US$11 bilhões, com abrangência para todos os bens, sem exceções e, no caso de serviços, a exceção são apenas os serviços financeiros. No âmbito do Mercosul, está valorado em US$85,9 bilhões. Do total, US$81,5 bilhões são da Argentina, US$2,4 bilhões do Paraguai e US$2 bilhões do Uruguai. Quanto às relações entre Brasil e Peru, o valor é de US$12 bilhões e o objeto abrange obras, materiais elétricos e eletrônicos e até serviços de várias naturezas. Acerca da negociação dos demais acordos, podem somar quase US$2 trilhões.[398]

Dentre tantos acordos bilaterais (estabelecidos ou com Estados-Soberanos diretamente ou com blocos), destaca-se o volume de recursos que um só deles movimentará, dado o caráter[399] multilateral do mesmo, que pode vir a representar trocas envolvendo US$1,7 trilhão. Trata-se da iniciativa de Acordo de Compras da Organização Mundial do Comércio (OMC). O acordo, conhecido em inglês por *Government Procurement Agreement* (GPA), é instrumento vinculante para aqueles que o aderirem. Atualmente, conta-se com 21 signatários (20 Estados Soberanos e a União Europeia, totalizando 27 Estados Soberanos) e 35 Estados Soberanos (dentre membros e não membros), na condição de observadores, dos atuais 11 estão em processo de tramitação para aderir ao acordo, como é o caso do Brasil.[400]

---

negociação pelo Estado brasileiro no plano internacional; (b) assinatura do instrumento pelo Estado brasileiro; (c) mensagem do Poder Executivo ao Congresso Nacional para discussão e aprovação do instrumento; (d) aprovação parlamentar mediante decreto legislativo; (e) ratificação do instrumento; (f) promulgação do texto legal do tratado mediante decreto presidencial.

[397] BRASÍLIA. Secretaria Especial de Comércio Exterior e Assuntos Internacionais. Ministério da Economia. *Acordo sobre contratações governamentais*. Ficha Informativa. 2021. Disponível em: https://www.gov.br/produtividade-e-comercio-exterior/pt-br/assuntos/comercio-exterior/publicacoes-secex/outras-publicacoes/ficha-informativa-gpa.pdf. Acesso em: 20 maio 2021.

[398] *Idem*.

[399] SILVA, Cláudio Ferreira da. *Do GATT à OMC*: O que mudou, como funciona e perspectivas para o sistema multilateral de comércio. Universitas – Relações Internacionais, Brasília, v. 2, n. 2, p. 109-125, jul./dez. 2004, p. 111.

[400] WORLD TRADE ORGANIZATION. *Agreement on government procurement*. Genebra. Disponível em: https://www.wto.org/english/tratop_e/gproc_e/gp_gpa_e.htm. Acesso em: 20 maio 2021.

O Brasil tem grande aproximação com a OMC. Prova da afirmação é o comando brasileiro na organização entre 2013 e 2020[401] e a integração do Brasil nas discussões acerca da regulação do comércio mundial desde antes da concepção institucional da entidade como organização internacional, apenas em 1995, já que a estrutura atual foi precedida de adesões múltiplas de Estados ao Acordo Geral de Tarifas e Comércio (GATT), um acordo temporário que, negociado em 1947 e vigente de 1948 a 1994, com várias rodadas de negociações,[402] veio a ser absorvido pela forma atual da organização.[403]

Portanto, desde 1947, logo após o fim da II Guerra Mundial, há iniciativas de cooperação para regulação do comércio mundial, com adesão de 23 países, entre eles o Brasil. Os marcos históricos remontam à então recém-criada ONU, que, por intermédio do seu Conselho Econômico e Social convocou uma Conferência sobre o Comércio e Emprego, tendo sido apresentado nela o documento intitulado Acordo Geral sobre Tarifas e Comércio (GATT), que foi escrito basicamente pelos Estados Unidos e a Inglaterra e propunha regras multilaterais de comércio internacional, com diminuição de barreiras comerciais para o livre comércio.

A participação do Brasil na intenção de regular o tema ocorre, portanto, desde a primeira das rodada de negociação, que ocorreu em Genebra em 1947. A ideia inicial era que o instrumento tivesse caráter provisório até que fosse criada a Organização Internacional do Comércio (OIC), cujas negociações para criação ocorreram em Havana em 1948 e que não atingiram o propósito, dada a recusa norte-americana em ratificar o acordo de constituição de um ente regulatório do comércio nacional, o que teve como consequência a ausência de um dos pilares da originária ideia do sistema Bretton Woods, que permaneceu apenas

---

[401] BRASIL. Ministério das Relações Exteriores. Escolha da Dra. Ngozi Okonjo-Iweala para o cargo de diretora-geral da Organização Mundial do Comércio (OMC). Nota à Imprensa nº 13. Disponível em: https://www.gov.br/mre/pt-br/canais_atendimento/imprensa/notas-a-imprensa/escolha-da-dra-ngozi-okonjo-iweala-para-o-cargo-de-diretora-geral-da-organizacao-mundial-do-comercio-omc-1. Acesso em: 20 fev. 2021. O Brasil assumiu a cadeira da organização por quase dois mandatos, representado pelo embaixador Roberto Carvalho de Azevêdo, que deixou o cargo em 2020, um ano antes do término do encargo, que se daria em 21 de agosto de 2021. Sua sucessora, Ngozi Okonjo-Iweala, foi a primeira mulher a ser nomeada para o cargo, que reúne a condição de liderança feminina, também a representação de um país em desenvolvimento africano, a Nigéria.

[402] SILVA, Cláudio Ferreira da. Do GATT à OMC: O que mudou, como funciona e perspectivas para o sistema multilateral de comércio. *Universitas – Relações Internacionais*, Brasília, v. 2, n.2, p. 109-125, jul./dez. 2004, p.110.

[403] ACCIOLY, Hidelbrando; CASELLA, Paulo Borba; SILVA, G. E. do nascimento. *Direito Internacional Público*. 19. ed. São Paulo: Saraiva, 2011, p. 462.

com o Fundo Monetário Nacional e Banco Mundial,[404] originalmente selado com a participação de instituição destinada a regular o comércio internacional.[405]

Porém, a Carta de Havana permitiu a discussão de várias sugestões (entre os 53 países participantes, dentre eles o Brasil) que progressivamente foram sendo consideradas como parte de um sistema que culminou no desenho de atribuições de uma organização internacional, mas ainda sem personalidade jurídica. O Brasil permaneceu em todas as sete rodadas seguintes: Annecy (1949), Torquay (1950-1951), Genebra (1955-1956), Dillon (1960-1961), Kennedy (1964-1967), Tóquio (1973-1979) e Uruguai (1986-1993), esta considerada a mais longa e que trouxe grandes avanços ao GATT.

Por fim, com a conferência de Marrakesh (1994), entra em vigor os Acordos da Rodada Uruguai e o estabelecimento da OMC, em sucessão ao sistema GATT.[406] Segundo Celso Lafer, em que pese a OMC tenha derivado do GATT, acabou por ir muito além dos aspectos relacionados às tarifas de comércio internacional, com vocação de universalidade e o aprofundamento de temas que abrangem serviços, propriedade intelectual, medidas de investimentos relacionadas ao comércio, contemplando agricultura e têxteis, setores que não estavam efetivamente incluídos na jurisdição do GATT, originalmente.[407]

Dessa forma, uma série de assuntos que tinham sido iniciados no GATT, como tarifas, serviços e propriedade intelectual, entre outros, passaram a contar com uma agenda oficial para negociação.

Portanto, a histórica participação do Brasil pode explicar a importância dada à necessidade de adesão ao Acordo de Compras da OMC na pauta da política externa brasileira. No entanto, embora na pauta das discussões atuais, a ideia de expandir a liberalização de compras públicas não é uma novidade dos últimos anos.

Os primeiros esforços para submeter as compras governamentais às regras comerciais internacionalmente acordadas foram realizados no âmbito da OCDE, e o assunto foi então levado para a rodada de

---

[404] SILVA, Cláudio Ferreira da. *Do GATT à OMC*: O que mudou, como funciona e perspectivas para o sistema multilateral de comércio. *Universitas – Relações Internacionais*, Brasília, v. 2, n. 2, p. 109-125, jul./dez. 2004, p. 111.

[405] THORSTENSEN, Vera. *OMC*: as regras do comércio internacional e a nova rodada de negociações multilaterais. 2. ed. São Paulo: Aduaneiras, 2005. p. 29.

[406] CRETELLA NETTO, José. *Curso de Direito Internacional Econômico*. São Paulo: Saraiva, 2012, p. 390-391.

[407] LAFER, Celso. *A OMC e a regulamentação do comércio internacional*: uma visão brasileira. Porto Alegre: Livraria do Advogado, 1998. p. 23.

negociações comerciais de Tóquio no âmbito do GATT em 1976.[408] Como resultado, o primeiro acordo da OMC sobre compras governamentais (o chamado "Código da Rodada de Tóquio sobre Compras Governamentais") foi assinado em 1979 e entrou em vigor em 1981. Foi alterado em 1987 e a alteração entrou em vigor em 1988.

Após, partes ao acordo, então, realizaram negociações para estender o escopo e a cobertura do acordo em paralelo com a Rodada Uruguai, na intenção de vinculá-los às amplas discussões sobre a o comércio internacional. Em resposta às negociações, também foi assinada nova proposta do GPA na Conferência de Marrakesh em 1994, ao mesmo tempo que o Acordo Constitutivo da OMC e entrou em vigor em 1º de janeiro de 1996. A despeito do antigo histórico, a versão que hoje oferece adesão é a que foi discutida em 2012 e entrou em vigor em 2014, coexistindo, no entanto com o acordo de 1994. Em janeiro de 2021, efetivamente, o acordo de 2012 substituiu completamente qualquer outra versão.

Diante desse contexto geral, o Brasil, ainda que tenha longo relacionamento com a OMC, só solicitou adesão ao Acordo de Compras em maio de 2020, embora o processo de aproximação do Brasil ao GPA tenha começado com a obtenção do status de observador, em outubro de 2017, e a autorização da CAMEX à adesão do Brasil ao GPA, em dezembro de 2019. Em outubro de 2020, o Brasil entregou resposta ao *checklist* de aderência legislativa e desde então vem aprimorando as discussões com entidades subnacionais e com estatais em todos os níveis para compreender as vantagens e desvantagens sobre a adesão.[409]

O prazo previsto pela Secretaria de Comércio Exterior do Ministério da Economia para efetiva formalização do Brasil é de 2 a 3 anos, a depender das negociações e principalmente da adequação da legislação interna às premissas do acordo, como ações necessárias e precedentes à adesão. Vale destacar que, para países em desenvolvimento, as condições de negociação e de adesão são especiais, para atender as necessidades e as circunstâncias de desenvolvimento, podendo diferir de país para país.

A adesão do Brasil, enquanto Estado Soberano, vincula seus entes federativos e suas respectivas entidades subnacionais (Estados,

---

[408] WORLD TRADE ORGANIZATION. *Greement on Government Procurement*. Evolution of the GPA. Genebra. Disponível em: https://www.wto.org/english/tratop_e/gproc_e/gp_gpa_e.htm. Acesso em: 20 maio 2021.

[409] A Secretaria de Comércio Exterior do Ministério da Economia lançou em 21 de agosto de 2020 consulta pública para colher, até 22 de outubro de 2020, informações do setor privado e as estatais públicas têm sido questionadas desde março de 2021 sobre o tema, em pautas de reuniões constantes.

Distrito Federal e Municípios), destacando-se também a atuação de suas estatais, onde se concentra o maior volume de contratações públicas, em valores. Nesse sentido, as estatais que aderirem ao acordo farão jus a apresentar um "selo" de reconhecimento dos membros do GPA pela adoção de melhores práticas internacionais, o que, efetivamente, é um claro demonstrativo de posicionamento concorrencial adequado diante da exploração de suas atividades econômicas.

Para a verificação da compatibilidade com a legislação nacional, é necessário compreender a proposta do acordo, a partir de sua principal premissa, que é a igualdade entre licitantes nacionais e estrangeiros. Para além da característica isonômica que deve guiar todas as licitações públicas, defende-se que essa orientação nada mais é do que a especialização do princípio de não discriminação, próprio do Direito Internacional dos Investimentos Estrangeiros e previsto expressamente no Acordo do GATT ainda em 1947.

O princípio desdobra-se em regras da nação mais favorecida e do tratamento nacional. A regra da nação mais favorecida está prevista no artigo I[410] e o do tratamento nacional no artigo III[411] do tratado aprovado em 1947, mas que acaba por constituir um substrato indispensável às orientações da OMC. Enquanto a primeira regra visa conceder o mesmo tratamento dispensado a outros países (isonomia entre produtos/serviços de vários países), a segunda regra tem como escopo igualar as concessões oriundas do mercado estrangeiro àquelas ao mercado

---

[410] ACORDO GERAL SOBRE TARIFAS ADUANEIRAS E COMÉRCIO (1947). Brasília: SICOMEX. Disponível em: http://siscomex.gov.br/wp-content/uploads/2021/05/OMC_GATT47.pdf. Acesso em: 11 jun. 2021. Segundo a redação do artigo I: "Qualquer vantagem, favor, imunidade ou privilégio concedido por uma Parte Contratante em relação a um produto originário de ou destinado a qualquer outro país, será imediata e incondicionalmente estendido ao produtor similar, originário do território de cada uma das outras Partes Contratantes ou ao mesmo destinado. Este dispositivo se refere aos direitos aduaneiros e encargos de toda a natureza que gravem a importação ou a exportação, ou a elas se relacionem, aos que recaiam sobre as transferências internacionais de fundos para pagamento de importações e exportações, digam respeito ao método de arrecadação desses direitos e encargos ou ao conjunto de regulamentos ou formalidades estabelecidos em conexão com a importação e exportação bem como aos assuntos incluídos nos §§2 e 4 do art. III".

[411] *Idem*. Segundo a redação do artigo III: "As Partes Contratantes reconhecem que os impostos e outros tributos internos, assim como leis, regulamentos e exigências relacionados com a venda, oferta para venda, compra, transporte, distribuição ou utilização de produtos no mercado interno e as regulamentações sobre medidas quantitativas internas que exijam a mistura, a transformação ou utilização de produtos, em quantidade e proporções especificadas, não devem ser aplicados a produtos importados ou nacionais, de modo a proteger a produção nacional".

nacional (isonomia entre produtos/serviços do país estrangeiro com o nacional).

O primeiro artigo obriga o signatário a oferecer e estender as mesmas condições do comércio internacional fixado com determinado país para outro. Essa orientação vem ao auxílio de países com menor poder de barganha, que acabam por se beneficiar das reduções tarifárias negociadas por grandes produtores e importadores. A discriminação é evitada à medida que toda vantagem, favor, privilégio ou imunidade concedidos a um contratante devem ser transferidos/estendidos aos demais atores do sistema multilateral, em reciprocidade horizontal.

Já a regra do tratamento nacional (também denominada cláusula de tratamento nacional) determina que, aos produtos/serviços importados, deve-se conferir o mesmo tratamento dispensado a produtos nacionais. Em outras palavras, ao ingressar no território do mercado estrangeiro, o produto não pode receber um tratamento menos favorável do que aquele dispensado ao similar nacional. Neste caso, é proibida a discriminação entre produtos nacionais e importados, de forma a proteger produtos domésticos.

Toda e qualquer aplicação da isonomia, no entanto, deve apresentar temperamentos e por mais que a justificativa para a adoção ao acordo seja a potencial expansão do comércio, diante da premissa de não discriminação de qualquer fornecedor de bem ou serviço estrangeiro, o que seria mais ampliado, ainda, pelas atuais tecnologias que encorajam a utilização de meios eletrônicos nos processos seletivos de contratação, a análise do instrumento deve ter em conta as limitações do ordenamento jurídico nacional e a reciprocidade.

A reciprocidade também deve ser objeto de consideração e aplicável aos fornecedores domésticos em face do mercado externo, devendo necessariamente contemplar a ampliação de sua atuação concorrencial para além das fronteiras, diante do acesso garantido e privilegiado a licitações realizadas no exterior. A crítica que se pode fazer neste ponto é que investidores estrangeiros terão muito mais capacidade técnica e econômica de acessar o mercado brasileiro em razão das vantagens competitivas, enquanto o empresariado brasileiro provavelmente não acessará com a mesma intensidade os mercados estrangeiros.

Portanto, parece importante que seja formatada política pública para que o Estado fomente a participação do empresariado nacional nas licitações fora do país. Além disso, deve-se considerar a crítica de que a despeito de outros segmentos empresariais, as pequenas empresas devem continuar a acessar o mercado nacional, coexistindo regimes jurídicos determinados pelo GPA e o previsto para atender o fomento das pequenas empresas, nos termos do artigo 170, XI, e artigo 179 da CRFB, e Lei Complementar nº 123/2006. No âmbito do Estatuto das Micro e Pequenas Empresas, é importante discutir as extensões jurídicas da pauta sobre o artigo 44, que assegura como critério de desempate a preferência de contratação para as microempresas e empresas de pequeno porte.

7.2 A compatibilidade do Acordo de Compras da Organização Mundial do Comércio (OMC) e a legislação nacional

Como dito, o elemento central do GPA é a aplicação do princípio de não discriminação, como orientação geral da OMC. Um dos desdobramentos práticos do princípio é o reconhecimento mútuo de documentos de fornecedores, sem necessidade de representantes no país que está conduzindo a licitação, o que pode criar dificuldades para aplicação de sanções administrativas ou citações judiciais em caso de eventual ajuizamento. As questões operacionais, relacionadas à realização por meio eletrônico, publicação em língua estrangeira e outros pontos são atendidas pela legislação brasileira, que, em regra, contemplam todas as inovações procedimentais sugeridas.

No que diz respeito à manutenção da integridade e transparência o acordo exige no art. IV [4] que as licitações sejam coerentes com o acordo firmado; sejam evitados conflitos de interesses e práticas corruptas. Nesse sentido, o Brasil tem se destacado por contemplar legislação adequada ao tratamento de tais temas, a despeito de, na prática, a cultura administrativa não responder na mesma proporção do quadro legislativo existente.

Em especial acerca da habilitação, deve-se destacar os já realizados aprimoramentos à legislação nacional quanto ao tema "licitações internacionais", especialmente após a edição da nova Lei de Licitações e Contratações Administrativas, Lei nº 14.133, publicada recentemente, em 1º de abril de 2021. A despeito dos consideráveis avanços legislativos, nem todos os pontos do acordo restarão completamente endereçados e necessitarão de complementação normativa, ainda que de natureza infralegal. A compatibilidade do acordo será objeto do próximo tópico.

7.2.1 Fixação do conceito de licitação internacional e impactos no GPA

O art. IV [1 e 2] do GPA menciona sobre a impossibilidade de tratamento desigual aos seus fornecedores estrangeiros ou conceder qualquer tipo de benefício ou privilégio ao fornecedor nacional, com exceção dos diretos aduaneiros, encargos ou impostos que afetem o comércio de serviços, distintos das medidas que regem os contratos (art. IV – 7).

A primeira questão que se coloca quanto à adesão ao GPA é a abrangência no âmbito das licitações públicas. O instrumento convencional se limita apenas às licitações internacionais ou toda e qualquer licitação ocorrida no solo nacional? Para responder a pergunta, é preciso enfrentar um tema tradicionalmente difícil, que é a fixação exata do conceito de licitação internacional.

A Lei nº 14.133/2016, que substituiu a Lei nº 8.666/93, ofereceu uma definição do conceito de licitação internacional no rol de terminologias legais, conforme inciso XXXV do seu artigo 6º. Até que fosse finalmente esclarecido esse ponto, muitos doutrinadores utilizavam conceitos distintos, e, nas palavras de Rafael Wallbach Schwind, o fato causava "confusão acerca do tema".[412] É que a Lei nº 8.666/93, embora mencionasse disposições e orientações em artigos sobre o tema, não trazia um conceito claro, o que dava à doutrina a possibilidade de considerar numerosos critérios, distintos e dissociados, para classificá-la. De modo a resumir os critérios e as críticas tecidas pelo autor a eles, segue o quadro abaixo:

---

[412] SCHWIND, Rafael Wallbach. *Licitações internacionais: participação de estrangeiros e licitações realizadas com financiamento externo*. 2. ed. Belo Horizonte: Fórum, 2017. p. 30-40.

QUADRO 10
Critérios para caracterizar a licitação internacional antes da Lei nº 14.133/2021

Critério caracterizador	Comentários	Críticas
Local de realização do certame	Pelo critério, a licitação internacional seria realizada no exterior, ao passo que a licitação nacional seria realizada no Brasil.	O critério é incompatível com a legislação, que não dá margem para interpretação de que as licitações internacionais não podem ser realizadas no Brasil.
Divulgação no exterior	O critério não direciona como será a divulgação. A licitação deveria ser divulgada em todos os países do mundo? De que forma haveria a divulgação? Com qual periodicidade?	A legislação brasileira não exige a divulgação no exterior, o que seria suficiente para afastar o critério. No entanto, não se questiona que a divulgação no exterior possa ser conveniente.
Recursos de fonte externa	Segundo o critério, havendo a aplicação de recursos de origem estrangeira provenientes de financiamento ou doação concedidos por organismo internacional ou agência de cooperação, tratar-se-ia de uma licitação internacional.	Existem licitações ditas internacionais realizadas total ou parcialmente com recursos obtidos no exterior, bem como licitações internacionais realizadas com recursos inteiramente domésticos.
Participação de estrangeiros	O (então) artigo 28, V, da Lei nº 8.666/93 estabelecia como requisito de habilitação jurídica a existência de decreto de autorização.	Não há vedação para a que empresas estrangeiras participem de licitações nacionais. Apenas se exige que os estrangeiros tenham sido autorizados a operar no país por meio de decreto.

Fonte: Elaboração da autora, conforme informações da NR nº 414

Contrastando com a miríade de critérios previstos, o texto legal do inciso XXXV do artigo 6º da Lei nº 14.133/2021 é bastante restrito e diminui a esfera de abrangência que possibilitaria eventuais interpretações de critérios não existentes na legislação. Abaixo reproduzimos os detalhes da redação legal, seguidos de nossos comentários.

QUADRO 11
Critérios de caracterização da licitação internacional conforme Lei nº 14.133/2021

Texto legal e literal do inciso XXXV do art. 6º da Lei nº 14.133/2021	Comentários
Licitação (i) processada em território nacional (ii) na qual é admitida a participação de licitantes estrangeiros, (iii) com possibilidade de cotação de preços em moeda estrangeira, ou	Critérios cumulativos: (i) local de realização; (ii) admissão de estrangeiros e (iii) cotação de preços em moeda estrangeira. Os critérios juntos permitem considerar a existência de um verdadeiro regime aplicável às licitações internacionais.
Licitação na qual objeto contratual pode ou deve ser executado no todo ou em parte em território estrangeiro	Os mesmos critérios acima são considerados. O critério adicional é a execução no exterior. Nesta situação, a admissão da participação de estrangeiros é consequência natural, que se aplica com mais razão, e, para que sua participação ocorra, a cotação de preços será em moeda estrangeira.
	Neste caso, entendemos que a licitação se processa no Brasil, embora o objeto possa ser executado no todo ou em parte no território estrangeiro. Se o processamento ocorresse no exterior, estar-se-ia diante de duas situações: i) seleção promovida por Estado estrangeiro, conforme legislação estrangeira, afastando o conceito de licitação brasileira ou ii) seleção realizada no âmbito de repartições públicas sediados no exterior (que, por ficção jurídica, consideram-se território nacional), aplicando-se as peculiaridades locais e princípios básicos estabelecidos na Lei de Licitações, na forma de regulamentação específica a ser editada por ministro de Estado (o que ainda não ocorreu).

Fonte: Elaboração da autora, conforme interpretação do artigo 6º da Lei nº 14.133/2021

Segundo Marçal Justen Filho, nos termos da Lei, a licitação internacional subordina-se a regime jurídico próprio – com afastamento de algumas das regras ordinárias aplicáveis para toda e qualquer licitação – e não pode ser caracterizada apenas pela previsão de participação de licitantes estrangeiros, já que toda licitação poderá admitir a participação de estrangeiros.[413] Nesse sentido, há orientação disciplinadora da possibilidade de participação de estrangeiro em toda e qualquer licitação, conforme dispõe a Instrução Normativa nº 10/2020

---

[413] JUSTEN FILHO, Marçal. *Comentários à Lei de Licitações e Contratações Administrativas*. São Paulo: RT, 2021.

da Secretaria de Gestão/Secretaria Especial de Desburocratização, Gestão e Governo Digital do Ministério da Economia, que regula o uso do SICAF – Sistema de Cadastramento Unificados de Fornecedores – no âmbito do Poder Executivo Federal e orienta determinados ajustes operacionais para que haja a participação.

Fixado o conceito de licitação internacional, examina-se a questão do escopo do GPA em relação a ela. A despeito da diferenciação entre licitação internacional e nacional prevista na legislação de compras públicas brasileira, o instrumento não traz essa orientação. Como o GPA não realiza a mesma distinção orientada pela legislação brasileira, o acesso aos licitantes estrangeiros deve ocorrer em toda e qualquer licitação ocorrida no território nacional, seja ela classificada como licitação internacional ou não.

Em verdade, a vedação ao tratamento discriminatório é premissa do GPA e dada a proposta de ampliação ao mercado estrangeiro dos certames realizados no país, todas as vezes em que houver a efetiva participação de licitante estrangeiro, incidirão os dispositivos pertinentes a essa condição, que culminarão na indicação de questões particulares a serem consideradas, que constituem disciplina normativa específica, a saber: i) possibilidade de cotação em moeda estrangeira; ii) conversão do pagamento em moeda nacional, a despeito de que as propostas sejam formuladas em moeda estrangeira; iii) eleição de foro pode ser distinta do foro da sede da Administração (art. 92, p. 1º, inciso I, da Lei nº 14.133/21); iv) adoção de diretrizes de política externa; v) vedação de discriminação contra o licitante nacional (parágrafos 3º, 4º e 5º do artigo 52 da Lei nº 14.133/21).

Os dispositivos visam atender a extensão do princípio da isonomia, que deve se aplicar igualmente ao estrangeiro e ao nacional, na medida de suas desigualdades. Com efeito, não se admite a interpretação de que o dispositivo visa assegurar tratamento mais vantajoso para o estrangeiro. Os delineamentos previstos legalmente apenas dão conta de igualar situações para que empresas estrangeiras possam ser consideradas em suas condições particulares. Esse raciocínio também não pode resultar em dispensar o licitante não nacional do cumprimento de encargos ou preenchimento de requisitos exigidos de brasileiros. O mesmo raciocínio aplica-se para o empresariado nacional no acesso às seleções públicas realizadas no exterior.

O artigo 5º do Acordo permite a possibilidade de negociação com vistas a assegurar um equilíbrio de oportunidades, orientação que deve ser considerada de maneira casuística, não como condição discriminante, mas que permite igualar empresas nacionais e estrangeiras, dado o objeto a ser licitado, as necessidades da Administração, requisitos de habilitação e qualificação.

Com efeito, segundo o prof. Celso Antônio Bandeira de Mello, "deve-se confirmar a correlação lógica entre o fator de discrímen e a discriminação legal decidida em função dele"[414] e, examinando as condições trazidas pelo GPA e pela Lei nº 14.133/21, parece-nos razoáveis sem que signifiquem favoritismos ou impliquem agravos injustificados.

7.2.2 Desnecessidade de representação no Brasil e desdobramentos

O GPA dispensa a exigência de representação no Brasil para empresas estrangeiras participarem de licitação. O Acordo não trata da situação da formalização contratual, motivo pelo qual, neste caso, entendemos que nas situações em que a prestação contratual exigir, por sua natureza, deve ser constituída sociedade para execução do objeto, no caso de prestação de serviços e outorga de concessões (situações em que será formalizada necessariamente uma SPE, para atender a legislação).

Porém, casuisticamente, há situações em que a empresa estrangeira que funcione no Brasil (que não se confunde com a empresa brasileira aqui constituída), pode possuir mero registro empresarial. São enquadráveis nessa situação as hipóteses em que o objeto licitatório considere apenas o fornecimento de bens para entrega no Brasil, podendo a produção ser realizada no exterior. Nesse caso, entendemos suficiente o registro empresarial de sociedade estrangeira (como filial, agência ou sucursal), nos termos do artigo 969 do Código Civil.

Esclarecidas as situações que se aplicam à formalização de contratos perante a Administração, examinam-se as consequências no âmbito do procedimento licitatório. A desnecessidade de representação no Brasil para participação em licitação, no entanto, pode causar algumas dificuldades operacionais relacionadas ao intercurso da seleção.

Por exemplo, a aplicação de sanções administrativas em situações nas quais as empresas estrangeiras: i) tenham praticado atos ilícitos visando frustrar os objetivos da licitação; ii) não demonstrem possuir idoneidade para contratar; iii) convocadas dentro do prazo de validade da proposta, não celebrem contrato; iv) deixem de entregar documentação

---

[414] MELLO, Celso Antônio Bandeira de. *Conteúdo jurídico do princípio da igualdade*. 3. ed. São Paulo: Malheiros, 1993, p. 37.

exigida para o certame; v) apresentem documentação falsa; vi) não mantiverem proposta; vii) comportar-se de modo inidôneo, inclusive na prática de atos lesivos à Administração Pública previstos na Lei nº 12.846/2013.

A situação mereceu a atenção da Instrução Normativa nº 10/2020 da Secretaria de Gestão/Secretaria Especial de Desburocratização, Gestão e Governo Digital do Ministério da Economia, que dispõe sobre credenciamento especial das empresas estrangeiras no Sistema de Cadastramento Unificado de Fornecedores (SICAF), conforme abaixo:

> INSTRUÇÃO NORMATIVA Nº 10, DE 10 DE FEVEREIRO DE 2020
> Altera a Instrução Normativa nº 3, de 26 de abril de 2018, que estabelece regras de funcionamento do Sistema de Cadastramento Unificado de Fornecedores – Sicaf, no âmbito do Poder Executivo Federal.
> O SECRETÁRIO DE GESTÃO DA SECRETARIA ESPECIAL DE DESBUROCRATIZAÇÃO, GESTÃO E GOVERNO DIGITAL DO MINISTÉRIO DA ECONOMIA, no uso das atribuições que lhe confere o Decreto nº 9.475, de 8 de abril de 2019, e o Decreto nº 1.094, de 23 de março de 1994, e tendo em vista o disposto na Lei nº 8.666, de 21 de junho de 1993, na Lei nº 10.520, de 17 de julho de 2002, no Decreto nº 3.722, de 9 de janeiro de 2001, no Decreto nº 9.094, de 17 de julho de 2017, e no Decreto nº 10.024, de 2018, resolve:
> Art. 1º A Instrução Normativa nº 3, de 26 de abril de 2018, passa a vigorar com as seguintes alterações:
> Art. 9º O credenciamento é o nível básico do registro cadastral no Sicaf que permite a participação dos interessados na modalidade licitatória Pregão, em sua forma eletrônica, bem como na Dispensa Eletrônica e no Regime Diferenciado de Contratações eletrônico – RDC.
> Art. 20-A. As empresas estrangeiras que não funcionem no País, para participarem dos procedimentos de licitação, dispensa, inexigibilidade e nos contratos administrativos, poderão se cadastrar no Sicaf, mediante código identificador específico fornecido pelo sistema, observadas as seguintes condições:
> I – os documentos exigidos para os níveis cadastrais de que trata o art. 6º poderão ser atendidos mediante documentos equivalentes, inicialmente apresentados com tradução livre; e
> II – para fins de assinatura do contrato ou da ata de registro de preços:
> a) os documentos de que trata o inciso I deverão ser traduzidos por tradutor juramentado no País e apostilados nos termos do disposto no Decreto nº 8.660, de 29 de janeiro de 2016, ou de outro que venha a substituí-lo, ou consularizados pelos respectivos consulados ou embaixadas; e

b) deverão ter representante legal no Brasil com poderes expressos para receber citação e responder administrativa ou judicialmente.

§1º No caso de inexistência de documentos equivalentes para os níveis cadastrais de que trata o inciso I, o responsável deverá declarar a situação em campo próprio no Sicaf.

§2º A solicitação do código de acesso de que trata o caput deverá se dar nos termos do disposto no Manual do Sicaf, disponível no Portal de Compras do Governo Federal. (NR)

Art. 20-B. As empresas estrangeiras que funcionem no País, autorizadas por decreto do Poder Executivo na forma do inciso V, do art. 28, da Lei nº 8.666, de 1993, devem se cadastrar no Sicaf com a identificação do Cadastro Nacional de Pessoas Jurídicas. (NR)

Art. 21. O instrumento convocatório para as contratações públicas deverá conter cláusulas prevendo, dentre outras:

I – que o credenciamento deve estar regular quando se tratar de Pregão, RDC ou Dispensa Eletrônica;

IV – a possibilidade de comprovação online no Sicaf para as modalidades licitatórias estabelecidas pela Lei nº 8.666, de 1993, definindo dia, hora e local para verificação no Sistema.

VI – prazo mínimo de 2 (duas) horas, a partir da solicitação do pregoeiro no sistema eletrônico, para envio de documentos de habilitação complementares, de que trata o §9º do art. 26 do Decreto nº 10.024, de 20 de setembro de 2019". (NR)

Art. 22. ....

Parágrafo único. É vedada a exigência de índices e valores não usualmente adotados para a avaliação de situação econômico-financeira suficiente ao cumprimento das obrigações decorrentes da licitação. (NR)

"Art. 28. No caso da documentação já cadastrada no Sicaf estar em desconformidade com o previsto na legislação aplicável no momento da habilitação, ou haja a necessidade de solicitar documentos complementares aos já apresentados, o órgão licitante deverá comunicar o interessado para que promova a regularização.

.... (NR)

Art. 2º Fica revogado o art. 20 da Instrução Normativa nº 3, de 26 de abril de 2018.

Art. 3º Esta Instrução Normativa entra em vigor:

I – no dia 11 de maio de 2020, quanto aos arts. 2º e 20-A; e

II – na data de sua publicação, para as demais disposições.

Portanto, a desnecessidade de representação no Brasil não figura como impedimento formal para aplicação de qualquer penalidade que tenha sua justificativa de aplicação no curso do processo seletivo, já que o SICAF permite o regular cadastramento e a consequente publicização da sanção. Também não se faz necessária a exigência de inscrição no

Cadastro Nacional de Pessoa Jurídica (CNPJ), a não ser nas hipóteses previstas na referida instrução normativa, relacionadas às empresas estrangeiras que funcionem no país, autorizadas por decreto do Poder Executivo, o cadastramento no Sicaf com a identificação do Cadastro Nacional de Pessoas Jurídicas.

7.3 Publicação e uso dos meios eletrônicos

O Acordo prevê no art. IV [3] do GPA a garantia de que se utilizem sistemas de tecnologia da informação e *software*, nomeadamente os relacionados com a autenticação e a codificação da informação, acessíveis ao público em geral e interoperáveis com outros sistemas de tecnologia da informação e *software* também acessíveis ao público em geral. O Brasil é bastante adaptado ao uso de sistemas eletrônicos para realizar seus processos licitatórios. A atual regra é a modalidade de pregão eletrônico para aquisição de bens e serviços comuns e obras e serviços de engenharia por ser essa forma de contratação mais célere e que proporciona uma concorrência ampla e segura, refletindo em contratações mais vantajosas.

Dada a compatibilidade da legislação brasileira com os propósitos trazidos pelo GPA, cumpre ao Poder Público apenas a expedição de normas infralegais para regulamentar a compatibilidade e acesso de empresas no exterior, relacionando informações para *login* (como a informação de dados como CNPJ, endereço ou outros); página traduzida para inglês, francês ou espanhol, entre outros. O mesmo ato infralegal deve considerar aspectos de segurança da informação e de dados, como a adequação à Lei de Acesso à Informação (LGPD) e a utilização de *softwares* que contemplem exigências que traduzam estabilidade cibernética e não permitam vulnerabilidades ao Poder Público.

Além disso, as partes do acordo devem publicar os seus anúncios por meios eletrônicos e sem custos através de um ponto único de acesso. Também deve ser viabilizada a publicação de extrato sumário em inglês, francês ou espanhol, com, no mínimo, o objeto da licitação, datas relevantes e endereço de acesso a documento; conforme dispõe o art. VII [3] do GPA, é uma adequação possível de ser viabilizada, desde que exista pessoa capacitada a realizar a tradução na Administração Pública.[415]

---

[415] A tradução livre é admitida também na Instrução Normativa nº 10/2020 da Secretaria de Gestão/Secretaria Especial de Desburocratização, Gestão e Governo Digital do Ministério

Algumas informações devem ser publicadas, no prazo de até 72 dias após a adjudicação do contrato, tais como: objeto, nome e endereço do fornecedor contratado, valor da proposta, data da adjudicação, tipo de licitação. A adjudicação do objeto dar-se-á na mesma forma já prevista atualmente pela legislação brasileira. O acordo prescreve no art. XV que entidade adjudicante adotará processo de recebimento, abertura e tratamento de todas as propostas que garantam a equidade e a imparcialidade do processo de adjudicação de contratos e a confidencialidade das propostas.

7.4 Das condições de participação

O Acordo impõe no art. VIII a não obrigatoriedade de que o licitante estrangeiro tenha experiência prévia com contratos públicos no país, mas permite a comprovação de exigência anterior se isso for essencial para satisfazer as condições do contrato. Pode exigir a capacidade financeira e técnica do fornecedor com base em suas atividades empresariais dentro e fora do Brasil.

O Acordo permite a exclusão do fornecedor da licitação que esteja em falência, apresente declarações falsas, deficiências no cumprimento de qualquer obrigação contratual, seja condenado por crimes graves ou tenha cometido outras infrações graves; tenha violado ética profissional, ou seja omisso em práticas de integridade comercial ou sonegue impostos.

Essas situações são passíveis de inclusão no instrumento convocatório, contudo, há que salientar que durante a licitação é necessário a realização de diligências de forma a verificar a veracidade das informações ou dirimir dúvidas. Um dos pontos de atenção, portanto, é a forma que seriam feitos esses questionamentos às empresas estrangeiras e se tais diligências ficarão prejudicadas, já que a emissão documental será realizada em outro território.

No Acordo também são estabelecidas condições essenciais para assegurar que um fornecedor tenha as capacidades legais e financeiras e as competências comerciais e técnicas necessárias para fins de comprovação da qualificação para o objeto a ser licitado, comprovando experiência dentro ou fora do território que está promovendo a licitação,

---

da Economia para fins de cadastramento no SICAF, mediante documentação equivalente às exigíveis, apresentadas com tradução livre.

sendo vedada a exigência de prestação de serviço anterior no país adjudicante, considerado critério desarrazoado para imposição de discrímen. Quanto a esses elementos de comprovação da capacidade do fornecedor, não há óbice direto, desde que haja confirmação da equivalência dos documentos apresentados pelas empresas estrangeiras aos das empresas nacionais.

O Acordo estabelece no art. X que as licitações devem informar as especificações técnicas para os bens e serviços e que devem ser funcionais ou de desempenho. Portanto, caso sejam especificações descritivas, devem conter expressão "ou equivalente" para não criar obstáculos a fornecedores estrangeiros (art. X, [3] e [4]). O Edital deve também contemplar especificações técnicas baseadas em normas internacionais, quando existirem; ou em regulamentos técnicos nacionais ou em normas nacionais ou códigos de construção reconhecidos, sendo vedadas as especificações que proíbam a concorrência (art. X, [5]).

Um ponto de destaque é a possibilidade de adoção de especificações que promovam a conservação de recursos naturais e de proteção ambiental (art. X, [6]), desde que previsto no Edital, que deverá contemplar todas as condições e documentos necessários à participação dos interessados, como o objeto, quantidades, especificações técnicas, valores estimados, condições de participação e entrega dos produtos/ serviços, forma de pagamento, entre outros (art. X, [7] [8] e [9]). Deverá ser disponibilizada a documentação da licitação em tempo hábil para a elaboração das propostas e responder a dúvidas e recursos (art. X, [10]). No caso de alteração do edital de licitação, deve-se informar aos participantes na forma que foi disponibilizada a documentação original (art. X, [11]).

Este capítulo empreendeu uma análise panorâmica dos principais pontos de impacto da adesão do Brasil ao Acordo de Compras Públicas da Organização Mundial do Comércio (OMC), sem exaurir todas as situações fáticas relacionadas à adesão brasileira. Em geral, há bastante compatibilidade da proposta com a legislação atualmente existente, sendo necessário que a Administração Pública empreenda esforços para adequar questões operacionais, que, em grande medida, serão objeto de legislação infralegal e deverão observar regulamentação que imprima segurança jurídica para a participação de estrangeiros em licitações nacionais e internacionais.

As adequações sugeridas nada mais são do que expressão do princípio da isonomia, aplicável em todos os ordenamentos jurídicos, com a mesma compreensão de que são admitidos tratamentos desiguais para situações de desigualdade. Nesta senda interpretativa, também os licitantes brasileiros não serão prejudicados. Evidentemente, há ressalva de objetos que, por soberania nacional ou questões de interesse nacional previstos na legislação, e expostos no Capítulo 5, não poderão ser objeto de licitação com participação de empresas estrangeiras.

7.4.1 Tratamento das propostas e adjudicação dos contratos

O Acordo prescreve no art. XV que entidade adjudicante adotará processo de recebimento, abertura e tratamento de todas as propostas que garantam a equidade e a imparcialidade do processo de adjudicação de contratos e a confidencialidade das propostas.

Devem ser publicadas no prazo de até 72 dias após a adjudicação do contrato informações tais como: objeto, nome e endereço do fornecedor contratado, valor da proposta, data da adjudicação, tipo de licitação. Deve haver arquivo de todos os documentos por um período de pelo menos três anos.

CONCLUSÃO

A despeito de o regime jurídico dos investimentos estrangeiros não estar sistematizado na forma de codificação, como é comum em alguns países, e sua principal fonte legislativa, a Lei nº 4.131/62, não adentrar detalhes necessários ao conhecimento do tema por atores que deveriam ser intérpretes e interlocutores (investidores estrangeiros, Estado, agentes públicos e usuários de serviços públicos/cidadãos), é trabalho do jurista extrair do sistema as bases para desenhar o regime jurídico dos investimentos estrangeiros.

A compreensão do regime jurídico inicia-se com alguns pressupostos, que decorrem de desafios da temática complexa. O primeiro dos desafios é semântico e relaciona o signo a variados significados ligados à linguagem, seja ela comum, seja técnica extrajurídica, diante do fato de que se trata de uma categoria econômica, que sofre os desenvolvimentos comuns dessa condição dinâmica.

Diante da variabilidade que o fenômeno sofre no tempo e espaço, entende-se que ele está mais próximo de uma noção do que um conceito único, estanque, invariável e unívoco. No entanto, da microeconomia, verifica-se que o investimento apresenta três elementos essenciais para sua compreensão: receitas, custos e expectativas. Da inevitável correlação e arranjo entre esses fatores, tem-se a visualização do objetivo final, o retorno.

Em investimentos privados, o retorno é, por natureza, econômico, com finalidade lucrativa, e sua realização depende de tomadas de decisão várias sobre o empreendimento. Quando há realização de investimentos em territórios estrangeiros, considera-se a busca de recursos (humanos e materiais, sejam naturais ou não); mercados; eficiência e ativos estratégicos, mas a tomada de decisão se dará baseada em três pilares: i) propriedade; ii) vantagens regulatórias; iii) internalização de custos pelo investidor.

As vantagens regulatórias são aspectos da soberania territorial, o que leva a outra complexidade do tema, que é a variabilidade de regulações, com distintos impactos jurídicos e efeitos, em cada um dos Estados Soberanos. O afastamento pontual do princípio da territorialidade pode ocorrer por acionamento de instrumentos convencionais, o que desloca as discussões jurídicas para outro plano. Também há o fenômeno da internacionalização do direito, que pretende gerar uniformidade regulatória/legislativa.

Expostos os pressupostos do regime jurídico, foram conhecidas as relações entre o investimento público (que prioriza o retorno social) e privado (que prioriza o retorno econômico), e, mesmo com naturezas tão distintas, finalidades e planejamentos diversos, conclui-se que eles estão inter-relacionados e se complementam na execução de finalidades públicas.

Essa evidência ficou clara mediante a demonstração da contribuição de investimentos estrangeiros em atividades públicas na historiografia brasileira. Porém, como a economia é pendular, essa perspectiva foi complementada pelo capitalismo de Estado brasileiro que reorientou o modelo econômico, trazendo para as estatais o protagonismo na execução de atividades públicas e na intervenção direta na economia, inclusive pela prática de monopólios.

Porém, o pêndulo se alterou mais uma vez, o que culminou em um perfil regulador do Estado, que levou à desestatização de atividades e várias formas de privatização, como consequência da influência neoliberal após as alterações constitucionais da década de 1990, o que originou um *blend* de modelos na atual Constituição Federal, não se podendo definir um modelo único de Estado, de produção econômica e nem de ideologia, sobretudo porque é estabelecido Estado Democrático de Direito com alternância de governos e ideologias.

A partir dessa premissa, as emendas constitucionais que liberalizaram o acesso ao capital estrangeiro não são inconstitucionais, já que a Constituição de 1988 não cristalizou, na Ordem Econômica Constitucional, os limites de atuação do Estado e dos setores privados e públicos. E embora tenha restringido algumas atividades à exploração de estrangeiros, não há incompatibilidade das emendas constitucionais que liberalizaram o acesso ao capital estrangeiro com a Constituição, pois nenhuma delas ofende os limites circunstanciais, temporais e procedimentais.

Após a leitura constitucional, voltam-se as atenções para a regulamentação nacional infralegal, destacando-se as anacronias da Lei nº 4.131/62, especialmente diante da limitação dos conceitos de investimentos estrangeiros, que, contemporaneamente estão ligados a definições mencionadas em tratados, que traduzem as necessidades de uso dos recursos de investimentos estrangeiros em atividades públicas, contemplando institutos e naturezas jurídicas diversas das atualmente previstas na lei, como, por exemplo, as concessões.

Demonstrou-se também que a Lei nº 4.131/62 é lacônica e não evidencia o regime jurídico dos investimentos estrangeiros, limitando-se a disciplinar aspectos operacionais. Foi necessário, portanto, estabelecer um rol de restrições setoriais ao investimento estrangeiro, mencionando a Constituição de 1988, bem como a legislação infraconstitucional de alguns dos principais setores.

Desenhado os lindes do regime jurídico nacional, foram estudadas as contribuições da OCDE e OMC para a regulação e contratação públicas. A OCDE apresenta metodologias de contribuição regulatórias e formação de políticas públicas focadas na cooperação e na governança, de forma que não se estabelecem relações pelo rito de negociação, discussão e formação do conteúdo de vontade, no rito procedimental e tradicional de internalização de tratados.

Embora ambos os organismos internacionais sejam os principais fóruns de discussão de temas relacionados à economia, suas proposições são distintas nas formas de discussão e implementação de conteúdo. O Acordo de Compras da OMC está fundado no modelo mais tradicional, mas também requer análise de compatibilidade da legislação.

Ao analisar a legislação atual e extrair dela o regime jurídico dos investimentos estrangeiros, bem como seu processo de ingresso por intermédio da participação em licitação realizada em território nacional, verifica-se que há compatibilidade legislativa e que o Brasil tem avançado em vários temas dessa agenda. No entanto, é necessário que o tema seja conhecido, sistematizado e apresentado adequadamente, para todos os interlocutores e agentes que lidam com ele.

Quanto aos desafios normativos, a reflexão fica por parte das comparações entre as perspectivas nacionais e internacionais do tema. Defende-se que o assunto deve voltar ao Parlamento, para ser devidamente regulamentado com um marco jurídico que torne seu tratamento jurídico sistemático, claro e com ampla segurança jurídica.

Faz-se interessante uma sistematização legislativa à moda dos contemporâneos marcos legislativos ou estatutos. Na inexistência de uma solução à *lege ferenda*, é papel da doutrina, como fonte secundária do direito, continuar a demonstrar a sistematicidade do regime doméstico para consolidá-lo em face dos deslocamentos de discussões casuísticas, o que imprimirá segurança jurídica a todos os envolvidos.

REFERÊNCIAS

ACCIOLY, Hidelbrando; CASELLA, Paulo Borba; SILVA, G.E. Do nascimento. *Direito Internacional Público*. 19. ed. São Paulo: Saraiva, 2011, p. 462.

ACORDO GERAL SOBRE TARIFAS ADUANEIRAS E COMÉRCIO (1947). Brasília: SICOMEX. Disponível em: http://siscomex.gov.br/wp-content/uploads/2021/05/OMC_GATT47.pdf. Acesso em: 11 jun. 2021.

AGUILLAR, Fernando Herren. *Direito Econômico*: do direito nacional ao direito supranacional. 6. ed. São Paulo: Atlas, 2019, p. 111.

ALMEIDA, Paulo Roberto de. *Os investimentos estrangeiros e a legislação comercial brasileira no século XIX*: retrospecto histórico. Justiça & História (Volume 3, Número 5).

ATALIBA, Geraldo. Sistema Constitucional Tributário Brasileiro. São Paulo: RT, 1968, p. 4.

ÁVILA, Humberto. *Segurança jurídica*: entre permanência, mudança e realização no direito tributário, São Paulo: Malheiros, 2011, p. 146.

BANDEIRA DE MELLO, Celso Antônio. Curso de Direito Administrativo. 33. ed. São Paulo: Malheiros, 2017, p. 55.

BANTEKAS *et al*. International Humans Rights Law and Practice. Cambridge: Cambridge University Press, 2013, p. 367-374.

BAPTISTA, Luiz Olavo. *Os investimentos internacionais no direito comparado e brasileiro*. Porto Alegre: Livraria do Advogado, 1998, p. 17-23.

BAPTISTA, Luiz Olavo. *Os investimentos internacionais no Direito Comparado e Brasileiro*. Porto Alegre: Livraria do Advogado, 1998, p. 23-31.

BARBOSA, Denis Borges. *Direito de Acesso do Capital Estrangeiro*. Rio de Janeiro: Lumen Juris, 1996, p. 23-78.

BARBOSA, Denis Borges. *Direito de Acesso do Capital Estrangeiro*. Rio de Janeiro: Lumen Juris, 1996, p. 93.

BARROSO, Luis Roberto. *Sem data venia*: um olhar sobre o Brasil e o mundo. Rio de Janeiro: Intrínseca, 2020, p. 48-50.

BASTOS, Celso. *Curso de Direito Constitucional*. São Paulo: Celso Bastos, 2002, p. 127.

BERCOVICI, Gilberto. Infraestrutura e Desenvolvimento. *In*: BERCOVICI, Gilberto; VALIM, Rafael (coord.). *Elementos de Direito da Infraestrutura*. São Paulo: Contracorrente, 2015, p. 20.

BERCOVICI, Gilberto. Os princípios estruturantes e o papel do Estado. *In*: CARDOSO, JR; José Celso (org.) *A Constituição Brasileira de 1988 Revisitada*: recuperação histórica e desafios atuais das políticas públicas nas áreas econômicas e sociais. Brasília: IPEA, 2009, v. 1. Diponível em: https://www.ipea.gov.br/portal/images/stories/PDFs/livros/Livro_ConstituicaoBrasileira1988_Vol1.pdf. Acesso em: 20 abr. 2020.

BEZERRA, Paulo César Santos. *Mutação constitucional*: os processos mutacionais como mecanismos de acesso à justiça. Disponível em: http://www.sefaz.pe.gov.br/flexpub/versao1/filesdirectory/sessions579.pdf. Acesso em: 2018.

BIÁFORO, Raquel de Lima. *Alterações do regime jurídico do investimento estrangeiro nos mercados financeiro e de capitais no Brasil*. Insper Instituto de Ensino e Pesquisa Ll.M. – Direito Do Mercado Financeiro E De Capitais Ll.M. – Direito Societário. São Paulo, 2017, p. 9.

BOBBIO, Norberto. As ideologias e o poder em crise. Tradução de João Ferreira, Brasília: Ed. Unb, 1988, p. 178.

BOM, Mariana. *Cláusulas da nação mais favorecida em tratados bilaterais de investimentos e sua aplicabilidade a disposições de solução de controvérsias*: análise empírica dos critérios interpretativos aplicados polo ICSD. *In*: MOROSINI, Fábio. Regulação do comércio internacional e do investimento estrangeiro. São Paulo: Saraiva, 2017

BONAVIDES, Paulo. *Constitucionalismo Luso-brasileiro*: influxos recíprocos. Disponível em: http://www.ablj.org.br/revistas/revista12/revista12%20%20PAULO%20BONAVIDES%20%E2%80%93%20Constitucionalismo%20Luso-Brasileiro;%20Influxos%20Rec%C3%ADprocos.pdf. Acesso em: 03 maio 21.

BRASIL. [Constituição (1891)]. *Constituição da República Federativa do Brasil de 1891*. Brasília, DF: Presidência da República, Disponível em: http://www.planalto.gov.br/ccivil_03/constituicao/constituicao91.htm. Acesso em: 11 jul. 2021.

BRASIL. [Constituição (1934)]. *Constituição da República Federativa do Brasil de 1934*. Brasília, DF: Presidência da República, Disponível em: http://www.planalto.gov.br/ccivil_03/constituicao/constituicao34.htm. Acesso em: 11 jul. 2021.

BRASIL. [Constituição (1988)]. *Constituição da República Federativa do Brasil de 1988*. Brasília, DF: Presidência da República. Disponível em: http://www.planalto.gov.br/ccivil_03/constituicao/ConstituicaoCompilado.htm. Acesso em: 24 jun. 20.

BRASIL. [Constituição (1988)]. *Constituição da República Federativa do Brasil de 1988*. Brasília, DF: Presidência da República. Disponível em: http://www.planalto.gov.br/ccivil_03/constituicao/constituicao.htm Acesso em: 08 jul. 2020.

BRASIL. Câmara dos Deputados. *PL nº 591 de 24 de fevereiro de 2021*. Disponível em: https://www.camara.leg.br/proposicoesWeb/prop_mostrarintegra;jsessionid=node09w9sme491vr-r15rzehrqidgm52295405.node0?codteor=1972837&filename=Tramitacao-PL+591/2021. Acesso em: 16 jul. 2021.

BRASIL. *Código Civil*. Art. 1.134. Disponível em: https://www2.senado.leg.br/bdsf/bitstream/handle/id/506294/codigo_civil_5ed.pdf. Acesso em: 11 de jul. 2021.

BRASIL. Congresso. Câmara dos Deputados. *Orçamento da União*. Projeto de Lei Orçamentária 2021. Disponível em: https://www.camara.leg.br/internet/comissao/index/mista/orca/orcamento/OR2021/proposta/1_VolumeI.pdf. Acesso em: 13 nov. 20.

BRASIL. Constituição dos Estados Unidos do Brasil, de 10 de novembro de 1937. *Art 144*. Leis Constitucionais. Disponível em: http://www.planalto.gov.br/ccivil_03/Constituicao/Constituicao37.htm. Acessado em 11 de jul. 2021.

BRASIL. *Decreto nº 24.642*, de 10 de julho de 1934. Brasília, DF: Câmara dos Deputados, Disponível em: https://www2.camara.leg.br/legin/fed/decret/1930-1939/decreto-24642-10-julho-1934-526357-publicacaooriginal-79587-pe.html. Acesso em: 11 jul. 2021.

BRASIL. *Decreto nº 24.642*, de 10 de julho de 1934. Brasília, DF: Câmara dos Deputados, Disponível em: https://www2.camara.leg.br/legin/fed/decret/1930-1939/decreto-24642-10-julho-1934-526357-publicacaooriginal-79587-pe.html. Acesso em: 11 jul. 2021.

BRASIL. *Decreto nº 3.678, de 30 de novembro de 2000*. Promulga a Convenção sobre o Combate da Corrupção de Funcionários Públicos Estrangeiros em Transações Comerciais Internacionais, concluída em Paris, em 17 de dezembro de 1997. Disponível em: http://www.planalto.gov.br/ccivil_03/leis/l8177.htm. Acesso em: 11 de jul. 2021.

BRASIL. *Decreto nº 5.687, de 31 de janeiro de 2006*. Promulga a Convenção das Nações Unidas contra a Corrupção, adotada pela Assembléia-Geral das Nações Unidas em 31 de outubro de 2003 e assinada pelo Brasil em 9 de dezembro de 2003. Disponível em: http://www.planalto.gov.br/ccivil_03/leis/l8177.htm. Acesso em: 11 de jul. 2021.

BRASIL. *Decreto-lei nº 4.657, de 4 de setembro de 1942*. Lei de Introdução às normas do Direito Brasileiro. Disponível em: http://www.planalto.gov.br/ccivil_03/decreto-lei/del4657compilado.htm. Acesso em: 20 mar. 21.

BRASIL. *Decreto-Lei nº 8.479 de 27/12/1945*. Aprova a convenção sobre o fundo monetário internacional e a convenção sobre o banco internacional para a reconstrução e desenvolvimento, concluídas em: Brettonwoodsnh, Estados Unidos da América, a 22 de julho de 1944, por ocasião da conferência monetária e financeira das nações unidas, assinadas pelo Brasil, na mesma data. Disponível em: http://www.planalto.gov.br/ccivil_03/leis/l8177.htm. Acesso em: 11 de jul. 2021.

BRASIL. *EM Interministerial nº 194/2010 – MF –/MDIC/MC/MCT/MEC/MME/MP*. Disponível em: http://www.planalto.gov.br/ccivil_03/_Ato2007-2010/2010/Exm/EMI-194-MF-MDIC-MC-MCT-MEC-MME-MP-MPV-517-10.htm. Acesso em: 11 de jul. 2021.

BRASIL. *Lei nº 12.431, de 24 de junho de 2011*. Disponível em: http://www.planalto.gov.br/ccivil_03/_ato2011-2014/2011/lei/L12431compilado.htm. Acesso em: 11 mar. 21. Disponível em: https://www.gov.br/economia/pt-br/assuntos/drei/legislacao/arquivos/legislacoesfederais/01JUL2020_IN_81_com_ndice.pdf. Acesso em: 11 de jul. 2021.

BRASIL. *Lei nº 12.703, de 7 de agosto de 2012*. Altera o art. 12 da Lei nº 8.177, de 1º de março de 1991, que estabelece regras para a desindexação da economia e dá outras providências, o art. 25 da Lei nº 9.514, de 20 de novembro de 1997, que dispõe sobre o Sistema de Financiamento Imobiliário, institui a alienação fiduciária de coisa imóvel e dá outras providências, e o inciso II do art. 167 da Lei nº 6.015, de 31 de dezembro de 1973, que dispõe sobre os registros públicos e dá outras providências. Disponível em: http://www.planalto.gov.br/ccivil_03/leis/l8177.htm. Acesso em: 11 de jul. 2021.

BRASIL. *Lei nº 13.097 de 19 de janeiro de 2015*. Reduz a zero as alíquotas da Contribuição para o PIS/PASEP, da COFINS, da Contribuição para o PIS/Pasep-Importação e da Cofins-Importação incidentes sobre a receita de vendas e na importação de partes utilizadas em aerogeradores; prorroga os benefícios previstos nas Leis n º 9.250, de 26 de dezembro de 1995, 9.440, de 14 de março de 1997, 10.931, de 2 de agosto de 2004, 11.196, de 21 de novembro de 2005, 12.024, de 27 de agosto de 2009, e 12.375, de 30 de dezembro de 2010; altera o art. 46 da Lei nº 12.715, de 17 de setembro de 2012, que dispõe sobre a devolução ao exterior ou a destruição de mercadoria estrangeira cuja importação não seja autorizada; altera as Leis n º 9.430, de 27 de dezembro de 1996, 12.546, de 14 de dezembro de 2011, 12.973, de 13 de maio de 2014, 9.826, de 23 de agosto de 1999, 10.833, de 29 de dezembro de 2003, 10.865, de 30 de abril de 2004, 11.051, de 29 de dezembro de 2004, 11.774, de 17 de setembro de 2008, 10.637, de 30 de dezembro de 2002, 12.249, de 11 de junho de 2010, 10.522, de 19 de julho de 2002, 12.865, de 9 de outubro de 2013, 10.820, de 17 de dezembro de 2003, 6.634, de 2 de maio de 1979, 7.433, de 18 de dezembro de 1985, 11.977, de 7 de julho de 2009, 10.931, de 2 de agosto de 2004, 11.076, de 30 de dezembro de 2004, 9.514, de 20 de novembro de 1997, 9.427, de 26 de dezembro de 1996, 9.074, de 7 de julho de 1995, 12.783, de 11 de janeiro de 2013, 11.943, de 28 de maio de 2009, 10.848, de 15 de março de 2004, 7.565, de 19 de dezembro de 1986, 12.462, de 4 de agosto de 2011, 9.503, de 23 de setembro de 1997, 11.442, de 5 de janeiro de 2007, 8.666, de 21 de junho de 1993, 9.782, de 26 de janeiro de 1999, 6.360, de 23 de setembro de 1976, 5.991, de 17 de dezembro de 1973, 12.850, de 2 de agosto de 2013, 5.070, de 7 de julho de 1966, 9.472, de 16 de julho de 1997, 10.480, de 2 de julho de 2002, 8.112, de 11 de dezembro de 1990, 6.530, de 12 de maio de 1978, 5.764, de 16 de dezembro de 1971, 8.080, de 19 de setembro de 1990, 11.079, de 30 de dezembro de 2004, 13.043, de 13 de novembro de 2014, 8.987, de 13 de fevereiro de 1995, 10.925, de 23 de julho de 2004, 12.096, de 24 de novembro de 2009, 11.482, de 31 de maio de 2007, 7.713, de 22 de dezembro de 1988, a Lei Complementar nº 123, de 14 de dezembro de 2006, o Decreto-Lei nº 745, de 7 de agosto de 1969, e o Decreto nº 70.235, de 6 de março de 1972; revoga dispositivos das Leis n º 4.380, de 21 de agosto de 1964, 6.360, de 23 de setembro de 1976, 7.789, de 23 de novembro de 1989, 8.666, de 21 de junho de 1993, 9.782, de 26 de janeiro de 1999, 10.150, de 21 de dezembro de 2000, 9.430, de 27 de dezembro de 1996, 12.973, de 13 de maio de 2014, 8.177, de 1º de março de 1991, 10.637, de 30 de dezembro de 2002, 10.833, de 29 de dezembro de 2003, 10.865, de 30 de abril de 2004, 11.051, de 29 de dezembro de 2004 e 9.514, de 20 de novembro de 1997, e do Decreto-Lei nº 3.365, de 21 de junho de 1941; e dá outras providências. Disponível em: http://www.planalto.gov.br/ccivil_03/_ato2015-2018/2015/lei/l13097.htm. Acesso em: 27 de jul. 2021.

BRASIL. *Lei nº 13.445, de 24 de maio de 2017*. Institui a Lei de Migração. . Disponível em: http://www.planalto.gov.br/ccivil_03/leis/l8177.htm. Acesso em: 11 de jul. 2021.

BRASIL. *Lei nº 4.131* de 03 de setembro de 1962. Disciplina a aplicação do capital estrangeiro e as remessas de valores para o exterior e dá outras providências. Disponível em: http://www.planalto.gov.br/ccivil_03/leis/L4131.htm. Acesso em: 08 jul. 2020.

BRASIL. *Lei nº 4.131* de 3 de setembro de 1962. Disciplina a aplicação do capital estrangeiro e as remessas de valores para o exterior e dá outras providências. Disponível em: http://www.planalto.gov.br/ccivil_03/leis/L4131.htm. Acesso em: 27 de jul. 2021.

BRASIL. *Lei nº 4.131, de 03 de setembro de 1962*. Disciplina a aplicação do capital estrangeiro e as remessas de valores para o exterior e dá outras providências. Disponível em: http://www.planalto.gov.br/ccivil_03/leis/L4131.htm. Acesso em: 08 jul. 2020.

BRASIL. *Lei nº 4.131, de 3 de setembro de 1962*.Disciplina a aplicação do capital estrangeiro e as remessas de valores para o exterior e dá outras providências. Disponível em: https://www.gov.br/economia/pt-br/assuntos/drei/legislacao/arquivos/legislacoes-federais/01JUL2020_IN_81_com_ndice.pdf. Acesso em: 11 de jul. 2021.

BRASIL. *Lei nº 4.320 de 17 de março de 1964*. Artigo 13. Estatui Normas Gerais de Direito Financeiro para elaboração e contrôle dos orçamentos e balanços da União, dos Estados, dos Municípios e do Distrito Federal. Disponível em: https://www.jusbrasil.com.br/busca?q=art.+13+da+lei+4320%2F64. Acesso em: 11 de jul. 2021.

BRASIL. *Lei nº 6.634 de 2 de maio de 1979*. Dispõe sobre a Faixa de Fronteira, altera o Decreto-lei nº 1.135, de 3 de dezembro de 1970, e dá outras providências. Disponível em: http://www.planalto.gov.br/ccivil_03/leis/l6634.htm. Acesso em: 27 de jul. 2021.

BRASIL. *Lei Nº 6.815, de 19 de agosto de 1980*. Disponível em: http://www.planalto.gov.br/ccivil_03/leis/l8177.htm. Acesso em: 11 de jul. 2021.

BRASIL. *Lei nº 8.177, de 1 de março de 1991*. Estabelece regras para a desindexação da economia e dá outras providências. Disponível em: http://www.planalto.gov.br/ccivil_03/leis/l8177.htm. Acesso em: 11 de jul. 2021.

BRASIL. *Lei nº 8.660, de 28 de maio de 1993*. Estabelece novos critérios para a fixação da Taxa Referencial – TR, extingue a Taxa Referencial Diária – TRD e dá outras providências. Disponível em: http://www.planalto.gov.br/ccivil_03/leis/l8177.htm. Acesso em: 11 de jul. 2021.

REFERÊNCIAS | 255

BRASIL. *Lei nº 8.901, de 30 de junho de 1994*. Regulamenta o disposto no § 2º do art. 176 da Constituição Federal e altera dispositivos do Decreto-Lei nº 227, de 28 de fevereiro de 1967 – Código de Mineração, adaptando-o às normas constitucionais vigentes. Disponível em: https://www.jusbrasil.com.br/busca?q=art.+13+da+lei+4320%2F64. Acesso em: 11 de jul. 2021.

BRASIL. Ministério da Economia. Empresas. Autorizações e Exigências. Requerer autorização para atos de filial de sociedade empresária estrangeira. Disponível em: https://www.gov.br/pt-br/servicos/requerer-autorizacao-para-atos-de-filial-de-sociedade-empresaria-estrangeira. Acesso em: 11 de jul. 2021.

BRASIL. Ministério da Economia. Grupo Banco Mundial. As relações entre Brasil e Banco Mundial. 2018. Disponível em: http://www.fazenda.gov.br/assuntos/atuacao-internacional/cooperacao-internacional/grupo-banco-mundial. Acesso em: 29 maio 2020.

BRASIL. Ministério da Economia. *Instrução Normativa Departamento Nacional de Registro Empresarial e Integração nº 81*, de 10 de junho de 2020. Disponível em: https://www.gov.br/economia/pt-br/assuntos/drei/legislacao/arquivos/legislacoes-federais/01JUL2020_IN_81_com_ndice.pdf. Acesso em: 11 de jul. 2021.

BRASIL. Ministério da Economia. Instrução Normativa Departamento Nacional de Registro Empresarial e Integração nº 81, de 10 de junho de 2020. Disponível em: https://www.gov.br/economia/pt-br/assuntos/drei/legislacao/arquivos/legislacoes-federais/01JUL2020_IN_81_com_ndice.pdf. Acesso em: 11 de jul. 2021.

BRASIL. Ministério das Relações Exteriores. *Conferência das Nações Unidas sobre Comércio e Desenvolvimento* (UNCTAD). Disponível em: http://www.itamaraty.gov.br/pt-BR/politica-externa/diplomacia-economica-comercial-e-financeira/15585-a-unctad-e-o-sgpc. Acesso em: 11 nov. 20.

BRASIL. Ministério das Relações Exteriores. Escolha da Dra. Ngozi Okonjo-Iweala para o cargo de diretora-geral da Organização Mundial do Comércio (OMC). Nota à Imprensa nº 13. Disponível em: https://www.gov.br/mre/pt-br/canais_atendimento/imprensa/notas-a-imprensa/escolha-da-dra-ngozi-okonjo-iweala-para-o-cargo-de-diretora-geral-da-organizacao-mundial-do-comercio-omc-1. Acesso em: 20 fev. 2021.

BRASIL. Ministério do Planejamento Orçamento e Gestão. Disponível em: http://www.planejamento.gov.br/assuntos/internacionais/fundo-brasil-china. Acesso em: 09 dez. 2017.

BRASIL. MRE. O Brasil e a OCDE. Disponível em: http://antigo.itamaraty.gov.br/pt-BR/politica-externa/diplomacia-economica-comercial-e-financeira/15584-o-brasil-e-a-ocde. Acesso em: 11 de jul. 2021.

BRASIL. Senado Federal. *Atividade Legislativa. Projetos e Matérias. Requerimento da Comissão do Meio Ambiente*. Disponível em: https://www25.senado.leg.br/web/atividade/materias/-/materia/138160. Acesso em: 15 mar. 21.

BRASIL. Supremo Tribunal Federal. (Primeira Turma). RE 410.715 RE 436.996 e MC na ADPF 45. Disponível em: https://redir.stf.jus.br/paginadorpub/paginador.jsp?docTP=AC&docID=627428. Acesso em: 27 de jul. 2021.

BRASIL. Supremo Tribunal Federal. *Ministra Cármen Lúcia pede informações ao governo sobre privatização da ECT*. Disponível em: http://portal.stf.jus.br/noticias/verNoticiaDetalhe.asp?idConteudo=459361&ori=1. Acesso em: 16 jul. 2021.

BRASÍLIA. Secretaria de Comunicação (SECOM). Brasil atinge 100 instrumentos de aderência à OCDE. Disponível em: https://www.gov.br/pt-br/noticias/financas-impostos-e-gestao-publica/2021/06/brasil-atinge-100-instrumentos-de-aderencia-a-ocde. Acesso em: 11 jul. 21.

BRASÍLIA. Secretaria Especial de Comércio Exterior e Assuntos Internacionais. Ministério da Economia. *Acordo sobre contratações governamentais*. Ficha Informativa, 2021. Disponível em: https://www.gov.br/produtividade-e-comercio-exterior/pt-br/assuntos/comercio-exterior/publicacoes-secex/outras-publicacoes/ficha-informativa-gpa.pdf. Acesso em: 20 maio 2021.

BREWER, Thomas; YOUNG, Stephen. *The Multilateral Investment System and Multinational Enterprises*. Oxford: Oxford Univesity Press, 2000.

BULL, Hedley. *A sociedade anárquica*: um estudo da ordem na política mundial. Tradução Sérgio Bath. Brasília: Universidade de Brasília, 2002.

CÂMARA DOS DEPUTADOS. Orçamento da União. Projeto de Lei Orçamentária 2021. Disponível em: https://www.camara.leg.br/internet/comissao/index/mista/orca/orcamento/OR2021/proposta/1_VolumeI.pdf. Acesso em: 13 nov. 20.

CÂMARA, Jacintho Arruda. O lucro nas empresas estatais. *Revista Eletrônica de Direito Administrativo Econômico (REDAE)*. Salvador. Instituto Brasileiro de Direito Público, n. 30, maio/junho/julho, 2012. Disponível em: http://www.direitodoestado.com.br/codrevista.asp?cod=732. Acesso em: 11 de jul. 2021.

CAMPOS, Pedro Henrique Pedreira. *"Estranhas catedrais"*: as empreiteiras brasileiras e a ditadura civil-militar, 1964-1988. 4. reimp. (2019). Niterói: Eduff, 2014, pp. 39-42.

CANAS, Vitalino. *O princípio da proibição do excesso na conformação e no controlo dos atos legislativos*. Coimbra: Almedina, 2017, p. 1156-1157.

CANOTILHO, Joaquim Gomes. *Estado de Direito*. Disponível em: https://egov.ufsc.br/portal/sites/default/files/anexos/32571-39731-1-PB.pdf. Acesso em: 11 de jul. 2021.

CANOTILHO, Joaquim Gomes. *In: Cadernos Democráticos*: Estado de Direito. Coleção Fundação Mário Soares. Edição Grandiva. Grandiva Publicações. Fev/99, p. 9.

CARREAU, Dominique; JUILLARD, Patrick. *Droit international économique*. 2. ed. Paris: Dalloz, 2005, p. 382.

CARRIÓ, Genaro R. Algunas palabras sobre las palabras de la ley. Buenos Aires: Abeledo-Perrot, 1997, p. 13-21.

CARVALHO, Paulo de Barros. *Direito Tributário*. Linguagem e Método. 6. ed. São Paulo: Noeses.

CARVALHO, Paulo de Barros. *Direito Tributário*: linguagem e método. 6. ed. São Paulo: Noeses, 2015, p. 59-207.

CARVALHOSA, Modesto. *A ordem econômica na Constituição de 1969*. São Paulo: RT, 1972.

CARVALHOSA, Modesto. *A Ordem Econômica na Constituição de 1969*. São Paulo: Revista dos Tribunais, 1972, p. 30.

CASSESE, Sabino. *Le Basi del Diritto Amministrativo*. Torino: Giulio Einaudi Editore, 1989, p. 4.

CASTRO, Carlos Roberto Ibanez. *Modificação constitucional e o atributo de estabilidade da norma fundamental*. 2007. 276f. Dissertação (Mestrado em Direito) – Faculdade de Direito, Pontifícia Universidade Católica de São Paulo, São Paulo, p. 12.

CAVANAUGH, John; LEAVER, Eril. *Controlling Transnational Corporations*. Disponível em: https://archive.globalpolicy.org/social-and-economic-policy/the-environment/general-analysis-on-the environment/49383--controlling-transnational-corporations.html. Acesso em: 17 out. 20.

CHENOT, Bernard. *Organisation Économique de l'État*. Paris: Dalloz, 1951, p. 85.

COÊLHO, Carolina Reis Jatobá Coêlho. Atos econômicos das empresas estatais: fixação de critérios racionais de incidência de regras privadas na exploração da atividade econômica pelo Estado. *In*: MARTINS, Ricardo Marcondes. *Estudos contemporâneos sobre a teoria dos atos administrativos*. Curitiba: CRV, 2018, p. 99-120.

COÊLHO, Carolina Reis Jatobá Coêlho; MASSERAN, Jorge Alberto Mamede. A Parceria Público-Privada Interfederativa como instrumento de gestão no Estatuto da Metrópole sob a ótica constitucionalista de repartição de competências. *Revista de Direito da Cidade*. Rio de Janeiro, v. 10, n. 3 (2018), p. 1997-2019.

COOTER, Robert; ULEN, Thomas. *Direito e Economia*. 5. ed. Porto Alegre: Bookman, 2010, p. 89-126.

COSTA, José Augusto Fontoura. *Direito Internacional do Investimento Estrangeiro*. Curitiba: Juruá. 2010, p. 10-45.

COSTA, Luciana Pereira. *Disciplina Jurídica do Câmbio e Política Pública* (Dissertação de Mestrado), USP, 2009. Disponível em: https://www.teses.usp.br/teses/disponiveis/2/2133/tde-18112009-155041/publico/Luciana_Pereira_Costa_Dissertacao.pdf. Acesso em: 11 de jul. 2021.

COVELLO, Sérgio Carlos. *Contratos bancários*. 2. ed. São Paulo: Saraiva, 1991, p. 153.

CRETELLA NETO, José. *Curso de Direito Internacional Econômico*. São Paulo: Saraiva, 2012, p. 694.

CRUZ, Luciana Najan Silva da. Debêntures de infraestrutura: uma análise sob a ótica do fomento no Estado Regulador. *Revista da Procuradoria Geral do Banco Central*, v. 14, n. 1, jun. 2020. p. 98.

DAL POZZO, Augusto Neves. *O Direito Administrativo da Infraestrutura*. São Paulo: Contracorrente, 2020, p. 69-77.

DALLARI, Dalmo de A. *Elementos de teoria geral do Estado*. 21. Ed. São Paulo: Saraiva, 2000, p. 74.

DUNNING, Jonh Harry; LUNDAN, Sarianna. *Multinational enterprises and the global economy*. Bodmin: MPG Book, 2008, p. 63-74.

DWORKIN, Ronald. *Levando os direitos a sério*. Tradução de Nelson Boeira. São Paulo: Martins Fontes, 2002, p. 23-73.

ENEI, José Virgílio Lopes. *Project Finance*: financiamento com foco em empreendimentos (parcerias público-privadas, leveraged, buy-outs e outras figuras afins). São Paulo: Saraiva, 2007, p. 17.

FABOZZI, Frank; NEVITT; Peter K. *Project financing*. 6. ed. EUA: Euromoney Publications PLC, 1995, p. 3.

FARIA, José Eduardo. *Direito, modernização e autoritarismo*: mudança socioeconômica vs. liberalismo jurídico. 1981. Tese (Doutorado em Filosofia, Teoria e Sociologia do Direito) – Faculdade de Direito, USP, São Paulo, 1981.

FARIA, José Eduardo. *O direito na economia globalizada*. São Paulo: Malheiros, 2000, p. 23.

FAUSTO, Boris. *História do Brasil*. São Paulo: EDUSP, 2013, p. 46.

FERRAZ JÚNIOR, Tércio Sampaio. *Direito, retórica e comunicação*: subsídios para uma pragmática do discurso jurídico. São Paulo: Saraiva, 2015, p. 1.

FERRAZ, Sérgio. Intervenção do Estado no Domínio Econômico Geral: Anotações. *In*: BACELLAR FILHO, Romeu Felipe *et al*. *Direito Administrativo Contemporâneo*: estudos em memória ao Professor Manoel de Oliveira Franco Sobrinho. 2. ed. rev e ampl. Belo Horizonte: Fórum, 2011, p. 296.

FERREIRA FILHO, Manoel Gonçalves. *O Poder Constituinte*. 5. ed. São Paulo: Saraiva, 2007, p. 18.

FERREIRA FILHO, Manoel Gonçalves. Revisão Constitucional. Recife: *Revista do Instituto dos Advogados em Pernambuco*, 1994, p. 4.

FERREIRA, Marieta de Moraes. A trajetória política de João Goulart. As reformas de base. Disponível em: http://cpdoc.fgv.br/producao/dossies/Jango/artigos/NaPresidencia Republica/As_reformas_de_base. Acesso em: 10 ago. 2020.

FERRÉS, Rubio R. Los contratos de participación público privada como instrumentos de financiación y gestión de infraestructuras públicas. *Revista Digital de Derecho Administrativo*, (22), 97-119, 2019.

FONSECA, Karla Closs. *Investimentos estrangeiros*: regulamentação internacional e acordos bilaterais. Curitiba: Juruá, 2010, p. 15.

FORBES. Forbes's. *18th annual ranking of the world's 2.000 Largest Public Companies*. Disponível em: https://www.forbes.com/global2000/#47a57409335d. Acesso em: 03 jun. 2020.

FREIRE, André Luiz. *O regime de direito público na prestação de serviços públicos por pessoas privadas*. Doutorado em Direito do Estado. São Paulo, 2013.

FREIRE, Gilberto. *Os ingleses no Brasil*: aspectos da influência britânica sobre a vida paisagem e cultura do Brasil. Rio de Janeiro: José Olympio, 1987, p. 46.

FRYDMAN, Benoit. *O fim do Estado de Direito*. Governar por standards e indicadores. Tradução Mara Beatriz Krug. Revisão Jânia Maria Lopes Saldanha. 2. ed. Porto Alegre: Livraria do Advogado, 2018, p. 30-33.

FUNDAÇÃO ALEXANDRE DE GUSMÃO. Os ODS devem ser implementados por todos os países do mundo durante os próximos 15 anos, até 2030. Disponível em: http://www.funag.gov.br/index.php/pt-br/2015-02-12-19-38-42/531-conheca-os-novos-17-objetivos-de-desenvolvimento-sustentavel-da-onu. Acesso em: 11 nov. 20.

FURTADO, Celso. O Plano de Metas e o papel do BNDE. Disponível em: http://www.centrocelsofurtado.org.br/arquivos/image/201109010957170.MD4_0_045.pdf. Acesso em: 24 jun. 2020.

GADAMER, Hans-Georg. *Verdade e método II*. Tradução de Ênio Paulo Giachini. Petrópolis: Vozes, 2002.

GADELHA, Bertha; SEILLIER, Marta. Retomada econômica no pós-COVID: o investimento em infraestrutura como indutor de prosperidade. Disponível em: http://www.brasil-economia-governo.org.br/2020/07/13/retomada-economica-no-pos-covid-o-investimento-em-infraestrutura-como-indutor-de-prosperidade. Acesso em: 13 nov. 20.

GARCIA, Luiz Emílio Pereira. *A inserção de doutrinas estrangeiras no campo jurídico brasileiro*: uma análise crítica acerca da utilização do capital teórico jurídico internacional no discurso jurídico. Dissertação de Mestrado. Uniceub. Brasília/DF. 160 fl.

GODINHO, Rodrigo de Oliveira. *A OCDE em rota de adaptação ao cenário internacional*. Perspectivas para o relacionamento do Brasil com a Organização. Brasília: Fundação Alexandre de Gusmão, 2018, p. 15. Disponível em: http://funag.gov.br/loja/download/A-OCDE-EM-ROTA-DE-ADAPTACAO-AO-CENARIO.pdf. Acesso em: 02 mar. 21.

GRAMKOW, Camila (org.). *Investimentos transformadores para um estilo de desenvolvimento sustentável:* estudos de casos de grande impulso (*Big Push*) para a sustentabilidade no Brasil. Documentos de Projetos (LC/TS.2020/37; LC/BRS/TS.2020/1).

GRAMKOW, Camila. O Big Push Ambiental no Brasil Investimentos coordenados para um estilo de desenvolvimento sustentável. *Perspectivas*, n. 20. São Paulo: Friedrich Ebert Stiftung, 2019, p. 13. Disponível em: https://www.cepal.org/pt-br/publicaciones/44506-o-big-push-ambiental-brasil-investimentos-coordenados-estilo-desenvolvimento. Acesso em: 17 out. 20.

HARIOU, Maurice. *Précis de Droit Administratif.* 4. ed. Paris: Sirey, 1938. p. 109.

HELD, David; McGREW, Anthony; GOLDBLATT, David; PERRATON, Jonathan. *Global transformations:* politics, economics and culture. Stanford: Stanford University Press, 1999.

HESSE, Konrad. *A força normativa da Constituição.* Porto Alegre: Sérgio Antônio Fabris, 1991.

HOBSBAWN, Eric. *Era dos Extremos.* O breve século XX. 1914-1991. Tradução de Marcos Santarrita. Rio de Janeiro: Companhia das Letras, 1995, p. 28.

INVESTIMENTOS PRIVADOS NO SETOR DE INFRAESTRUTURA DO BRASIL: Oportunidades no Âmbito de Acordos Internacionais. Brasília: Secretaria de Assuntos Internacionais, Ministério do Planejamento. Disponívelem: https://www.gov.br/economia/pt-br/centrais-de conteudo/publicacoes/planejamento/assuntos-internacionais/investimentos-privados-em-infraestrutura-no-brasil.pdf. Acesso em: 22 jun. 2020.

JAKOBSEN, Kjeld; MELLO, Fátima; MINEIRO, Adhemar. As instituições financeiras internacionais com participação do Brasil: seu papel atual. Instituto de Estudos Socioeconômicos (INESC). Brasília. 2018. Disponível em: https://www.inesc.org.br/wp-content/uploads/2018/09/IFI_E_O_PAPEL_DO_BRASIL_2018.pdf. Acesso em: 29 maio 2020.

JUSTEN FILHO, Marçal. *Comentários à Lei de Licitações e Contratações Administrativas.* São Paulo: RT, 2021.

JUSTEN FILHO, Marçal. *Teoria geral das concessões de serviço público.* São Paulo: Dialética, 2003, p. 50.

KELSEN, Hans. *Teoria Geral das normas.* Porto Alegre: Sérgio Antônio Fabris, 1986.

KEOHANE, Robert; NYE, Joseph. Power and Interdependence: World Politics in *Transition.* Boston: Little, Brown and Company, 1977.

LAFER, Celso. *A OMC e a regulamentação do comércio internacional*: uma visão brasileira. Porto Alegre: Livraria do Advogado, 1998. p. 23.

LAUBADÈRE, André de. *Traité de Droit Administratif.* 3. ed., v. I, Paris: LGDJ, 1963, p. 370.

LEWANDOWSKI, Enrique, R. *Globalização, regionalização e soberania.* 1. ed. 2004. São Paulo: Juarez de Oliveira, 2004, p. 200.

LINO, Wagner Luiz Menezes. *A contribuição da América Latina para o direito internacional:* o princípio da solidariedade. Tese de Doutorado. USP, 2007. Disponível em: https://teses.usp.br/teses/disponiveis/84/84131/tde-10102012-172431/pt-br.php. Acesso em: 20 dez 20.

LINO, Wagner Luiz Menezes. *A contribuição da América Latina para o direito internacional:* o princípio da solidariedade. Tese de Doutorado. USP, 2007. Disponível em: https://teses.usp.br/teses/disponiveis/84/84131/tde-10102012-172431/pt-br.php. Acesso em: 20 dez 20.

LOEWENSTEIN, Karl. *Teoría de la Constitución.* Tradução por Alfredo Gallego Anabitarte. 2. ed. Barcelona: Ariel, 1976.

LOMBARDINI, Siro. Política Econômica. *In:* BOBBIO, Norberto, MATTEUCCI, Nicola e PASQUINO, Gianfranco. *Dicionário de Política.* 12. ed. v. 02, Tradução de Carmen Varriale, Gaetano Lo Mônaco, João Ferreira, Luís Guerreiro Pinto Cacais e Renzo Dini. Brasília: Editora Unb, 1999, p. 968-976.

LOUÇA, F. *O pêndulo intrigante:* metáforas e persuasões fundadoras na análise de flutuações econômicas. Economia e Sociedade, Campinas, (10): 19-37, jun. 1998.

LUHMANN, Niklas. Tautology and paradox in the self-descriptions of modern Society. *In:* LUHMANN, Niklas. *Essays of self-reference.* New York: Columbia University Press, 1990, p. 123-143.

MALIK, Mahnaz. Definition of Investment in International Investment Agreements. Disponível em: https://www.iisd.org/system/files/publications/best_practices_bulletin_1.pdf. Acesso em: 11 jul. 21.

MALUF, Sahid. *Teoria geral do Estado.* 23. ed. São Paulo: Saraiva, 1998, p. 77.

MANDEL, Ernest. *O capitalismo tardio.* Rio de Janeiro: Abril Cultural, 1982.

MANKIN, N. Gregory. *Introdução à Economia:* princípios de micro e macroeconomia. Trad. Maria José Cyhlar Monteiro. Rio de Janeiro: Campus, 2001, p. 562-563.

MARQUES NETO, Floriano de Azevedo. *Concessões.* Belo Horizonte: Fórum, 2016, E-book, posição 4584.

MARTINS, Ricardo Marcondes. *Abuso de Direito e a Constitucionalização do Direito Privado.* São Paulo: Malheiros, 2010, p. 67.

MARTINS, Ricardo Marcondes. *Efeitos dos vícios do ato administrativo.* São Paulo: Malheiros, 2008.

MARTINS, Ricardo Marcondes. *Regulação administrativa à luz da Constituição Federal.* São Paulo: Malheiros, 2011, p. 54.

MARTINS, Ricardo Marcondes. *Teoria Jurídica da Liberdade.* São Paulo: Contracorrente, 2015, p. 177.

MEIRELLES, Hely Lopes. *Direito administrativo brasileiro.* 39. ed. São Paulo: Malheiros, 2013.

MELLO, Celso Antônio Bandeira de. *Conteúdo jurídico do princípio da igualdade.* 3. ed. São Paulo: Malheiros, 1993, p. 37.

MELLO, Celso Antônio Bandeira de. *Curso de Direito Administrativo.* 33. ed. São Paulo: Malheiros, 2017, p. 723-1.098.

MELLO, Celso Antônio Bandeira de. *O capitalismo tardio:* contribuição e revisão crítica da formação e do desenvolvimento da economia brasileira (30 Anos de Economia--Unicamp) (Portuguese Edition) 1998.

MELLO, Celso Antônio Bandeira de. Parecer à ANOREG. Disponível em: https://www.anoregsp.org.br/pdf/Parecer_Prof_CelsoABdeMello.pdf. Acesso em: 23 fev. 21.

MELLO, Celso Antônio Bandeira de. *Serviço público e concessão de serviço público.* São Paulo: Malheiros, 2017, p. 81.

MELLO, Oswaldo Aranha Bandeira de. Aspecto jurídico-administrativo da concessão de serviço público. *Revista do Direito Administrativo,* n. 26, out.-dez. 1951, p. 17. Rio de Janeiro: FGV. Disponível em: http://bibliotecadigital.fgv.br/ojs/index.php/rda/article/view/12144/11064. Acesso em: 11 de jul. 2021.

MELSOHN, Maria Cláudia Mazzaferro. *O processo de internacionalização de pequenas e médias empresas brasileiras.* Dissertação - Escola de Administração de Empresas de São Paulo, 2006, p.6.

MENDES, Gilmar Ferreira; COELHO, Inocêncio Mártires; BRANCO, Paulo Gustavo Gonet. *Curso de Direito Constitucional.* São Paulo: Saraiva, 2007, p. 189-203.

MENDONÇA. José Vicente Santos de. *Direito Constitucional Econômico.* Fórum. 2. ed. Belo Horizonte: Fórum, 2018, p. 310.

MIRANDA, Jorge. *Manual de Direito Constitucional.* 6. ed. Coimbra: Coimbra Editora, 2010, p. 302.

MIRANDA, Jorge. *Manual de Direito Constitucional.* Tomo II. Manual de Direito Constitucional.5. ed. Coimbra: Coimbra Editora, 2003, p. 89.

MIRANDA, Pontes de. *Tratado de Direito Privado.* Parte Geral. Tomo I. Rio de Janeiro: Editor Borsoi, 1970, pp. 10-11.

MONTEIRO, Vera. *Concessão.* São Paulo: Malheiros, 2010, p 15-16.

MORAES, Alexandre. *Direito Constitucional.* 13. ed. São Paulo: Atlas, 2003, p. 45.

MOROSINI, Fábio. Apresentação. In: *Regulação do comércio internacional e do investimento estrangeiro.* São Paulo: Saraiva, 2017, p. 16.

NAÇÕES UNIDAS BRASIL. Sobre o nosso trabalho para alçancar os objetivos de desenvolvimento sustentável no Brasil. Disponível em: https://brasil.un.org/pt-br/sdgs. Acesso em: 13 nov. 20.

NUNES, André. *Economia e ideologia.* Curitiba: CRV, 2012, p. 12.

OLIVEIRA, Rafael Carvalho Rezende. *Novo perfil da Regulação estatal:* administração de resultados e análise de impacto regulatório. Rio de Janeiro: Forense, 2015, p. 27.

OTERO, Paulo. Coordenadas jurídicas da privatização da Administração Pública. In: *Os caminhos da privatização na Administração Pública.* IV Colóquio Luso-Espanhol de Direito Administrativo. Boletim da Faculdade de Direito. Coimbra: Universidade de Coimbra, 2001, p. 37-43.

PEREIRA, R.S. Proposições da OCDE para América Latina: O PISA como instrumento de padronização da educação. *Revista Ibero-Americana de Estudos em Educação,* Araraquara, v. 14, n. esp. 3, p. 1717-1732, out., 2019.

PIKETTY, Thomas. *O capital no século XXI.* Tradução de Monica Baumgarten de Bolle. 1. ed. Rio de Janeiro: Intrínseca, 2014, p. 32-460.

PINTO JÚNIOR, Mário Engler. *Empresa estatal:* função econômica e dilemas societários. São Paulo: Atlas, 2010, p. 10-25.

PRODUTO INTERNO BRUTO – PIB. Brasília: IBGE. Disponível em: https://www.ibge.gov.br/explica/pib.php#:~:text=O%20PIB%20%C3%A9%20a%20soma,PIB%20nas%20suas%20respectivas%20moedas.&text=O%20PIB%20mede%20apenas%20os,finais%20para%20evitar%20dupla%20contagem. Acesso em: 11 de jul. 2021.

RAWLS, John. *Uma teoria da justiça.* São Paulo: Martins Fontes, 2002, p. 7.

REALE, Miguel. *Fontes e modelos do direito:* para um novo paradigma hermenêutico. São Paulo: Saraiva, 1994, p. 2.

REGLA, Josep Aguiló. *Sobre las contradicciones* (tensiones) del constitucionalismo y concepciones de la constitución. In: CARBONELL, Miguel; JARAMILLO, Leonardo García. *El canon neoconstitucional*. Madrid: Trotta, 2010, p. 250.

RELATÓRIO DE INVESTIMENTO DIRETO. Brasília: Banco Central do Brasil. Disponível em: https://www.bcb.gov.br/content/publicacoes/relatorioidp/RelatorioID2019/RID_2020.pdf. Acesso em: 05 jun. 2021.

REZEK, Francisco. *Direito Internacional Público*. 14. ed. São Paulo: Saraiva, 2013, p. 38-40.

RIBEIRO, Marilda Rosado de Sá; XAVIER J., Ely Caetano. Acordos de livre comércio e acordos megarregionais: perspectivas de regulação de comércio e investimento. In: MOROSINI, Fábio (coord). *Regulação do comércio internacional do investimento estrangeiro*, São Paulo: Saraiva, 2017, p.181.

ROCHA, Dinir Salvador Rios da. *Contrato de empréstimo internacional*. São Paulo: Saraiva, 2013, p. 23.

ROCHA, Sílvio Luís Ferreira da. *Manual de Direito Administrativo*. São Paulo: Malheiros, 2013, p. 49.

RODRIGUES, Nuno Cunha. *Golden Share*: as empresas participadas e os privilégios do Estado. Coimbra: Coimbra Editora, 2004, p. 14.

RODRIK, Dani. *The Globalization Paradox*: democracy and the Future of the World. New York: W. W. Norton & Company, 2012.

SALACUSE, Jeswald W.; SULLIVAN, Nicholas. Do BITs Really Work? An Evaluation of Bilateral Investment Treaties and Their Grand Bargain. *Harvard International Law Journal*, v. 46, n. 1, 2005.

SAMPAIO, Nelson de Sousa. *O poder de reforma constitucional*. Salvador: Progresso, 1954, p. 8.

SAMUELSON, Paul A.; NORDHAUS, Willian D. *Economia*. 19. ed. Tradução de Elsa Fontainha, Jorge Pires Gomes. Revisão Técnica: Emílio Hiroshi Matsumura. New York: The McGraw-Hill Companies Inc, 2012, p. 372-373.

SANDRONI, Paulo. *Dicionário de Economia do Século XXI*. 8. ed. Rio de Janeiro: Record, 2016, (LIVRO ELETRÔNICO – posição).

SARLET, Ingo Wolfgang. *Dignidade (da Pessoa) Humana e Direitos Fundamentais na Constituição Federal de 1988*. Porto Alegre: Livraria do Advogado, 2001, p. 60.

SCAFF, Fernando Facury. Ensaio sobre o conteúdo jurídico do princípio da lucratividade. *Revista de Direito Administrativo*, v. 224, 2001, p. 334.

SCHAPIRO, Mario Gomes. *Novos parâmetros para a intervenção do Estado na Economia*: persistência e dinâmica na atuação do BNDES em uma economia baseada no conhecimento. Tese de doutorado apresentada ao Departamento de Direito Econômico e Financeiro da Universidade de São Paulo, 2009, p. 80.

SCHWAB, Klaus; ZAHIDI, Saadia; WORLD ECONOMIC FORUM. *Global Competitiveness Report Special Edition* 2020. How Countries are Performing on the Road to Recovery. Genebra: WEF, 2020. Disponível em: https://www.weforum.org/reports/the-global-competitiveness-report-2020/in-full/executive-summary-70fef507ea#reviving-and-transforming-markets. Acesso em: 11 de jul. 2021.

SCHWABE, Jürgen (coletânea original). MARTINS, Leonardo (org.). *Cinquenta Anos de Jurisprudência do Tribunal Constitucional Federal Alemão*. Coletânea Original Jürgen Schwabe. Tradução de Beatriz Henning, Leonardo Martins, Mariana Bigelli de Carvalho,

Tereza Maria de Castro, Viviane Geraldes Ferreira. Prefácio jan. Woischnik. Programa Estado de Derecho para Sudamérica. Korand-Adenauer-Stiftung EV. Berlim. Fundação Korand-Adenauer-Stiftung. Oficina Uruguai. Montevideo: Mastergraf, 2006.

SCHWIND, Rafael Wallbach. *Licitações internacionais:* participação de estrangeiros e licitações realizadas com financiamento externo. 2. ed. Belo Horizonte: Fórum, 2017. p. 30-40.

SEN, Amartya. *What is the role of legal and judicial reform in the development process?* Disponível em: https://issat.dcaf.ch/Learn/Resource-Library/Policy-and-Research-Papers/What-is-the-role-of-legal-and-judicial-reform-in-the-development-process. Acesso em: 13 nov. 20.

SILVA, Ana Rachel Freitas da. *Estados e investidores estrangeiros*: é possível alcançar cooperação? Revista Direito GV, v. 13 N. 1 JAN-ABR 2017 ISSN 2317-6172, p. 126.

SILVA, Cláudio Ferreira da. Do GATT à OMC: o que mudou, como funciona e perpectivas para o sistema multilateral de comércio. *Universitas – Relações Internacionais*, Brasília, v. 2, n.2, p. 109-125, jul./dez. 2004, p. 111.

SILVA, José Afonso da. *Aplicabilidade das normas constitucionais.* 7. ed. 2.tir. São Paulo: Malheiros, 2008, p. 76.

SILVA, José Afonso da. *Comentário Contextual à Constituição.* 7. ed. , São Paulo: Malheiros, 2010, p. 38.

SILVA, José Manuel Braz da. *Parcerias Público-Privadas.* Coimbra: Almedina, 2016, p. 11-12.

SIMON, Silvana Aline Soares. *De Bretton Woods ao Plano Marshall*: a política externa norte-americana em relação à Europa (1944-1952). Disponível em: http://revista.unicuritiba.edu.br/index.php/RIMA/article/viewFile/196/171. Acesso em: 29 maio 2020.

SKIDMORE, Thomas E. *Uma história do Brasil.* Rio de Janeiro: Paz e Terra, 1998, p. 33.

SORNARAJAH, M. *The international law on foreign investment.* 3. ed. Cambridge: Cambridge University Press, 2010, p. 8.

SOUTO, Marcos Juruena Villela. *Desestatização*: privatização, concessões e terceirizações. Rio de Janeiro: Lumen Juris, 2001. 501, p. 30.

SOUZA, Washigton Peluso Albino de. *Direito Econômico.* São Paulo: Saraiva, 1980, p. 398.

SOUZA, Washigton Peluso Albino de. *Primeiras linhas de Direito Econômico.* 3. ed. São Paulo: RT, 1994, p. 119.

STRECK, Lênio. Senso Comum. CONJUR. Eis porque abandonei o neoconstitucionalismo. Disponível em: https://www.conjur.com.br/2014-mar-13/senso-incomum-eis-porque-abandonei-neoconstitucionalismo. Acesso em: 03 jul. 20.

SUNDFELD, Carlos Ari. *Direito Administrativo Ordenador.* 1. ed. 3. Tir. São Paulo: Malheiros, 2003, p. 20.

SUNDFELD, Carlos Ari. *Fundamentos de Direito Público.* 5. ed. São Paulo: Malheiros, 2000, p. 81.

TÁCITO, Caio. *Constituições Brasileiras*: 1988. 5. ed. Brasília: Senado Federal e Ministério da Ciência e Tecnologia, Centro de Estudos Estratégicos, 2004, pp. 23 – 41.

TÁCITO, Caio. *Curso de Direito Constitucional.* 17. ed. São Paulo: Saraiva, 2019, p. 113.

TÁCITO, Caio. O retorno do pêndulo: o serviço público e empresa privada. O exemplo brasileiro. *Revista de Direito Administrativo*, 202/1, 1995, p.3. Disponível em: http://bibliotecadigital.fgv.br/ojs/index.php/rda/article/view/46612/46347. Acesso em: 11 de jul. 2021.

TAVARES, André Ramos. *Direito Constitucional Econômico*. São Paulo: Método, 2011, p. 75.

THALER, Richard. H. Misbehaving. *A construção da economia comportamental*. Tradução de George Schlesinger. Rio de Janeiro: Intrínseca, 2019, p. 18-19.

THORSTENSEN, Vera. *OMC: as regras do comércio internacional e a nova rodada de negociações multilaterais*. 2. ed. São Paulo: Aduaneiras, 2005. p. 29.

THORSTENSEN, Vera; GIESTEIRA, Luís Felipe. *Cadernos Brasil na OCDE*. Brasília: IPEA. Jul/2021. Disponível em: https://www.ipea.gov.br/portal/images/stories/PDFs/210707_cb_ocde_compras_publicas.pdf. Acesso em: 25 jul. 21.

THORSTENSEN, Vera; NOGUEIRA, Thiago Rodrigues São Marcos (coord.). *Brasil a caminho da OCDE*: explorando novos desafios. Centro de Estudos do Comércio Global e Investimento – CCGI-EESP/FGV. São Paulo: VT Assessoria, Consultoria e Treinamento Ltda. 2020, p. 12. Disponível em: https://ccgi.fgv.br/sites/ccgi.fgv.br/files/u5/2020_OCDE_acessao_BR_FinalTN_pb.pdf. Acesso em: 11 de juç 2021.

TORRES, Ricardo Lobo. O mínimo existencial e os Direitos Fundamentais. *Revista de Direito Administrativo*, Rio de Janeiro, v. 177, p. 29-49, jul./set. 1989.

TORRISI, G. *Public infrastructure*: definition, classification and measurement issues. Disponível em: www.researchgate.net/publication/23935428. Acesso em: 13 nov. 20.

TRATADO ENTRE LA REPÚBLICA ARGENTINA Y LA REPÚBLICA DE CHILE SOBRE PROMOCIÓN Y PROTECCIÓN RECÍPROCA DE INVERSIONES. Washington: OEA. Disponível em: http://www.sice.oas.org/bits/argch-1.asp. Acesso em: 11 jul. 21.

UNCITRAL. *Model legislative provisions on privately financed infrastructure projects*. New York, 2004: Disponível em: https://uncitral.un.org/sites/uncitral.un.org/files/media-documents/uncitral/en/03-90621_ebook.pdf. Acesso em: 11 jul. 2021.

UNCTAD. *About*. Disponível em: https://unctad.org/about/organization. Acesso em: 11 nov. 20.

UNCTAD. *Investment Trends Monitor*. Issue 36. October 20. Disponível em: https://unctad.org/system/files/official-document/diaeiainf2020d4_en.pdf. Acesso em: 11 nov. 20).

UNCTAD. World Investment Report 2020. *International Production Beyond the Pandemic*. Genebra: ONU, 2020. Disponível em: https://unctad.org/webflyer/world-investment-report-2020. Acesso em: 03 de mar. 2021.

UNHA, Antônio Geraldo da. *Dicionário Etimológico da Língua Portuguesa*. 4. ed. Rio de Janeiro: Lexikon, 2012, p. 364.

VARELLA, Marcelo Dias. *Direito Internacional Público*. 5. ed. São Paulo: Saraiva, 2014, p. 173.

VARELLA, Marcelo Dias. Internacionalização do Direito: superação do paradigma estatal e a insuficiência de estruturas de diálogos. Revista de Direito Internacional. *Brazilian Journal of international law*, v. 9, n. 4, 2012.

WARAT, Luiz, A. *Introdução Geral ao Direito* – I: interpretação da lei: temas para uma reformulação. Porto Alegre: Sergio Antônio Fabris Editor, 1994, p. 14.

WORLD BANK. Back to Planning How to Close Brazils Infrastructure Gap in Times of Austerity with cover page. Disponível em: http://documents1.worldbank.org/curated/en/386151499876913758/pdf/117392-REVISED-PUBLIC-Back-to-Planning-How-to-Close-Brazil-s-Infrastructure-Gap-in-Times-of-Austerity-with-cover-page.pdf. Acesso em: 13 nov. 20.

XAVIER JÚNIOR, Ely Caetano. As (in)definições de investimento estrangeiro. In: RIBEIRO, Marilda Rosado de Sá (org.). *Direito Internacional dos Investimentos*. Rio de Janeiro: Renovar, 2014, p.12-15.

YESCOMBE, Edward R. *Principles of Project Finance*. Amsterdam: Academic Press, 2002, p. 2.

ZYLBERSZTAJN, Décio; SZTANJ, Rachel. *Análise Econômica do Direito e das Organizações*. São Paulo: Elsevier, 2005, p. 2-5.

PORTAIS ACESSADOS

CÂMERA INTERNACIONAL DE COMERCIO (ICC). Disponível em: https://iccwbo.org/. Acesso em: 11 jul. 21.

EUROPEAN COMMISSION. *Guidelines for successful public – private partnerships*. Brussels: European Comission. Disponível em: https://ec.europa.eu/regional_policy/sources/docgener/guides/ppp_en.pdf. Acesso em: 11 jul. 2021.

EUROPEAN FREE TRADE ASSOCIATION. Disponível em: https://www.efta.int/about-efta. Acesso em: 22 jun. 2020.

FUNDAÇÃO ALEXANDRE DE GUSMÃO. *Os ODS devem ser implementados por todos os países do mundo durante os próximos 15 anos, até 2030*. Disponvíel em: http://www.funag.gov.br/index.php/pt-br/2015-02-12-19-38-42/531-conheca-os-novos-17-objetivos-de-desenvolvimento-sustentavel-da-onu. Acesso em: 11 nov. 20.

GUIDELINES FOR SUCCESSFUL PUBLIC – PRIVATE PARTNERSHIPS. Brussels: European Comission. Disponível em: https://ec.europa.eu/regional_policy/sources/docgener/guides/ppp_en.pdf. Acesso em: 11 jul. 21.

IBDA. Instituto Brasileiro de Direito Administrativo. Disponível em: https://www.migalhas.com.br/depeso/333402/ingresso-do-brasil-no-gpa-omc--os-proximos-passos. Acesso em: 17 de jul. 2021

IBGE. Produto Interno Bruto – PIB. Disponível em: https://www.ibge.gov.br/explica/pib.php#:~:text=O%20PIB%20%C3%A9%20a%20soma,PIB%20nas%20suas%20respectivas%20moedas.&text=O%20PIB%20mede%20apenas%20os,finais%20para%20evitar%20dupla%20contagem. Acesso em: 11 de jul. 2021.

IFC. About IFC. Disponível em: https://www.ifc.org/wps/wcm/connect/corp_ext_content/ifc_external_corporate_site/about+ifc_new. Acesso em: 17 out. 20.

MODEL LEGISLATIVE PROVISIONS ON PRIVATELY FINANCED INFRASTRUCTURE PROJECTS. New York: UNCITRAL. Disponível em: https://uncitral.un.org/sites/uncitral.un.org/files/media-documents/uncitral/en/03-90621_ebook.pdf. Acesso em: 11 jul. 21.

NAÇÕES UNIDAS BRASIL. Avaliação da OCDE sobre telecomunicações e radiodifusão no Brasil. Paris: 2020, p. 41. Disponível em: https://www.oecd-ilibrary.org/docserver/924e24bb-pt.pdf?expires=1626690565&id=id&accname=guest&checksum=B3DA4F54C683115267F9EA68A7855ABD. Acesso em: 18 jul. 2021

NAÇÕES UNIDAS BRASIL. *Sobre o nosso trabalho para para alçancar os Objetivos de Desenvolvimento Sustentável no Brasil.* Disponível em: https://brasil.un.org/pt-br/sdgs. Acesso em: 13 nov. 20.

OCDE. 2020. C (2012)100/FINAL. Resolution of the Council on Partnerships in *OECD Bodies.* 2012. Disponível em: https://www.oecd.org/global-relations/partnershipsinoecdbodies/C(2012)100-REV1-FINAL-En.pdf. Acesso em: 02 nov. 2020.

OCDE. 2020. *OECD Council Resolution on Enlargement and Enhanced Engagement.* Disponível em: https://www.oecd.org/brazil/oecdcouncilresolutiononenlargement andenhancedengagement.htm. Acesso em: 04 fev. 2021.

OCDE. *Competencias en Iberoamérica*: Análisis de PISA 2015. Fundación Santillana, 2018.

OCDE. *Meeting of the Council at Ministerial Level,* 4-5 June 2008. Disponível em: https://one.oecd.org/document/C/MIN(2008)2/FINAL/en/pdf. Acesso em: 11 de jul. 2021.

OCDE. *The "Marshall Plan" speech at Harvard University,* 5 June 1947. Disponível em: https://www.oecd.org/fr/general/themarshallplanspeechatharvarduniversity5june1947.htm. Acesso em: 04 fev. 21.

OCDE. *The "Marshall Plan" speech at Harvard University,* 5 June 1947. Disponível em: https://www.oecd.org/fr/general/themarshallplanspeechatharvarduniversity5june1947.htm. Acesso em: 04 fev. 2021.

ODS BRASIL. *Indicadores Brasileiros para os Objetivos de Desenvolvimento Sustentável.* Disponível em: https://odsbrasil.gov.br/. Acesso em: 13 nov. 2021.

OECD. *OECD Codes of Liberalisation* USER'S GUIDE 2008. Disponível em: http://www.oecd.org/daf/inv/investment-policy/38072327.pdf. Acesso 02 mar. 21.

OECD. *Recommendation of the Council on the OECD Benchmark Definition of Foreign Direct Investment. OECD/LEGAL/0363.* Disponível em: https://legalinstruments.oecd.org/public/doc/240/240.en.pdf. Acesso em: 11 jul. 2021.

ORIGEM DA PALAVRA. Etimologia. Disponível em: https://origemdapalavra.com.br/?s=investimento. Acesso em: 21 jan. 21.

SISCOMEX. *Acessão do Brasil ao Acordo sobre Compras Governamentais da OMC (GPA).* Diponível em: http://siscomex.gov.br/acordos-comerciais/omc-2/acordo-de-compras-governamentais-da-omc-gpa/. Acesso em: 11 de jul. 2021.

USER GUIDEBOOK ON IMPLEMENTING PUBLIC-PRIVATE PARTNERSHIPS FOR TRANSPORTATION INFRASTRUCTURE PROJECTS IN THE UNITED STATES. New York: World Bank. Disponível em: https://ppp.worldbank.org/public-private-partnership/library/user-guidebook-implementing-public-private-partnerships-transportation-infrastructure-projects-united-states. Acesso em: 11 jul. 21.

WORLD BANK. *Back to Planning How to Close Brazils Infrastructure Gap in Times of Austerity with cover page.* Disponível em:http://documents1.worldbank.org/curated/en/386151499876913758/pdf/117392-REVISED-PUBLIC-Back-to-Planning-How-to-Close-Brazil-s-Infrastructure-Gap-in-Times-of-Austerity-with-cover-page.pdf. Acesso em: 13 nov. 20.

WORLD BANK. *User guidebook on implementing public-private partnerships for transportation infrastructure projects in the united states*. New York: Disponível em: https://ppp.worldbank.org/public-private-partnership/library/user-guidebook-implementing-public-private-partnerships-transportation-infrastructure-projects-united-states. Acesso em: 11 jul. 21.

WORLD TRADE ORGANIZATION. *Government Procurement. Committee on Government Procurement. Application for Accession of Brazil to the Agreement on Government Procurement.* Communication from Brazil. 19.05.2020. Disponível em: https://docs.wto.org/dol2fe/Pages/FE_Browse/FE_B_009.aspx?TopLevel=3971. Acesso em: 26 mar. 21.

Esta obra foi composta em fonte Palatino Linotype, corpo 10
e impressa em papel Chambril Avena 70g (miolo) e Supremo 250g (capa)
pela Gráfica STAR7.